ÉCONOMIE DES PLATEFORMES NUMÉRIQUES

Collection « L'esprit économique »

fondée par Sophie Boutillier et Dimitri Uzunidis en 1996
dirigée par Sophie Boutillier, Blandine Laperche, Dimitri Uzunidis

Si l'apparence des choses se confondait avec leur réalité, toute réflexion, toute Science, toute recherche serait superflue. La collection « L'esprit économique » soulève le débat, textes et images à l'appui, sur la face cachée économique des faits sociaux : rapports de pouvoir, de production et d'échange, innovations organisationnelles, technologiques et financières, espaces globaux et microéconomiques de valorisation et de profit, pensées critiques et novatrices sur le monde en mouvement...
Ces ouvrages s'adressent aux étudiants, aux enseignants, aux chercheurs en sciences économiques, politiques, sociales, juridiques et de gestion, ainsi qu'aux experts d'entreprise et d'administration des institutions.

La collection est divisée en six séries :

Dans la série *Economie et Innovation* sont publiés des ouvrages d'économie industrielle, financière et du travail et de sociologie économique qui mettent l'accent sur les transformations économiques et sociales suite à l'introduction de nouvelles techniques et méthodes de production. L'innovation se confond avec la nouveauté marchande et touche le cœur même des rapports sociaux et de leurs représentations institutionnelles.

La série *Economie formelle* a pour objectif de promouvoir l'analyse des faits économiques contemporains en s'appuyant sur les approches critiques de l'économie telle qu'elle est enseignée et normalisée mondialement. Elle comprend des livres qui s'interrogent sur les choix des acteurs économiques dans une perspective macroéconomique, historique et prospective.

Dans la série *Le Monde en Question* sont publiés des ouvrages d'économie politique traitant des problèmes internationaux. Les économies nationales, le développement, les espaces élargis, ainsi que l'étude des ressorts fondamentaux de l'économie mondiale sont les sujets de prédilection dans le choix des publications.

La série *Krisis* a été créée pour faciliter la lecture historique des problèmes économiques et sociaux d'aujourd'hui liés aux métamorphoses de l'organisation industrielle et du travail. Elle comprend la réédition d'ouvrages anciens, de compilations de textes autour des mêmes questions et des ouvrages d'histoire de la pensée et des faits économiques.

La série *Clichés* a été créée pour fixer les impressions du monde économique. Les ouvrages contiennent photos et texte pour faire ressortir les caractéristiques d'une situation donnée. Le premier thème directeur est : mémoire et actualité du travail et de l'industrie ; le second : histoire et impacts économiques et sociaux des innovations.

La série *Cours Principaux* comprend des ouvrages simples, fondamentaux et/ou spécialisés qui s'adressent aux étudiants en licence et en master en économie, sociologie, droit, et gestion. Son principe de base est l'application du vieil adage chinois : « le plus long voyage commence par le premier pas ».

Yahya El Yahyaoui

Économie des plateformes numériques

Captation de la valeur, pouvoir de marché et communs collaboratifs

Préface d'Emmanuelle Mazuyer

L'Harmattan

5-7, rue de l'École-Polytechnique ; 75005 Paris

http://www.editions-harmattan.fr/

ISBN : 978-2-343-23128-0
EAN : 9782343231280

Préface

Emmanuelle MAZUYER
Directrice de recherche au CNRS

Préface
«Les plateformes numériques : des écosystèmes économiques à intégrer dans un système juridique»

Emmanuelle MAZUYER
Directrice de recherche au CNRS
CERCRID (UMR 5137) - Université Lyon 2

Avant toute chose, qu'il nous soit possible de dire tout l'intérêt présenté par la lecture de cet ouvrage, et l'honneur qui nous est fait de rédiger la présente préface.

Placée sous l'angle de l'interaction entre écosystème économique et système juridique, cette dernière débutera par la genèse des termes de plateforme et de plateformes numériques, pour envisager ensuite toute la complexité et l'hétérogénéité des modèles économiques des plateformes à nécessairement replacer dans un environnement juridique, ce qui implique inévitablement des oppositions. Pour autant, nous insisterons sur le fait que des solutions juridiques existent et sont mobilisées, même si elles sont encore lacunaires et qu'il convient donc plus certainement de mobiliser les règles existantes plutôt que de les inventer. Et de conclure que sur ce thème, comme sur bien d'autres, le croisement de regards disciplinaires est tant utile que riche.

La genèse

Dans le sens courant, la notion de plateforme est très large. Ce terme peut s'entendre d'abord comme une étendue plane, située en hauteur par rapport à son environnement, ou comme la partie d'une voiture de transport public servant d'accès aux voyageurs.

Par ailleurs, au sens figuré, sous l'influence de l'anglais platform, le terme peut viser une réunion d'idées et d'ambitions - une plateforme politique[1]. En 1652, la notion de plateforme est ainsi utilisée par Winstanley qui pose quelques principes de base d'un programme politique adapté à une société d'individus libres[2] :

– la mise en commun des ressources productives,
– l'abolition de la propriété privée,

---

[1] http://www.larousse.fr
[2] G. Winstanley, The Law of Freedom in a Platform, 1652.

– et l'abolition du travail salarié.

Mais le terme peut être mis en perspective avec d'autres acceptions et renvoie aujourd'hui aux plateformes numériques, ces espaces virtuels dans lesquels des personnes se mettent en relation et peuvent échanger.

Antonio Casilli, spécialiste du phénomène des plateformes numériques, propose sur la base des écrits de Winstanley ou de Churchill[3], d'identifier une généalogie alternative plus précisément politique, ainsi qu'un autre usage du terme, qui d'une simple métaphore deviendrait un levier d'action.

La reprise capitaliste, par les plateformes numériques privées, de cette notion au début du XXIe siècle, serait moins une imitation métaphorique qu'une récupération et un détournement des principes originels.

Ainsi, la mise en commun, «policy by Commons» selon Churchill, devient à l'heure actuelle «partage» sur les plateformes de la soi-disant sharing economy, l'abolition du travail salarié se transforme en précarisation de l'emploi et glorification du «freelance» par les plateformes d'intermédiation du travail, l'abolition de la propriété privée mute en «ouverture» de certaines ressources productives, telles les données[4].

Gillespie avance trois raisons pour lesquelles cette notion de plateformes se prête aisément à des instrumentalisations lourdes de conséquences d'un point de vue politique[5] :

+ Sous la prétendue horizontalité des plateformes numériques se dissimulent en réalité, des structures hiérarchiques et des liens de subordination qui persistent malgré la rhétorique des «flat organizations»[6],

---

[3]Divi Britannici: Being a Remark Upon the Lives of All the Kings of this Isle, from the Year of the World 2855 Unto the Year of Grace, 1660.

[4]A. Casilli, « De quoi une plateforme (numérique) est-elle le nom?», http://www.casilli.fr/2017/10/01/de-quoi-une-plateforme-est-elle-le-nom/, 1er octobre 2017.

[5]The Platform Metaphor Revisited: https://www.hiig.de/en/blog/the-platform-metaphor-revisited/.

[6]Une organisation horizontale est une entreprise qui a une structure organisationnelle ayant peu ou pas de niveau de séparation entre les employés et l'exécutif. Cette forme d'organisation présuppose que les travailleurs sont bien plus productifs

+ Derrière l'insistance sur une structure abstraite, se cache une pluralité d'acteurs et une conflictualité des intérêts des différentes communautés d'utilisateurs. La responsabilité sociale des plateformes, leur «empreinte» sur les sociétés est ainsi effacée,

+ En se présentant comme des mécanismes précis et autonomes, les plateformes parviennent à occulter la quantité de travail nécessaire à leur fonctionnement et à leur pérennité.

Les plateformes numériques, en développement constant, bouleversent en tout cas, nos représentations, nos modèles et nos capacités de régulation tant sociale que juridique, car elles prospèrent dans un écosystème complexe et d'abord économique.

Les plateformes numériques : un écosystème économique complexe et hétérogène

Dans le présent ouvrage, Yahya El Yahyaoui[7], spécialiste de la question qui a consacré sa thèse de doctorat en sciences économiques à la gouvernance des réseaux numériques et dédié un ouvrage à l'écosystème des données numériques, entend analyser les modèles économiques des plateformes. La principale distinction à opérer d'emblée est celle reposant sur l'opposition entre deux catégories de plateformes numériques : les marchandes et les collaboratives.

Les plateformes numériques marchandes incarnent ce qu'on peut appeler «l'économie de plateformes» ou le «capitalisme de plateformes», qui remettent en cause les modèles économiques et sociaux traditionnels. Ils ne reposent plus sur l'opposition tayloriste capital/travail qui plaçait la firme au centre de l'économie, ni sur des visions de l'entreprise fondées sur le capital humain et la gestion des compétences.

Le capitalisme de plateformes repose sur un système d'intermédiation et une vision de l'entreprise comme simple «nœuds de contrats». Les plateformes opèrent ainsi une externalisation de toutes les activités productives et fonctionnent comme des «organisations-marché».

---

lorsqu'ils sont impliqués directement dans les processus de prise de décision, plutôt qu'en étant simplement supervisés par plusieurs niveaux de management.

[7]Lauréat de l'Ecole Nationale Supérieure des Postes, des Télécommunications et de l'Espace de Paris et de l'Université Mohamed V de Rabat.

A côté des plateformes marchandes, on trouve des plateformes numériques collaboratives. Elles procèdent d'une tendance tournée vers «l'économie du partage» ou de «la consommation collaborative», qui mettent l'accent sur la généralisation d'activités ordinaires d'entraide et de partage, et sur le passage à l'échelle des pratiques d'échanges horizontaux distincts des gestes de consommation ordinaire.

Elles valorisent les opportunités offertes par le changement d'échelle des pratiques, en termes de capacités des personnes comme en termes de réduction de l'empreinte écologique[8].

Afin de saisir l'extrême diversité des plateformes, on peut aussi s'intéresser à ce qui est l'objet de la valeur ou de la transaction via la plateforme. Cela peut concerner des biens, tout autant que des services.

Ainsi la plateforme peut viser à des transactions ou des partages de biens matériels (location d'appartements, de voitures etc.), ou bien viser à des échanges de biens immatériels (comme les données personnelles ou des formes d'intelligence artificielle via des Captcha[9]), ou bien des services (prestations de travail, de micro-tâches, covoiturage, aides diverses etc.).

Parfois l'objet de la mise en relation par la plateforme est d'une nature mixte, car il est rare qu'elle soit exclusive. Par exemple, le site Airbnb permet de tirer de la valeur de la location de la propriété d'un appartement ou d'une maison mais, en complément, peut proposer également des prestations de ménage ou de conciergerie.

De la même manière, Blablacar organise une mise en relation pour un partage de voitures, mais c'est aussi une prestation de conduite qui est assurée par le propriétaire ou par un des utilisateurs.

Une autre particularité est que la mise en relation simple est rare. Très souvent, la plateforme va se rémunérer via une commission ou un abonnement, ce qui peut, en droit du travail, la faire apparaître

[8]J.-S. Beuscart, P. Flichy. «Plateformes numériques», Réseaux, vol. 212, no. 6, 2018, pp. 9-22.
[9]Completely Automated Public Turing test to tell Computers and Humans Apart.

comme une figure patronale exerçant un pouvoir sur des travailleurs alors soumis à une forme de subordination[10].

Si l'on retient une acception large des plateformes, leur diversité est telle que la tentative d'en dresser une typologie[11] peut sembler impossible[12]. Les critères de distinction peuvent être le secteur d'activité, le type de services fournis, la qualité des utilisateurs.

On peut ainsi distinguer les plateformes constituant un moyen d'accès à d'autres services, contenus, biens en ligne, tels que les moteurs de recherche (Google, Yahoo, Bing), les agrégateurs d'informations (Google News) ou les comparateurs de prix (Twenga, Go Voyage, TripAdvisor), les magasins d'applications (Apple Store), les sites de partage de contenus comme les réseaux sociaux (Facebook, Instagram, LinkedIn, Twitter), les places de marché ou de courtage mettant en relation des vendeurs et des acheteurs (Amazon, eBay, Leboncoin), les plateformes audiovisuelles et musicales (Deezer, Spotify, Netflix, CanalPlay), les plateformes de partage de vidéos (Youtube, Dailymotion), les plateformes de partage de biens (Heetch, Airbnb, Blablacar), les plateformes d'emploi ou de services à la demande, encore appelées plateformes-activités, mettant en relation des prestataires de services avec des clients potentiels (Uber, TaskRabbit, Deliveroo), qu'il s'agisse de mise en relation de particulier à particulier C2C (Blablacar, Airbnb, Jemepropose, Frizbiz, Taskrabbit), de professionnel à consommateur B2C (Uber) ou d'entreprise à entreprise B2B (Hopwok, Alibaba), les plateformes de crowdsourcing permettant l'externalisation d'activités vers la foule ou de «micro-tâches» (Amazon Mechanical Turk, Foulefactory), les plateformes d'économie contributive (Coyote) et

[10]M. Julien, E. Mazuyer, «Le droit à l'épreuve des plateformes numériques : quels droits pour les travailleurs ?», Revue de Droit du Travail, 2018, pp. 91-100.

[11]Voir par ex. Conseil d'Etat, «Le numérique et les droits fondamentaux», 2014 ; le Rapport du Conseil National du Numérique sur «La neutralité des plateformes», 2014 ; N. Amar, L.-C. Viossat, «Les plateformes collaboratives, l'emploi et la protection sociale», IGAS, mai 2016 ; Conseil National du Numérique, «Travail, emploi, numérique : les nouvelles trajectoires», 2016 ; P. Terrasse, «Rapport sur l'économie collaborative», 2016. Voir aussi la liste de la Commission européenne sur l'environnement réglementaire des plateformes en ligne (https://ec.europa.eu/digital-agenda/en/news/public-consultation-regulatory environment-platforms-online-intermediaries-data and-cloud).

[12]Le Conseil d'Etat reconnaissait que «tout système numérique mettant en réseau des utilisateurs, peut être regardé comme une plateforme, a fortiori lorsque sa vocation première est de permettre à ses utilisateurs de créer et d'échanger autour d'intérêts communs, au moyen des suggestions faites par les algorithmes de mise en relation», Conseil d'Etat, «Puissance publique et plateformes numériques : accompagner l'ubérisation», Etude annuelle, Conseil d'Etat, 2017.

les plateformes de création de savoirs communs (Wikipédia, Ushahidi).

Ces acteurs peuvent intervenir sur des marchés dits bifaces ou multifaces[13] résultant d'un réseau croisé, l'activité pouvant être gratuite sur une face du marché (pour les utilisateurs) et payante sur une autre face (pour les annonceurs par exemple) ou encore trouver une rémunération sur un autre marché (celui de la cession de données personnelles par exemple, lesquelles serviront au commerce du Big Data[14]).

Les économistes semblent considérer que, dans cet «écosystème» propre aux plateformes numériques, la satisfaction de ceux qui se situent d'un côté du marché augmente lorsque le nombre d'acteurs situés de l'autre côté croît.

Ainsi une plateforme comme Uber, qui met en relation chauffeurs et personnes souhaitant se déplacer, procurera un meilleur service à ces derniers lorsque les chauffeurs seront plus nombreux, et l'activité des chauffeurs devrait être plus rentable dès lors qu'il y aura davantage d'utilisateurs.

La plateforme, quant à elle, prospèrera dès lors qu'elle attirera simultanément les acteurs des deux ou des multiples faces du marché.

Les annonceurs sur un réseau social retirent ainsi plus de valeur s'il y a plus d'utilisateurs sur la plateforme. Et l'on comprend que, s'agissant de la tarification, la stratégie de la plateforme vise à capter, par des prix bas, voire par la gratuité, au moins apparente, la face du marché qui exerce une attraction sur les autres faces du

---

[13]Voir sur ce point, J. Tirole, J.-C. Rochet, «Platform, Competition in Two-Sided Markets», Journal of the European Economic Association, 2003, ou J. Tirole, «Économie du bien commun», PUF, Paris, 2016.

[14]La formule «Si c'est gratuit, c'est vous le produit» signifiant que l'absence de prix facturé n'empêche pas pour autant que l'utilisateur fournisse «quelque chose» de valorisable. Ainsi Google crée l'apparence que son service est gratuit, alors que le transfert des données par l'utilisateur a en soi, une valeur économique considérable, et que la plateforme se rémunère auprès des annonceurs qui vont enchérir sur un certain nombre de mots clés, pour placer leurs annonces à côté des recherches auxquelles les utilisateurs vont accéder. La prévalence du modèle de gratuité, qui a pour contrepartie la collecte et le traitement de données personnelles, peut d'ailleurs s'inscrire dans une stratégie qui vise en réalité à modeler les habitudes des consommateurs en vue de facturer la prestation lorsqu'elle sera devenue indispensable.

marché sur lesquelles se rémunérer. Le service fourni gratuitement ou à prix très bas aux acteurs d'une face (la catégorie d'utilisateurs qui génère le plus d'externalités) sera «rémunéré» par ceux de l'autre ou des autres faces.

En somme, la plateforme se rémunère sur la face qui a la capacité de payer la plus importante. Une caractéristique commune aux plateformes en ligne tiendrait ainsi dans la spécificité de la rémunération des services fournis à travers la politique des prix bas et la gratuité[15].

Un écosystème économique à replacer dans un environnement juridique

Face au foisonnement des plateformes, il serait inexact de penser qu'aucun cadre juridique n'est applicable. Les autorités publiques ont tenté de les définir afin de mieux les appréhender et de pouvoir les réguler.

Depuis 2015, les plateformes numériques font l'objet d'un cadre normatif propre, résultant de différentes lois impactant plusieurs branches de l'ordre juridique en France[16].

L'introduction d'obligations légales à la charge des plateformes en ligne qui a imposé une certaine catégorisation, permet une première «mise en ordre». Ainsi en inaugurant une obligation d'information renforcée pour ce type d'opérateurs, la loi Macron du 6 août 2015 en a déterminé le débiteur, celui «dont l'activité consiste à mettre en relation, par voie électronique, plusieurs parties en vue de la vente d'un bien, de la fourniture d'un service ou de l'échange ou du partage d'un bien ou d'un service»[17].

---

[15]N. Colin, A. Landier, P. Mohnen et A. Perrot, «Économie numérique», Les notes du Conseil d'analyse économique, n° 26, oct. 2015, p. 3.

[16]Par exemple et de manière non exhaustive, la loi n° 2015-990 du 6 août 2015 pour la croissance, l'activité et l'égalité des chances économiques (dite «loi Macron»); la loi n° 2015-1785 du 29 décembre 2015 de finances pour 2016; la loi n° 2016-1088 du 8 août 2016 relative au travail, à la modernisation du dialogue social et à la sécurisation des parcours professionnels (dite «loi El Khomri»); la loi n° 2016-1321 du 7 octobre 2016 pour une République numérique (dite «loi Lemaire»); la loi de finances rectificative pour 2016. Les dispositions applicables aux plateformes numériques figurent ainsi dans le code de la consommation, le code général des impôts, le livre des procédures fiscales, le code du travail et le code de la sécurité sociale.

[17]Article L. 111-5-1 du code de la consommation.

La loi pour une République numérique a élargi la définition afin de tenir compte des différentes activités des plateformes en ligne. Est ainsi qualifiée d'opérateur de plateforme en ligne «toute personne physique ou morale proposant, à titre professionnel, de manière rémunérée ou non, un service de communication au public en ligne reposant sur (i) le classement ou le référencement de contenus, de biens ou de services proposés ou mis en ligne par des tiers, (ii) la mise en relation de plusieurs parties en vue de la vente d'un bien, de la fourniture d'un service ou de l'échange ou du partage d'un contenu, d'un bien ou d'un service»[18].

Cette loi a aussi créé des règles pour les opérateurs de plateformes en ligne. Ces règles sont notamment codifiées dans le code de la consommation et le code du tourisme. Elles imposent aux plateformes en ligne une obligation de loyauté et ont pour objectif de garantir l'information des consommateurs.

Le droit de la consommation consacre une définition large, intégrant la majorité des services de mise en relation, les plateformes d'intermédiation organisant l'échange de biens et de services proposés par des tiers, mais également celles qui proposent un service de classement ou de référencement d'informations, plateformes d'info- médiation, et ce sans distinction selon qu'il s'agit d'une activité rémunérée ou non.

La loi de finances pour 2016, faisait pour sa part référence aux «entreprises [...] qui mettent en relation à distance, par voie électronique, des personnes en vue de la vente d'un bien, de la fourniture d'un service ou de l'échange ou du partage d'un bien ou d'un service»[19].

La notion «de mise en relation» apparaît, dès l'origine, comme un élément central de la catégorie juridique des plateformes numériques, les dispositions évoquées visant les plateformes dites d'intermédiation. La loi El Khomri, vise les travailleurs indépendants utilisant pour leurs activités une «plateforme de mise en relation par voie électronique»[20].

Son champ d'application est moins précis, le texte visant simplement une plateforme de mise en relation parmi celles qui déterminent les

---

[18] Nouvel article L. 111-7-I du code de la consommation.
[19] Article 242 bis du code général des impôts.
[20] Articles L 7342-1 à L. 7342-6 du code du travail.

caractéristiques des prestations de services fournies ou des biens vendus, et fixent leurs prix.

Autrement dit, tous les types de plateformes numériques, dans leur grande diversité, sont concernés par les récents dispositifs législatifs: les marketplaces, les sites comparateurs, ainsi que toutes les plateformes d'intermédiation dites «collaboratives» tant B to C (mise en relation d'un professionnel et d'un consommateur) que C to C (mise en relation de particuliers).

Plateformes numériques et système juridique : des oppositions inévitables

Si les pouvoirs publics se sont engagés dans la voie de la régulation du phénomène, ils ne parviennent pas d'emblée à en saisir tous les aspects. La principale raison tient au fait que les modèles et les activités des plateformes numériques se construisent et se développent en parallèle, voire en opposition avec les institutions, les acteurs et les opérateurs déjà présents.

Souvent, la dématérialisation des activités et la volatilité des structures des plateformes numériques, les rendent particulièrement désincarnées. Et se pose, plus souvent que pour d'autres formes d'organisation, la question de la légalité de leurs activités.

Ces activités peuvent être contraires au droit de la concurrence, mais peuvent aussi être contraires à l'ordre public et au droit pénal. Nous rappellerons ici les plateformes organisant du trafic de drogue aux Etats-Unis, notamment avec un règlement en crypto monnaie.

Les marchés noirs se sont ainsi multipliés sur le darknet, en utilisant le réseau Tor pour assurer l'anonymat des acheteurs et des vendeurs de produits illicites, comme des stupéfiants ou des armes. Silk Road a été l'un de ces sites qui ont connu un grand succès. Il utilisait le Bitcoin, la monnaie cryptographique dont la possession n'est pas nominative et qui est déconnectée du système bancaire international, pour vendre des stupéfiants. Une première version du site a été clôturée par le FBI en octobre 2013, mais une nouvelle version du site était rouverte quelques semaines plus tard, avant d'être à nouveau fermée par le FBI en novembre 2014, avant que d'autres sites n'occupent le marché.

De même, des sites assurant la mise en relation de jeun.e.s étudiant.e.s avec de vieux messieurs aisés, comme

RichMeetBeautiful, Sugarddady.com ou Seekingarrangement.com, mettant en pratique du sugardating, peuvent tomber sous le coup d'incitation à la prostitution et de proxénétisme aggravé. En 2017, le site RichMeetBeautiful a suscité l'indignation par sa campagne publicitaire incitant à la prostitution de jeunes étudiantes, en France et en Belgique.

Cette campagne a été condamnée par le tribunal correctionnel de Bruxelles en avril 2019. Le gérant du site a été reconnu coupable d'incitation à la prostitution et de diffusion d'une publicité incitant à la prostitution, et condamné à une peine de 6 mois de prison avec sursis. Sa société, éditrice du site a, quant à elle, été condamnée à une amende pénale de 240.000 euros. A Paris, l'enquête pour proxénétisme aggravé est toujours en cours[21].

D'autres sites ont organisé une autre forme de crypto-criminalité. Entre 2015 et 2019, le site Welcome To Video, comme une plateforme classique, proposait à ses utilisateurs d'échanger des vidéos, sauf que leurs contenus étaient à caractère pédopornographique. Une enquête a été menée par l'Internal Revenue Service, agence américaine en charge du respect des lois fiscales américaines.

Elle dispose d'une division d'investigation qui est chargée de remonter des pistes criminelles de l'argent, et donc aussi des crypto-monnaies. 337 personnes ont été arrêtées dans 38 pays différents. Le gérant sud-coréen Jong Woo Son a été condamné à une peine de 18 mois de prison en Corée.

Les plateformes numériques créent ainsi une sorte de monde parallèle et dématérialisé qui veut croire ou faire croire que le droit et les règles n'existent pas. Mais elles ne peuvent pas s'extraire de l'écosystème juridique qui est voué à les encadrer.

Comme souvent face à un nouveau phénomène, les pratiques se développent avant que les moyens de les encadrer ou de les réguler, ne soient opérationnels ou effectifs.

---

[21]Les précédentes décisions visant le Minitel rose et des sites d'escort, peuvent être des exemples puisqu'en 2000, la Cour de cassation a confirmé la condamnation de la société Eurofinacom («36 15 Aline») à 760 000 euros d'amende pour proxénétisme aggravé.

Par ailleurs, des batailles peuvent se livrer entre les différents acteurs de l'ordre juridique, notamment entre le législateur et les juges. L'exemple des travailleurs de plateformes en est illustratif. La question de l'encadrement du statut juridique des travailleurs des plateformes marchandes classiques de type Uber ou Deliveroo, est en voie de règlement, à peu près partout dans le monde, avec plusieurs solutions : conférer le statut de travailleurs salariés à ces faux indépendants ou leur assurer un minimum de protection grâce à un statut spécifique.

Au Royaume-Uni, le tribunal du travail de Londres a requalifié les conducteurs de VTC en «workers», Uber devant donc respecter la loi sur le salaire minimum, la limitation du temps de travail et les congés payés[22].

Aux Etats-Unis, des chauffeurs new-yorkais ont été déclarés éligibles aux indemnités chômage et à l'indemnisation des accidents du travail[23]. En Californie et au Massachusetts, une claim-action a été intentée contre Uber pour non-paiement des heures de travail et du salaire minimum[24].

La seconde voie d'encadrement est la reconnaissance d'un statut intermédiaire de travailleur en état de dépendance économique. Cette voie a été choisie dans certains pays qui ont créé un statut hybride avec une troisième catégorie de travailleur entre le salarié et l'indépendant, à qui est appliquée une partie des dispositions de droit du travail. Le droit espagnol connaît ainsi le travailleur autonome économiquement dépendant (TRADE)[25]. Ce statut avait été choisi par Deliveroo Espagne qui avait annoncé qu'elle appliquerait le statut des TRADE aux membres de sa «flotte», espérant ainsi

[22]Aff. Aslam and Farrar vs Uber, préc. Aslam and Farrar vs Uber, Reasons for the reserved judgment on preliminary hearing sent to the parties on 28 october 2016, n° 2202550/2015 & others, Employment tribunal.
[23]Voir N. Scheiber, «Uber Drivers Ruled Eligible for Jobless Payments in New York State», New York Times, 12 October 2016 ; D. Berkowitz, R. Smith, «On-Demand Workers Should be Covered by Workers' Compensation», National Employment Law Project Policy Paper, Juin 2016.
[24]O'Connor v Uber Technologies Inc., US Circuit Court of Appeals for the Ninth Circuit, San Francisco, n° 15-17420.
[25]Voir O. Leclerc, F. Valdés Dal-Ré. «Les nouvelles frontières du travail indépendant. A propos du Statut du travail autonome espagnol», RDT, 2008, p.296. E. Peskine, «Entre subordination et indépendance : en quête d'une troisième voie», Revue de Droit du Travail, 2008, p. 371.

échapper au risque de requalification de ses conventions en contrats de travail[26].

Le droit italien a créé le statut de travailleur para-subordonné[27] et le droit anglais, celui de «worker», catégorie comprise entre le travailleur salarié (employee) et le travailleur indépendant (self-employed)[28]. La protection du droit du travail est reconnue aux seuls «employees». Notons que la tendance la plus récente vers la première solution d'une qualification de travailleurs salariés est dominante comme le démontrent les exemples espagnols[29] et italiens[30].

En France, la question a été plus difficile, car une bataille a été livrée entre législateurs et juges. Les chauffeurs de VTC se sont mobilisés pour lutter contre la baisse des tarifs exigée par Uber et ont créé une association sous l'égide de l'UNSA.

Or sur ce point, la loi El Khomri a consacré le principe de l'interdiction de sanctionner un «mouvement de refus concerté de fournir des services», un substitut de droit de grève, au profit des travailleurs des plateformes.

Ce qui est contradictoire avec le droit de la concurrence. En effet, si les travailleurs sont effectivement considérés comme indépendants, un mouvement de grève revendiquant une rémunération minimale,

---

[26]B. Gomes, «Les plateformes en droit social. L'apport de l'arrêt Elite Taxi contre Uber», Revue de Droit de Travail, 2018, p. 96.

[27]A. Perulli, «Subordinate, Autonomous and Economically Dependent Work: A Comparative Analysis of Selected European Countries», In G. Casale (Dir.): «The Employment Relationship. A Comparative Overview», 2011, OIT.

[28]Voir A. Perulli, «Travail économique dépendant et para-subordination : les aspects juridiques, sociaux et économiques», Rapport pour la Commission européenne, 2003, p. 69.

[29]En mars 2021, le gouvernement espagnol et les partenaires sociaux sont parvenus à un accord visant à introduire dans le code du travail, une présomption de salariat pour «les travailleurs fournissant des services rétribués de livraison, via des entreprises réalisant cette tâche grâce à un algorithme gérant le service ou les conditions de travail, à travers une plateforme numérique».

[30]En février 2021, les magistrats du parquet de Milan ont également décidé que les 60 000 livreurs des plateformes Just Eat, Uber Eats, Glovo et Deliveroo devaient être considérés comme des salariés, et non comme des travailleurs indépendants, car dans «une relation de travail subordonnée». Les juges ont infligé des amendes aux plateformes de livraison d'un montant total de 733 millions d'euros pour la violation des règles de santé et de sécurité au travail. Les entreprises doivent également verser les cotisations qu'auraient dû recevoir les livreurs en tant que salariés.

peut être qualifiée de prix concerté en application des règles de libre concurrence.

La Cour de Justice de l'Union Européenne (CJUE)[31] a, dans un autre contexte, jugé qu'une convention collective fixant une rémunération minimale, conclue pour le compte non seulement des salariés habituels d'un orchestre, mais aussi de travailleurs indépendants en tant que remplaçants occasionnels, ne relève pas du champ d'application du droit de la concurrence, à la condition que ces remplaçants soient de «faux indépendants».

La loi El Khomri n'apparaît ainsi pas conforme au droit applicable en matière de concurrence[32]. Seul un statut de travailleurs salariés leur permet d'être titulaires d'un véritable droit de grève et les règles semblent devoir évoluer également à cet égard, les juges ayant d'ailleurs tranché dans ce sens.

La chambre sociale de la Cour de Cassation française s'est prononcée, pour la première fois, dans un arrêt Take Eat Easy du 28 novembre 2018. Un livreur, inscrit en qualité d'auto-entrepreneur, avait conclu avec la plateforme un contrat de prestation de services, puis demandé à la juridiction prud'homale de le requalifier en contrat de travail. L'arrêt de la cour d'appel estimait qu'un système de sanction que peut mobiliser un employeur ne suffit pas dans les faits à caractériser le lien de subordination allégué, si les sanctions n'empêchent pas la liberté du livreur de choisir ses horaires de travail ou de ne pas travailler pendant une période.

Pour les juges, cette liberté totale du travailleur excluait une relation salariale. La Cour de Cassation a rappelé, au contraire, que l'existence d'une relation de travail ne dépend ni de la volonté exprimée par les parties, ni de la dénomination qu'elles ont donnée à leur convention, mais des conditions de fait dans lesquelles est exercée l'activité des travailleurs[33].

Il convient de rechercher, dans les faits, le lien de subordination qui se caractérise par «l'exécution d'un travail sous l'autorité d'un

---

[31]CJUE, 4 décembre 2014, Aff. C-413/13, FNV Kunsten Informatie en Media/Pays-Bas.
[32]Pour les critiques apportées au dispositif sur le terrain du droit des contrats, voir F. Masson, «Un droit de grève en droit des contrats ? A propos des mouvements de refus concerté de fournir des services à une plateforme numérique», Dr. Soc., 2017, p. 861.
[33] Cass. Ass. Plénière, 4 mars 2003.

employeur qui a le pouvoir de donner des ordres et des directives, d'en contrôler l'exécution et de sanctionner les manquements de son subordonné».

Ainsi, l'application dotée d'un système de géolocalisation permettant le suivi du coursier et le pouvoir de sanction à l'égard du coursier, sont deux éléments permettant d'établir «l'existence d'un pouvoir de direction et de contrôle de l'exécution de la prestation caractérisant un lien de subordination», ce qui entraine la requalification de la relation en contrat de travail.

La décision Uber du 4 mars 2020[34] va dans le même sens et scelle la jurisprudence en la matière. En l'espèce, un chauffeur, après la clôture définitive de son compte par la société Uber, a saisi la juridiction prud'homale d'une demande de requalification de la relation contractuelle en contrat de travail.

La Cour d'appel, par un arrêt infirmatif, a jugé que le contrat de partenariat signé par le chauffeur et la société Uber s'analysait en un contrat de travail, et a renvoyé l'affaire devant le conseil de prud'hommes afin qu'il statue au fond sur les demandes du chauffeur au titre de rappel d'indemnités, de rappel de salaires, de dommages-intérêts pour non-respect des durées maximales de travail, de travail dissimulé et licenciement sans cause réelle et sérieuse.

La chambre sociale a estimé qu'il n'était pas possible de s'écarter de la définition traditionnelle du contrat de travail et des trois éléments caractérisant le lien de subordination : le pouvoir de donner des instructions, le pouvoir d'en contrôler l'exécution et le pouvoir de sanctionner le non-respect des instructions données.

En réalité, ces décisions sont une remise en cause du modèle économique de ce type de plateformes de livraison, reposant sur une stratégie de contournement et d'évitement du droit du travail et de la protection sociale (cotisations sociales, assurance-chômage).

Il s'agit d'une requalification aux effets financiers, voire pénaux en cas de travail dissimulé, considérables, mais elle est légitime au vu de l'intense subordination du travailleur œuvrant sur une plateforme utilisant notamment algorithmes d'affectation et de tarification, systèmes de notation et d'évaluation.

---

[34]Cass. Soc., arrêt Uber n°374, 4 mars 2020, n°19-13.316.

Cette requalification pourrait aussi résulter de la reconnaissance et de la sanction d'une fraude à la loi, précisément d'une fraude au droit du travail normalement applicable[35]. C'est bien dans ce sens que doit être également appréciée la décision du Conseil de Prud'hommes de Paris de février 2020, qui a reconnu que le fait d'obliger le coursier à avoir un contrat de prestation de service était une volonté de frauder le code du travail de la part de Deliveroo, et a condamné l'entreprise à verser des indemnités au livreur[36].

C'est le premier cas de requalification en France pour Deliveroo, et ce travail des juges s'inscrit en opposition avec les tentatives législatives de limiter leur pouvoir de requalification que ce soit dans la loi El Khomri du 8 août 2016 ou la loi du 5 septembre 2018 pour la liberté de choisir son avenir professionnel[37].

Ces lois prévoyaient que si les plateformes rédigeaient une charte prévoyant certains droits pour leurs travailleurs, la contrepartie pour les plateformes était une présomption de statut de travailleurs indépendants visant à limiter le pouvoir de requalification des juges, l'établissement d'une charte ne pouvant «caractériser l'existence d'un lien de subordination juridique entre la plateforme et les travailleurs».

Mais cette disqualification des critères habituels révélateurs d'un lien de subordination entre la plateforme et les travailleurs, a été censurée par le Conseil Constitutionnel dans des décisions du 4 septembre 2018[38] et du 20 décembre 2019[39].

Des solutions juridiques encore partielles

Si l'encadrement de l'activité des plateformes de livraison est en voie de règlement, celui des «travailleurs du clic», ou «digital workers» est plus complexe. Ce sont des personnes qui travaillent à domicile, derrière leur ordinateur, ou ailleurs, avec leur smartphone,

---

[35]Voir A. Jeammaud, «Uber - Deliveroo : Le retour de la fraude à la loi», Semaine Sociale Lamy, 1780, 4 septembre 2017, pp. 4-8, pour qui les raisons de dénoncer une fraude au droit du travail «normalement applicable», branche conçue et construite pour régir le recours à la main-d'œuvre d'autrui dans les rapports capitalistes de production de biens et de services, les montages juridiques en cause, n'ayant d'autre but que de soustraire au régime du travail salarié et altèrent son utilité économico-sociale autant que sa légitimité.

[36] CPH Paris, 4 février 2020.

[37]JORF n° 0205 du 6 septembre 2018.

[38]Décision n° 2018-769 DC, JORF n° 0205 du 6 septembre 2018.

[39]Décision n° 2019-794 DC du 20 décembre 2019.

à des horaires dictés par les clients, pour des tâches simples et répétitives, sans statut juridique et pour une rémunération à la tâche variant de quelques centimes à 1€.

Elles trouvent ce travail sur des plateformes créées par les géants de l'Internet, dont la plus connue est le Turc mécanique d'Amazon. Ces travailleurs numériques perçoivent en général moins que le salaire horaire minimal. De plus, la rémunération ne se fait pas toujours en argent, mais peut être réalisée via des bons d'achat Amazon par exemple, ce qui oblige à avoir recours à des procédés détournés pour récupérer la rémunération sous forme monétaire.

Par ailleurs, certains clients ne rémunèrent pas, ils rejettent le travail effectué, sans avoir à se justifier. Toutes les grandes entreprises du numérique (Google, Microsoft, Facebook, Apple) qui se sont lancées dans l'intelligence artificielle ont créé leurs propres plateformes de micro-tâches. Ces plateformes permettent aux humains de nourrir les algorithmes des ordinateurs.

En France, des start-up comme Foule factory, proposent de rémunérer des micro-tâches effectuées sur Internet, pour un montant inférieur à 1€, mais qui permettent aux travailleurs d'avoir un complément de revenus, bien que rien, en pratique, n'empêche que ce soit leur source de revenu unique.

Des sites sont créés pour répertorier les sites qui offrent ce genre de micro-tâches. Les intermédiaires se multiplient et il est extrêmement complexe de poser les anciens critères d'analyse du travail salarié sur ces nouvelles formes d'activité et de rémunération.

Pour l'instant, cette forme de travail reste invisible et sans cadre spécifique malgré les possibles lacunes juridiques. D'ailleurs, dans un arrêt du 10 février 2020, la Cour d'appel de Douai a condamné la société Clic and Walk, une plateforme de webmarketing collaborative, à 50 000 euros d'amende pour «travail dissimulé».

Cette société a créé une application qui recourt à une communauté de contributeurs (les «walkers») pour récolter des données, notamment dans les supermarchés, qu'elle revend ensuite à ses clients. Pour ce faire, les ClicWalkers doivent accéder à une application, prendre la photo d'un produit, vérifier sa disponibilité en rayon, puis répondre à des questionnaires.

L'Office central de lutte contre le travail illégal a estimé que la plateforme était dans l'illégalité, car ses contributeurs n'étaient pas déclarés comme des salariés, alors qu'ils font un travail similaire à celui des enquêteurs des instituts de sondages. 700 000 contributeurs pourraient ainsi voir leur relation requalifiée en travail dissimulé.

Il semble en effet nécessaire d'assurer une protection à ces travailleurs objet d'une nouvelle forme d'exploitation[40]. Les voies d'une régulation cohérente sont parfois complexes et l'apport d'analyses de différentes disciplines est essentiel pour y parvenir.

Une régulation à mobiliser plutôt qu'à inventer

Dans le présent ouvrage, Yahya El Yahyaoui réalise une étude d'ampleur du phénomène des plateformes numériques du point de vue économique. Il interroge la manière dont les plateformes procèdent à une captation de valeurs qu'elles exploitent sans créer, comment le pouvoir qu'elles se sont forgé s'inscrit dans une logique classique de marché, mais évoque aussi la voie des «communs collaboratifs».

Il revient à l'auteur le grand mérite de proposer une typologie et des éléments de caractérisation intégrant à la fois des externalités, des effets de réseau et des marchés qui constituent cet écosystème propre aux plateformes numériques, si complexe à appréhender, et encore plus, à théoriser.

Car si les plateformes s'inscrivent bien entendu dans un contexte d'innovation technologique, elles inventent également une nouvelle manière de capter de la valeur, notamment via les données qu'elles produisent ou exploitent. Le rôle central des algorithmes apparaît alors avec force dans la chaîne de valeur, ce qui est fort souligné par l'auteur dans cet ouvrage.

Pour innovante que soit cette chaîne de valeur et cette captation, il n'en est pas moins réel que leurs business models vont très souvent être perçus comme agressifs et heurter les autres acteurs présents sur le marché réglementé depuis des décennies.

Ainsi, le marché des transports de personnes ou celui de la location saisonnière, ont-ils été percutés par l'arrivée et l'implantation des

---

[40]B. Gomes, «La plateforme numérique comme nouveau mode d'exploitation de la force de travail», Actuel Marx, vol. 63, n° 1, 2018, pp. 86-96.

grosses plateformes comme Airbnb ou Uber. D'un point de vue concurrentiel, certaines sont arrivées à morceler puis à dominer le marché de manière parfois tellement concentrée qu'abusive.

Or sur ce point, modèle économique et système juridique interagissent, car les pratiques anticoncurrentielles sont sanctionnées par le droit. Dans ce domaine, les articles 101[41] et 102[42] du Traité de Fonctionnement de l'Union Européenne (TFUE) sont suffisants pour appréhender les pratiques anticoncurrentielles, et assez souples pour s'adapter aux défis posés par l'économie numérique, selon le rapport de la Commission européenne43.

Ainsi, la CJUE[44] a eu à se prononcer, dans le cadre d'un contentieux espagnol, sur le service Uber POP, pour déterminer si l'activité litigieuse devait être qualifiée de «service dans le domaine des transports» relevant à ce titre de la Directive 2006/123/CE et du droit de la concurrence. Elle a jugé que ce service ne se résume pas à un «service d'intermédiation» entre particuliers et chauffeurs, il fait «partie intégrante d'un service global dont l'élément principal est un service de transports». Dès lors, il est impossible pour les chauffeurs d'opérer sans les autorisations et agréments requis par les règles de chaque État membre.

La solution qui intéresse le domaine des transports a des répercussions sur d'autres secteurs. En effet, si les plateformes d'emploi doivent être considérées comme des entreprises d'un secteur professionnel donné et non comme de simples intermédiaires, la question du marché pertinent se pose alors.

---

[41]L'article 101 TFUE dispose que sont «incompatibles avec le marché intérieur et interdits tous accords entre entreprises, toutes décisions d'associations d'entreprises et toutes pratiques concertées, qui sont susceptibles d'affecter le commerce entre Etats membres et qui ont pour objet ou pour effet d'empêcher, de restreindre ou de fausser le jeu de la concurrence à l'intérieur du marché intérieur».

[42]L'article 102 du TFUE concerne les abus de position dominante et dispose qu'est «incompatible avec le marché intérieur et interdit, dans la mesure où le commerce entre États membres est susceptible d'en être affecté, le fait pour une ou plusieurs entreprises d'exploiter de façon abusive une position dominante sur le marché intérieur ou dans une partie substantielle de celui-ci».

[43]La politique de concurrence à l'ère du numérique, Rapport, Commission Européenne, 4 avril 2019.

[44]CJUE, 20 décembre 2017, Aff. C-434/15, Asociación Profesional Elite Taxi contre Uber Systems Spain SL, voir B. Gomes, « Les plateformes en droit social - L'apport de l'arrêt Elite Taxi contre Uber », Revue de Droit du Travail, 2018, p. 92.

La définition du marché pertinent permet d'identifier le périmètre à l'intérieur duquel s'exerce la concurrence entre entreprises et d'établir le champ d'application des règles de concurrence. Ce critère n'est plus totalement adapté à l'économie numérique. Il a été proposé de réduire l'accent mis par la politique de concurrence traditionnelle sur la définition du marché pertinent et de porter plus d'attention à l'identification des préjudices («theories of harm») et des stratégies anticoncurrentielles plutôt qu'à la définition du marché[45].

De même, les plateformes faisant appel à une force de travail via des modes d'organisation ubérisés peuvent dans un premier temps brouiller les repères habituels entre prestations de services relevant d'un statut de travailleur indépendant et prestations de travail subordonné relevant d'un statut de travailleur salarié. Mais comme on l'a vu, tôt ou tard, le système juridique trouve les voies d'une régulation des pratiques abusives.

Il serait pourtant illusoire d'imaginer une forme de régulation homogène et unique pour toutes les plateformes numériques. Car comme cela a déjà été évoqué, la diversité des modèles et des types de plateformes appelle des solutions adaptées aux cas d'espèce, aux secteurs et aux principes gouvernant les plateformes qu'elles soient de type marchandes ou collaboratives. Ce n'est peut-être pas tant la régulation qui manque que la mobilisation des règles existantes et leur effectivité, c'est à dire leur capacité à être appliquées au cas des plateformes numériques.

Cet ouvrage a le mérite de démontrer l'utilité d'approches disciplinaires croisées sur cet objet d'analyse extrêmement complexe et mouvant que sont les plateformes numériques en décryptant, tout au long des développements qui suivent, leurs modèles économiques et en appelant à une régulation de certains de leurs excès qui sont de nature à déstabiliser le marché.

Emmanuelle MAZUYER
Lyon, 2 avril 2021

[45]Voir La politique de concurrence à l'ère du numérique, rapport précité.

Introduction générale

1. Le terme «plateforme» désigne ici un objet numérique. Il revêt par ailleurs, deux autres significations distinctes : il désignera, d'un point de vue sémantique, une surface plane surélevée. Il désignera, d'un point de vue métaphorique, l'opportunité d'étaler publiquement ses idées et ses convictions pour les faire connaître.

Cette double signification permet de définir la plateforme numérique comme un «espace délimité, situé dans le monde virtuel, dans lequel des personnes se mettent en relation et peuvent échanger»[46].

C'est à partir de cette double signification que le terme de plateforme trouve sa pleine consistance économique. Car, il s'agit en termes strictement économiques, d'un «espace numérique de mise en contact entre offre et demande, sur un marché spécifique»[47].

Tout système numérique mettant ainsi en réseau des utilisateurs, peut être regardé comme une plateforme, a fortiori lorsque sa vocation première est de permettre à ses utilisateurs de créer et d'échanger autour d'intérêts communs, au moyen des suggestions faites par les algorithmes de mise en relation. Les réseaux sociaux grand public que l'on rencontre dans notre quotidien sont ainsi, et en ce sens, bel et bien, des plateformes numériques.

Mais les plateformes numériques qui constituent le cœur de cette économie numérique toujours en gestation, vont au-delà d'une telle perception.

Elles ont vocation «à conduire leurs utilisateurs à échanger entre eux, non seulement des informations et des services dans le monde virtuel, mais aussi des biens et des services dans le monde physique, voire des capitaux virtuels (le Bitcom par exemple) ayant une valeur dans l'économie réelle. Elles ouvrent même, dans le monde physique, des perspectives d'échanges qui n'auraient pas été envisageables à une large échelle, sans leur existence»[48].

Les plateformes sont, de ce fait, de véritables écosystèmes dont la performance est sans commune mesure pour le développement des

---

[46]Conseil d'Etat, «Puissance publique et plateformes numériques : accompagner l'ubérisation», Rapport, Conseil d'Etat, La Documentation Française, Paris, septembre 2017, p. 36.
[47]CNNum, «Neutralité des plateformes. Réunir les conditions d'un environnement numérique ouvert et soutenable», Rapport, Conseil National du Numérique, Paris, mai 2014, p. 55.
[48]Conseil d'Etat, «Puissance publique et plateformes numériques… », op. cit, p. 37.

relations, tout autant que pour la promotion des échanges économiques entre pairs.

Dire que les plateformes sont des écosystèmes performants, reviendrait à dire autrement, qu'elles sont dépositaires de quatre principales caractéristiques :

°- La première est que ces plateformes s'articulent autour de la mise en système de «la multitude»[49].

En effet, les plateformes permettent, la toute-puissance de l'internet aidant, «une démultiplication, sans coût supplémentaire induit, du nombre de producteurs d'informations, de biens ou de services différents et/ou du nombre de consommateurs, qui peuvent interagir ensemble de manière rationnelle. Elles mettent ainsi en relation des initiatives individuelles convergentes et assemblent celles-ci de manière cohérente, soit au bénéfice d'un échange bilatéral ou multilatéral de biens ou de services, soit dans la perspective de l'utilisation ou de la création en commun d'un même bien ou service»[50].

Cette caractéristique peut ainsi conduire, de ce simple fait, à rendre rentables des échanges économiques, qui ne l'auraient pas été dans l'ordre marchand traditionnel.

°- La seconde caractéristique se rapporte à la particularité du modèle économique propre à ces plateformes. Celui-ci réside dans le fait qu'il est quasi-exclusivement orienté vers l'individualisation la plus possible et la «plus poussée» du service à destination de l'utilisateur.

Cette particularité est le propre même de l'esprit d'entreprise, fort promu par les auteurs de ce que l'on appelle communément «la nouvelle économie». Il s'agit d'un esprit d'entreprise qui conduit un développeur quelconque à «rechercher d'abord les failles qualitatives existantes en termes de satisfaction des consommateurs, et à fonder son développement économique sur l'amélioration de ce marché»[51].

---

[49]Cf. Vedier. H, Colin. N, «L'âge de la multitude : entreprendre et gouverner après la révolution numérique», Ed. Armand Colin, Paris, mai 2012, 288 p.

[50]Conseil d'Etat, «Puissance publique et plateformes numériques… », op. cit, pp. 37-39.

[51]Cf. pour plus de développements : Simons. R. L, «Choosing the right customer», Harvard Business Review, n° 3, march 2014, pp. 48-55.

Il faudrait par ailleurs, rappeler que cette dynamique d'individualisation du service est le fruit incontesté de la sophistication des algorithmes, mais aussi du développement des techniques et outils de l'intelligence artificielle.

Car, «en permettant une utilisation massive, précise et instantanée de la quantité quasi-infinie des données numériques mobilisables, que ce soit celles intimement livrées par l'utilisateur ou celles disponibles dans le Big Data, les plateformes permettent à chacun de trier les informations, produits ou services, de les hiérarchiser et de les sélectionner au regard de ses propres critères et besoins ou sources de satisfaction, qui peuvent même être conjuguées : meilleur rapport qualité/prix, valeur environnementale du produit ou du service, valeur sociale…etc.»[52].

°- La troisième caractéristique réside dans la relation de confiance que les plateformes créent avec leurs utilisateurs et qui sont de nature à favoriser la multiplication des échanges. Cela passe par la mise à disposition réciproque des informations nécessaires pour initier le rapport de confiance. Mais passe aussi par les divers processus d'évaluation auxquelles recourent assez fréquemment les deux «parties» pour gérer les éventuels litiges ou pour garantir une meilleure qualité de service, et ce sans le moindre encadrement légal ou réglementaire[53].

°- La quatrième caractéristique consiste dans le fait que le coût des transactions réalisées sur les plateformes tend inévitablement et irrésistiblement vers zéro.

En effet, le numérique en général, et le fonctionnement en plateforme des échanges en particulier, tend à réduire de plus en plus le coût marginal de production[54]. Cela résulte, pour l'essentiel, de la nature même de la «matière première» qui constitue le fondement de l'écosystème des plateformes : la donnée ou l'information numérique.

---

[52]Cf. pour plus de détails : El Yahyaoui. Y, «Ecosystème des données numériques : internet des objets, Big Data et intelligence artificielle», Ed. Spinelle, Paris, décembre 2020, 234 p.

[53]Fondation Paris-Dauphine, «Les mécanismes de confiance dans l'économie de partage», Cercle Performance des Organisations, Paris, juillet 2016, 22 p.

[54]Cf. pour de plus amples développements : Rifkin. J, «La nouvelle société du coût marginal zéro. L'internet des objets, l'émergence des communaux collaboratifs et l'éclipse du capitalisme», Ed. Les liens qui Libèrent, Paris, 2014, 512 p.

La production de cette dernière entraîne certes, un coût, «encore que la multiplication des objets connectés tend à le réduire, mais une fois créée, elle peut être retraitée et utilisée pour un coût quasi-nul»[55].

Cette baisse spectaculaire du coût marginal est le résultat d'un modèle économique fondé sur l'utilisation croissante d'actifs sans propriété, mais aussi sur la propension «naturelle» des plateformes à réduire «l'ensemble des coûts de transaction, en particulier les coûts d'accès au marché (coûts d'acquisition de nouveaux clients, tels que la publicité par exemple, coûts de collecte de l'information, de négociation des contrats...etc.)»[56], ouvrant ainsi la porte à un plus grand nombre d'entrepreneurs individuels, pour initier et développer des activités rentables.

2. Ces grandes caractéristiques, qui constituent par ailleurs, le socle de l'économie numérique (de la société numérique diraient d'aucuns) font des plateformes numériques de véritables interfaces qui permettent l'échange de biens et de services, tout autant que des idées et des connaissances, en réduisant drastiquement les autres formes d'intermédiation propres à l'économie «pré-numérique».

Pourtant, ces plateformes «ne constituent pas, par elles-mêmes, une innovation technologique, dès lors qu'elles reposent sur une technologie existante. Mais par la multitude de personnes qu'elles peuvent simultanément mettre en relation, les plateformes opèrent un changement d'échelle»[57] d'une portée exceptionnelle.

Dire que l'avènement des plateformes numériques opère un changement d'échelle, reviendrait à dire autrement, qu'elles accélèrent la transformation économique et sociale, modifient les modes de penser et d'agir des individus, des entreprises et des pouvoirs publics, et induisent une forme d'organisation fondée sur les réseaux et non sur les hiérarchies éclatées, plus ou moins étanches.

Il reviendrait à dire aussi que l'on a de plus en plus affaire à un nouvel écosystème qui sinon provoque, du moins préfigure un

---

[55]Conseil d'Etat, «Puissance publique et plateformes numériques... », op. cit, p. 39.

[56]Cf. Coase. R. H, «The nature of the firm», Economica, New Services, Vol. 4, n° 16, november 1937, pp. 386-405.

[57]Cf. pour plus de développements : Babinet. G, «Transformation digitale : l'avènement des plateformes», Ed. Le Passeur, Paris, décembre 2016, 224 p.

changement en profondeur du paradigme économique et social à l'œuvre jusqu'ici.

Il invite en cela, «à dépasser les dichotomies traditionnelles entre producteurs et consommateurs ou entre salariés et travailleurs indépendants. (Car) dans cette économie, chacun peut tour à tour, être consommateur d'un service obtenu via une plateforme numérique, et producteur de ce même service. Les individus échangent entre eux directement, les interfaces ayant uniquement vocation à mettre en relation l'offre et la demande exprimées»[58].

Cette rupture dans les modes d'échange et de fonctionnement de l'économie et de la société, que «les plateformes numériques de mise en relation» semblent d'ailleurs introduire, se traduit en d'autres termes, par un véritable processus de désintermédiation des activités, c'est-à-dire leur substitution progressive aux intermédiaires de l'économie traditionnelle.

Cette substitution «est d'abord le fruit des possibilités d'accès au marché, renforcée grâce à l'infrastructure numérique et à la réduction des coûts de transaction. Elle résulte aussi de l'atomisation des utilisateurs qui peuvent être tour à tour, producteurs et consommateurs, du fait de leur intégration par les plateformes, dans un réseau structuré et rendu logique par les fonctionnalités des algorithmes»[59].

C'est dire que le numérique a pratiquement investi l'ensemble de l'économie et de la société, des marchés, des structures et des organisations. Il repose, pour ce faire, sur trois grands piliers :

°- Le premier est d'ordre technologique. Il prend appui sur les capacités de transmission et de traitement de données toujours plus massives, sur le développement des objets connectés et sur l'intelligence artificielle. «L'appropriation de ces technologies par les entreprises, permet des innovations majeures à la fois sur les

[58]Nous évoquerons la problématique de la neutralité des plateformes numériques ultérieurement. Cf. pour des éléments préliminaires de débat : Thieulin. B et Alii, «Pour une politique de souveraineté européenne du numérique», Rapport, Conseil économique, social et environnemental, Paris, 13 mars 2019, 82 p.

[59]Cf. sur le pouvoir des algorithmes dans une dynamique plus large : Rouvroy. A, «La gouvernementabilité algorithmique : radicalisation et stratégie immunitaire du capitalisme et du néolibéralisme», La Deleuziana, n° 3, 2016, pp. 30-36.

procédés (gains de productivité) et sur les produits (nouveaux marchés, nouveaux produits ou services)»[60].

°- Le second pilier est de nature éminemment économique, et consiste dans l'apparition «soudaine» d'acteurs économiques puissants qui «sont en mesure de réorganiser les chaînes de valeur et d'imposer de nouveaux modèles d'affaires et d'intermédiation[61].

Tous les secteurs et toutes les entreprises doivent par conséquent, s'adapter pour faire face à la concurrence de ces nouveaux acteurs, par le biais de stratégies d'innovations technologiques, tout autant que par des stratégies commerciales et de marketing.

°- Le troisième pilier de cette révolution numérique est social, avec l'émergence notable et remarquée de nouveaux modes de sociabilité et de nouvelles modalités d'actions collectives.

Toutes les transformations induites ou engendrées par le numérique, peuvent de ce point de vue, être relevées et identifiées à travers l'analyse et la mesure des effets socio-économiques des technologies, des services et des usages.

Le numérique stimule, de ce fait, les innovations d'usages tout autant que les innovations de consommation collaborative, de co-production et de diffusion de la connaissance.

Mais ces piliers ne pourraient embrasser toute la réalité ambiante de cette révolution numérique. Nécessaires il est vrai, mais sont peu suffisants pour encadrer l'entièreté du champ de cette économie numérique dont le cœur battant est constitué par les données massives et les algorithmes.

Toute la chaîne de valeur en découlant, trouve ici sa pleine raison d'être et sa totale signification.

Les données dont il s'agit ici sont diverses, protéiformes et de volumes divers. Elles «peuvent être personnelles ou non, privées ou publiques, collectées à des fins commerciales ou en vue de leur utilisation par les pouvoirs publics, recueillies par des bénévoles,

---

[60]Bourreau. M, Pénard. T, «L'économie numérique en question», Revue d'Economie Industrielle, n° 156, 4ème trimestre 2016, p. 11.
[61]Ibid.

obtenues sur la base d'observations ou produites par extrapolation, et sensibles ou non»[62].

Il en résulte ainsi une chaîne de valeur des données entièrement nouvelle, qui «regroupe des entreprises qui se consacrent à la collecte des données, à la production d'informations à partir de données, au stockage des données, à l'analyse et à la modélisation. La création de valeur résulte de la transformation des données en informations numériques et de leur monétisation dans le cadre d'une activité commerciale[63].

Si les données sont le premier moteur de l'expansion de l'économie numérique, les plateformes en sont le second, celles-ci disposant d'un modèle économique original et spécifique qui leur confère un pouvoir considérable fondé rétroactivement sur l'économie des données.

En effet, «en jouant à la fois les rôles d'intermédiaire et d'infrastructure, elles sont en mesure d'enregistrer et d'extraire toutes les données relatives aux activités et interactions en ligne des utilisateurs»[64].

C'est dire autrement, que la croissance des plateformes numériques est directement liée à leur capacité de collecter et d'analyser les données numériques, mais aussi de la façon dont elles monétisent ces données pour dégager des bénéfices. L'on assiste par voie de conséquence, à un véritable processus de transformation de la chaîne de valeur induit par l'émergence de nouvelles possibilités de création de la valeur ajoutée, ainsi qu'à des changements structurels en profondeur de la création des «richesses».

Il faudrait toutefois, noter que la transformation dont il s'agit ici, ne tient pas uniquement aux opérations de création et de captation de la valeur à partir des données. Elle tient aussi, sinon davantage, à leur maîtrise et à la capacité des plateformes à en extraire les informations numériques utiles.

En effet, «dans presque toutes les chaînes de valeur, la capacité de collecter, de stocker, d'analyser et de transformer les données,

---

[62]Unctad, «Rapport sur l'économie numérique 2019. Création et captation de valeur pour les pays en développement», New York, 2019, p. 17.
[63]Ibid.
[64]Unctad, «Rapport sur l'économie numérique 2019… », op. cit, p. 18.

constitue un atout et renferme un avantage. Les données sont au cœur de toutes les nouvelles technologies numériques telles que l'analyse des données, l'intelligence artificielle, la chaîne de blocs, l'internet des objets, l'informatique en nuage et tous les services par internet»[65].

3. Plateformes numériques, données de masse, modèles économiques, production et captation de la valeur, sont donc les «catégories analytiques» clefs de cette révolution numérique, support quasi déterminant de l'économie numérique.

Mais celle-ci ne se réduit pas à de tels termes, aussi fondateurs et fédérateurs soient-ils. Elle s'étend au-delà de ceux-ci, pour donner naissance à ce qu'il est de plus en plus convenu d'appeler «le capitalisme des plateformes», articulé dans sa forme et dans sa substance, sur cette nouvelle forme d'entreprise dite «l'entreprise-plateforme»[66].

Cependant, quoi qu'en apparence distinctes, sinon dichotomiques, les formes traditionnelles du capitalisme, tout autant que celles du capitalisme des plateformes, puisent et procèdent foncièrement du même mouvement :

+ Une extension de la sphère marchande,
+ L'abolition/reconstitution des barrières à l'entrée,
+ La réduction des temps morts de production de valeur,
+ Le financement à la hauteur des besoins en capitaux,
+ Et la permanence d'un minimum de ressources pour les travailleurs, pour les mettre à l'abri des aléas de la vie et de l'insécurité de l'emploi.

La thèse du capitalisme des plateformes ne déroge apparemment donc pas à ce mouvement historique, nonobstant les quelques variantes propres aux plateformes et que nous évoquerons plus tard.

---

[65]Cf. El Yahyaoui. Y, «Ecosystème des données numériques… », op. cit, p. 80 et suivantes.

[66]La littérature sur cette notion de capitalisme de plateformes abonde, quoi que récente et peu conceptualisée. Cf. pour une revue de littérature : Aufrère. L et Alii, «Comment penser l'alternative au capitalisme de plateforme dans une logique de réencastrement polanyien ?», Centre d'Economie de l'Université Paris Nord, Document de travail n° 04/2020, avril 2020, 23 p. Cf. aussi pour un aperçu sommaire : Gauron. A, «En quoi le capitalisme des plateformes est-il singulier ?», Metiseurope, 14 décembre 2017.

Mais ce qui distingue ces nouvelles structures et formes d'organisation, et leur donne un ancrage fort dans la dynamique du capitalisme, c'est leur capacité à remettre profondément en question, plusieurs fondements classiques de l'analyse des organisations. Deux niveaux essentiels méritent qu'on s'y arrête dès à présent :

°- Le premier concerne l'éclatement perceptible de la frontière jusqu'ici claire et à l'abri de toute contestation, entre organisation et marché. Autrement, la distinction fondatrice entre firme et marché est de plus en plus mise en doute, car ces derniers constituent dans la perspective coasienne notamment, deux réalités de nature totalement différente[67].

En effet, «dans la perspective coasienne, la firme est régulée par un fonctionnement hiérarchique et des mécanismes de coordination centralisés, standardisés et planifiés, qui réduisent l'incertitude. Elle constitue une alternative au marché, par nature plus hétérogène, incertain, libre et régulé par le système de prix»[68].

Cette distinction n'est plus de mise avec les plateformes numériques, qui organisent des transactions entre des offreurs et des demandeurs qui sont indépendants de la plateforme.

Ces «organisations/marchés se construisent (donc) sur une hybridation qui rend caduque l'idée d'une différence de nature entre fonctionnement organisationnel et marchand[69].

°- Le second niveau concerne les relations sociales et les rapports traditionnellement fondés sur la dichotomie capital/travail.

S'il est vrai que depuis Marx, ces relations et rapports se cristallisaient autour d'une séparation entre détenteurs de capital d'un côté, et «apporteurs» de travail (en échange d'un salaire) de l'autre, il faudrait constater que tel n'est de plus en plus le cas de nos jours, où les plateformes mettent à mal en profondeur une telle séparation.

En effet, «les travailleurs des plateformes, qu'ils exercent en tant que chauffeurs VTC[70] ou loueurs sur Airbnb, apportent et possèdent le

---

[67]Coase. R. H, «The nature of the firm», op. cit, p. 392.
[68]Acquier. A, «Retour vers le futur. Le capitalisme de plateforme ou le retour du domestic system», Lelibellio, Vol. 13, n° 1, Printemps 2017, p. 88.
[69]Ibid.
[70]Voiture de Tourisme avec Chauffeur.

capital nécessaire à la réalisation de leur activité»[71]. Nous y reviendrons.

Innovations technologiques, innovations organisationnelles, rapports capital/travail, mais aussi nouvelles formes de régulation qui interpellent opérateurs d'infrastructures, acteurs du numérique et pouvoirs publics.

C'est que le modèle organisationnel du capitalisme de plateformes en gestation, est générateur d'un changement considérable au niveau de la notion d'entreprise elle-même, tout comme au niveau de la portée et de la place du travail.

En effet, «là où l'entreprise managériale organisait et transformait le travail, la plateforme contractualise, externalise et contrôle à distance. Le travail n'est pas conçu par la plateforme qui n'en est plus responsable. Le travail est sorti de l'entreprise. Là où l'entreprise était institution, il n'y a plus qu'un marché»[72].

C'est que puisque la plupart des grandes plateformes numériques ne possèdent pas d'actifs productifs, c'est aux «travailleurs» de constituer et d'apporter le capital nécessaire à la réalisation du travail. Dans ce contexte particulier, l'on a affaire non seulement à la «disparition» de l'espace de travail (géré dorénavant par l'employeur), mais aussi à une certaine «indépendance» des travailleurs qui entretiennent dorénavant, un lien non hiérarchique, mais éminemment marchand.

Il en découle qu'à partir du moment où le capital productif est externalisé et largement distribué, seuls le pouvoir de marché et le pouvoir d'organisation déterminent les «rapports de force» entre travailleurs et plateformes.

Mais ces nouvelles formes d'organisation n'excluent nullement d'autres formes d'échange et de partage. Le modèle de la collaboration, dit aussi modèle des communs, est de ces modèles qui s'appuient sur l'architecture des plateformes numériques, pour promouvoir une économie de partage, communautaire et contributive.

4. Cet essai procède ainsi en quatre temps forts :

---

[71]Ibid.

[72]Acquier. A, « Retour vers le futur… », op. cit, p. 93.

°- Le premier définira la place et la portée des plateformes dans la dynamique de l'économie numérique. L'on tentera une caractérisation, puis une typologisation de ces dernières pour en délimiter les contours et en tracer les «frontières».

°- Le second temps interpellera ces plateformes dans leur déclinaison marchande, en termes de rapports avec les notions de marché et de modèles économiques. Un accent particulier sera mis sur la nouvelle chaîne partagée tantôt par la production de la valeur, tantôt par sa captation.

°- Le troisième temps s'arrêtera sur la dynamique de ces entreprises-plateformes dont il faudrait préciser les fondements, tout autant que les limites. Les rapports capital/travail y seront abordés et mis en perspective.

°- Le quatrième temps interpellera la question des communs collaboratifs. Car si le numérique est à l'origine d'une nouvelle forme d'organisation centrée sur la production de la valeur par des plateformes marchandes, il pourra aussi faire émerger des structures «parallèles» portées par les valeurs de partage, de la contribution et de la solidarité.

Chapitre Premier

Les plateformes numériques : objet technique ou «place de marché» ?

Le terme de «plateforme» est polysémique et souple. Sa souplesse, tout autant que sa polysémie, lui ont assuré un usage très large. Il est aujourd'hui, indifféremment évoqué pour décrire des formes fort variées de systèmes techniques et d'acteurs économiques, depuis les réseaux sociaux jusqu'aux architectures algorithmiques, en passant par les surfaces d'applications et les places de marché.

La notion désigne donc aussi bien l'acteur que l'opération de mise en relation technique entre des niveaux très hétérogènes. Elle désigne par là «une gamme d'agencements très variés qui, selon les terrains et selon l'angle de vue adopté, se caractérise par leur ouverture et leur plasticité, mais aussi par leur pouvoir de contrainte et de structuration des mondes sociaux»[73].

La portée de la notion s'est davantage élargie à mesure que l'attention s'est portée sur la capacité de ces acteurs à opérer des formes massives de collecte de données sur les activités qu'ils organisent, sur leur pouvoir à transformer des marchés, sur la toute puissance financière dont ils sont dépositaires et sur leur propension à contourner les réglementations en vigueur.

Cerner les contours de cette notion, pour en mesurer l'étendue réelle, passe donc par sa définition préalable pour sinon en saisir la consistance, du moins en délimiter le périmètre d'action.

Il passe ensuite par sa caractérisation et sa typologisation pour circonscrire la nature d'activité de ces acteurs, le domaine de leur intervention, mais aussi le champ d'étude de cette discipline de l'économie politique.

[73]Flichy. P, Beauscart. J. S, «Plateformes numériques», Réseaux, n° 212, juin 2018, p. 11.

1.1. Plateformes numériques : éléments de définition

Les plateformes numériques sont des «objets» hétérogènes et complexes. Elles le sont de par le fait qu'elles sont inscrites dans les points d'intersection entre deux «mondes», celui de l'entreprise et celui du marché, et situées au cœur de la chaîne de valeur de secteurs de plus en plus nombreux.

Ce sont, de ce point de vue, de nouvelles formes d'organisation qui s'appuient sur un environnement socio-technique profondément transformé : «une généralisation de la connectivité des personnes et des objets, au travers de différents capteurs et réseaux électroniques, et une mise en donnée du monde, qui concerne aussi bien les transactions marchandes, les relations sociales que, désormais, les interactions avec le monde lui-même, grâce à une multitude de capteurs»[74].

Si la complexité de la notion de plateforme et des nouvelles formes organisationnelles qu'elle recèle, induit de nombreuses problématiques pour les chercheurs et pour les praticiens, il faudrait observer toutefois, que les différentes approches de ladite notion s'accordent sur le fait que les plateformes agrègent des acteurs économiques de nature différente, «dépassant largement les frontières habituelles qui caractérisent une industrie : clients, utilisateurs, fournisseurs, partenaires, concurrents, entreprises-pivots, pouvoirs publics»[75].

Cette dynamique des plateformes est analysée ainsi, tantôt comme un écosystème, tantôt comme un phénomène d'intermédiation, rarement comme un «champ» devant faire l'objet d'une approche systémique fédératrice.

1.1.1. Les plateformes comme écosystème

La plateforme numérique est une organisation réticulaire. C'est en grande partie, un système de gestion de l'innovation, lequel est fondé sur un dispositif technique distribué dont la finalité première est la création et/ou la captation de la valeur.

---

[74]Isaac. H, «Plateforme : pour une approche systémique», Chaire «Intelligence économique et stratégie des organisations», Cahier 26, Fondation Paris-Dauphine, 2017, p. 9.
[75]Ibid.

La plateforme est, de ce fait, un écosystème complet au cœur duquel trônent l'innovation et les nouvelles formes d'organisation.

Dire que la plateforme est un écosystème, c'est dire autrement qu'il s'agit d'un «agencement contrôlé par un agent qui met, selon des règles précises ex ante, un actif clef à disposition d'autres acteurs, afin que ceux-ci puissent développer une activité propre»[76].

C'est donc la firme principale (dite aussi firme-pivot) qui définit les règles, et c'est aux autres acteurs de l'écosystème, dont les contributeurs eux-mêmes, de respecter lesdites règles pour pouvoir accéder à la plateforme, y interagir et bénéficier de ses fonctionnalités.

D'aucuns diraient que l'existence même d'un acteur central, donneur d'ordre et maître du dispositif technique, exclut l'idée d'interdépendance sinon propre à tout écosystème, du moins en marquant de son empreinte, la logique du fonctionnement.

Une telle vision passe manifestement sous silence le fait que la firme-pivot n'est en dernière instance, qu'un acteur facilitateur, c'est à dire un niveau de simple coordination des différents croisements en jeu.

Nombreux sont les travaux sur les plateformes qui mettent en évidence le fait que les acteurs, dont la firme-pivot, y tissent des relations d'interdépendance nombreuses, et ce quelle que soit la nature des transactions qu'elles opèrent.

Ainsi, «si la firme-pivot gouverne la plateforme en fixant les règles, elle s'insère dans le même temps, dans une logique de dépendance à l'égard de tous les acteurs de la plateforme. En outre, la nature des ressources affectées par les différents acteurs, diffère, ce qui accentue dans certains modèles de plateforme, le degré d'interdépendance des acteurs sur la plateforme»[77].

La problématique de la dépendance/interdépendance est fort illustrée par la plateforme iPhone d'Apple. Celle-ci comporte en effet, «plusieurs niveaux : les terminaux physiques, un système

---

[76]Isaac. H, «Plateforme… », op. cit, p. 10.

[77]Cf. pour plus de détails : Adner. R, «Ecosystem as structure : an actionable construct for strategy», Journal of Management, Vol. 43, n° 1, january 2017, pp. 39-58.

d'exploitation, un magasin d'applications, des contenus multimédias. Elle est dépendante de nombreux acteurs : de sa conception à sa fabrication, pour ses contenus, pour sa distribution, la plateforme s'appuie sur de très nombreux acteurs. Certains de ses partenaires exercent des pressions fortes sur Apple et sa plateforme, ou parfois entrent en conflit direct avec Apple, comme c'est le cas de Samsung ou Qualcomm. Pour que la plateforme Apple puisse fonctionner, elle repose sur des ressources mises à disposition par des acteurs puissants, dont nombre d'entre eux sont des concurrents directs d'Apple, comme Samsung pour les appareils ou Google pour les logiciels. Apple est totalement dépendante de Samsung pour certains composants (écrans) ou de Google pour les services (search engine, Youtube). Quelle que soit la puissance de ces acteurs, leur dépendance réciproque est très élevée»[78].

La dépendance entre plateformes est donc générale et n'est nullement propre à telle ou telle plateforme. Elle tient à la nature des marchés au sein desquelles elles opèrent, et est de surcroît, consubstantielle aux relations que de telles plateformes entretiennent entre elles.

En même temps, de telles relations paraissent comme étant incontournables, car elles déterminent sinon la survie de la plateforme, du moins son essor et son expansion.

Ainsi, pour les plateformes de contenus par exemple, la dépendance aux utilisateurs est d'autant plus forte que lesdites plateformes n'ont de valeur que grâce aux contenus que lesdits utilisateurs mettent à leur disposition. La dépendance réciproque des utilisateurs trouve aussi sa raison d'être et sa justification, du fait que les plateformes constituent un canal indépassable pour la distribution de leurs contenus[79].

---

[78]Isaac. H, «Plateforme...», op. cit, p. 12. Il faudrait noter qu'en 2016 seulement, 200 fournisseurs d'Apple représentaient 98% de ses achats. Cf. Apple, «The Apple supplier list details our top 200 suppliers based on spend, and outlines the supplier facilities which provide services to our supply chain», Apple, 2019, 33 p.
[79]Cf. Kumm. J et Alii, «User generated content», Pervasive Computing, october-december 2008, pp. 10-11. Cf. pour le cas des plateformes de contenus : CSA, «Plateformes et accès aux contenus audiovisuels : quels enjeux concurrentiels et de régulation ?», Rapport, Conseil Supérieur de l'Audiovisuel, Paris, septembre 2016, 39 p.

La plateforme est ainsi perçue comme un composant parmi les différents composants qui constituent l'écosystème : producteurs, utilisateurs, partenaires et autres parties prenantes.

Il est vrai que l'entreprise-plateforme est et restera l'acteur pivot, de par le fait qu'elle est, en premier et en dernier ressort, le «donneur d'ordre», mais il n'est pas moins vrai qu'elle relève elle aussi, de la dynamique d'un écosystème interdépendant, identifié et bien délimité.

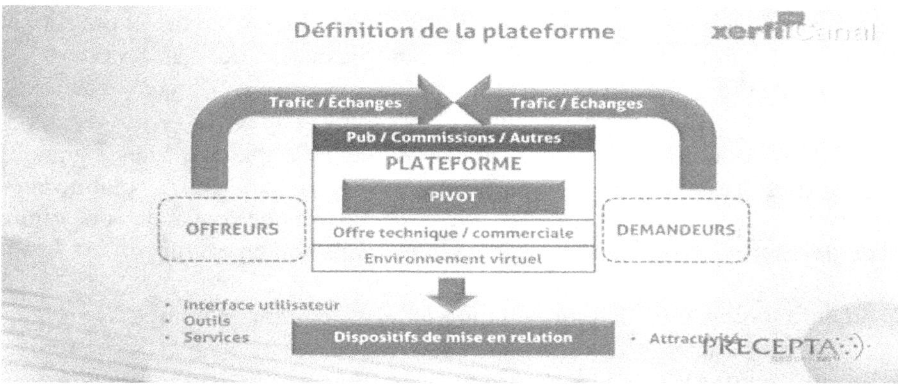

Schéma 1 : Définition de la plateforme[80]

C'est la raison pour laquelle la plateforme est généralement perçue comme «une structure de gouvernance des échanges, qui détermine qui peut y participer, le rôle qu'on peut y jouer, la manière selon laquelle on peut interagir et la manière dont les différends sont réglés, grâce à des protocoles et des normes technologiques pour faciliter la connexion, la coordination et/ou la collaboration entre les acteurs de l'écosystème ainsi fermé»[81].

La nature des échanges qu'organisent les plateformes numériques, et qui s'opèrent dans le cadre dudit écosystème, peut porter sur des biens, des services, du travail, de la publicité, des personnes, des logiciels, des contenus ou encore des données diverses.

---

[80]Gattet. P, «Comprendre l'économie des plateformes numériques», XerfiCanal, 22 février 2017.
[81]Renaissance numérique, «Réguler les plateformes numériques : pourquoi ? Comment ?», Politiques, Institutions et Démocratie, mai 2020, p. 12.

Mais la logique d'écosystème peut induire, voire conduire à des mécanismes d'interdépendance multiples sur les plateformes numériques elles-mêmes.

Il est ainsi fort possible que la plateforme «profite de sa position pour imposer à ses partenaires des règles abusives, par exemple en autorisant ou non les acteurs à rejoindre la plateforme ou en contraignant leur comportement»[82].

Il est fort possible aussi que les plateformes numériques en concurrence, et quoi que relevant du même écosystème, «pourraient bloquer ou limiter l'accès à l'un ou plusieurs de ses services et applications»[83].

De telles pratiques sont le plus souvent l'apanage des grandes plateformes numériques communément appelées «les plateformes structurantes», c'est-à-dire celles qui ont la grande capacité de «faire et de défaire» la dynamique de l'écosystème dans son ensemble.

L'on définit ainsi une plateforme numérique structurante comme :

« °- Une entreprise qui fournit en ligne des services d'intermédiation, en vue d'échanger, acheter ou vendre des biens, des contenus ou des services,

°- Qui détient un pouvoir de marché structurant, en raison de sa taille, sa capacité financière, sa communauté d'utilisateurs et/ou des données qu'elle détient, lui permettant de contrôler l'accès ou d'affecter de manière significative, le fonctionnement du ou des marchés sur lesquels elle intervient,

°- A l'égard de ses concurrents, de ses utilisateurs et/ou des entreprises tierces qui dépendent pour leur activité économique, de l'accès aux services qu'elle offre»[84].

La notion de «pouvoir de marché» est fondamentale ici, car elle interpelle les multiples et nombreuses opérations de fusions et

---

[82]Ibid.

[83]Le refus de Google d'ouvrir Youtube à Windows Mobile est un exemple parmi tant d'autres. Cf. Foley. M. J, «Why is Google blocking the new YouTube app for Windows Phone?», ZDnet, august 15, 2013.

[84]Autorité de la concurrence, «Contribution de l'Autorité de la concurrence au débat sur la politique de concurrence et les enjeux numériques», Paris, 19 février 2020, p. 8.

d'acquisitions auxquelles se livrent assez constamment les plateformes structurant l'écosystème[85].

Ces acquisitions et absorptions permettent le plus souvent, d'intégrer l'activité de jeunes start-ups à l'écosystème de l'acquéreur. Elles peuvent également avoir pour objectif d'acquérir une communauté d'utilisateurs potentiels (Facebook/WhatsApp) ou des compétences techniques et humaines rares sur le marché, c'est-à-dire hors écosystème.

Plusieurs configurations de marché peuvent, de ce point de vue, être relevées, la plus emblématique d'entre elles étant l'acquisition prédatrice.

La notion d'acquisition prédatrice, dans le cadre de l'écosystème des plateformes, relate les cas où «un acteur dominant ou structurant dans le domaine numérique, fait l'acquisition d'un acteur innovant, afin d'opérer une croissance externe qui a pour conséquence ou pour objectif d'empêcher l'émergence d'un concurrent potentiel et d'éliminer celui-ci ou les produits ou services qu'il développait...Dans de nombreux cas, l'acquéreur ne tue pas la cible comme dans les cas des killer acquisitions, mais au contraire la conserve et développe fortement son activité[86].

Il s'agirait donc d'opérations qui visent soit à éliminer ou mettre en sommeil un concurrent, soit à en faire un outil supplémentaire pour renforcer la position de l'acquéreur sur un même marché ou sur les marchés voisins.

---

[85]Depuis 2008, Google a acquis 168 entreprises dont beaucoup étaient des concurrents potentiels (Waze pour les services de navigation, Youtube pour les vidéos, Double Click et AdMob dans la publicité en ligne. Facebook a, quant à elle, absorbé 71 entreprises parmi les plus importantes, Instagram en 2012 et WhatsApp en 2014. Alors même que WhatsApp ne générait que des revenus faibles à l'époque, elle a été rachetée par Facebook pour 19 milliards de dollars. Autorité de la concurrence, «Contribution de l'autorité...», op. cit, pp. 8-9.

[86]Ibid. A noter que WhatsApp et Instagram puis Double Click et Youtube, ont connu un développement extraordinaire après leur achat. Ils ont même contribué de façon significative au succès de leurs acquéreurs. Cf. pour ces différentes formes d'alliances : Cheriet. F, Cherbib. J, «L'instabilité des alliances stratégiques asymétriques : une option programmée par la firme multinationale ?», Revue internationale P.M.E., n° 27, février 2014, pp. 15-38.

1.1.2. Les plateformes numériques : espace d'intermédiation ou place de marché ?

La notion de plateformes numériques structurantes vise à appréhender les entreprises qui ont une activité d'intermédiation en ligne. Elle vise aussi le caractère stratégique de leur comportement pour leur marché dominé, comme pour d'autres marchés.

Il s'agit du pouvoir qu'elles utilisent pour l'accès à certains marchés en tant que «gatekeeper», ou en tant que «régulateur» des différents composants de l'écosystème.

Elle renvoie en cela, et en troisième lieu, à «l'importance que ces plateformes jouent pour les acteurs des marchés (notamment le caractère incontournable de ces acteurs pour accéder à certains marchés), qu'ils soient des concurrents, des utilisateurs de leurs services ou des entreprises tierces, qui doivent accéder aux services proposés par ces plateformes structurantes, pour développer leurs propres activités»[87].

Dans ces divers cas de figure, lesdites plateformes ne pourraient se définir en dehors du fait qu'elles permettent un service en ligne de mise en relation de l'offre et de la demande sur un marché.

La plateforme, de ce point de vue, est définie comme étant «...un service occupant une fonction d'intermédiaire dans l'accès aux informations, contenus, services ou biens, le plus souvent dédiés ou fournis par des tiers. Au-delà de sa seule interface technique, elle organise et hiérarchise ces contenus en vue de leur présentation et leur mise en relation aux utilisateurs finaux.

A cette caractéristique commune s'ajoute parfois une dimension écosystémique caractérisée par des interrelations entre services convergents. Plusieurs plateformes ont, en effet, adopté des modèles de développement basés sur la constitution de véritables écosystèmes dont elles occupent le centre»[88].

De façon encore plus générique, une plateforme peut être définie comme une place de marché où plusieurs types d'utilisateurs (le plus

---

[87]Ibid.
[88]CNNum, «Ambition numérique : pour une politique française et européenne de la transition numérique», Rapport, Paris, juin 2015, p. 59.

souvent des vendeurs et des acheteurs) peuvent se rencontrer pour échanger des biens, des services, des informations…etc.[89].

Or, «si les plateformes physiques existent depuis des millénaires, à travers les places de marché des villes et villages, la révolution numérique a fait émerger les plateformes en ligne. Dans les deux cas, ce qui fonde l'attractivité des places de marché pour les utilisateurs, réside dans la baisse des coûts de transaction que permet la relation au même endroit, d'un grand nombre de consommateurs et de vendeurs»[90].

En théorie générale, plus d'acheteurs attirent plus de vendeurs sur le marché et vice versa. Et plus d'acheteurs attirent plus d'acheteurs, de même que plus de vendeurs attirent plus de vendeurs.

C'est dire autrement, que là où les places de marché physiques rencontrent nécessairement des contraintes matérielles ou géographiques, les plateformes numériques sont en mesure de les contourner pour mettre en relation offreurs et demandeurs dispersés à grande échelle, pouvant accéder à des places de marché ouvertes en permanence devant les particuliers, tout autant que devant les entreprises.

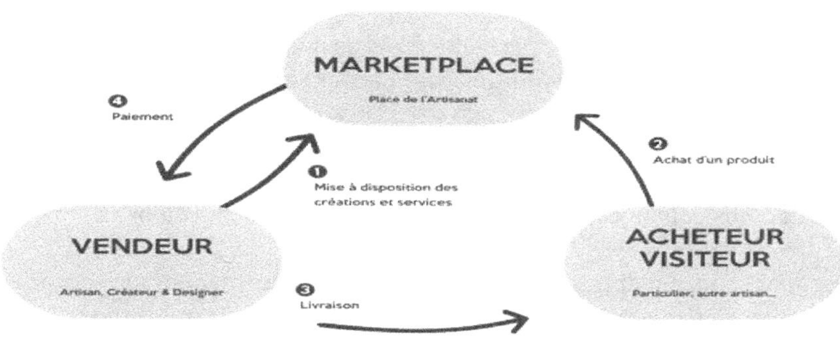

Schéma 2 : <u>La notion de place de marché</u>[91]

---

[89]Cf. pour les fondements théoriques de la notion de construction des places de marché : Brailly. J, Coulondre. A, «Le travail de construction d'une place de marché : centres commerciaux et salons de professionnels», Revue Française de Socio-Économie, n° 16, janvier 2016, pp. 161-181.

[90]Cf. Martens. B, «An economic policy perspective on online platforms», Institute for prospective technological studies, digital economy, Working Paper, JRC Technical Reports, European Commission, mai 2016, 60 p.

[91]CEJM, «La transformation numérique et ses impacts sur l'environnement de l'entreprise», Culture Economique, Juridique et Managériale, 2019.

La force des plateformes numériques réside justement dans leur capacité à proposer «un espace d'intermédiation» offrant des gains de productivité substantiels dans l'interaction et la coordination d'une multitude d'utilisateurs»[92].

Les interfaces d'échange mises à disposition par les plateformes numériques, reposent sur trois grandes catégories d'outils permettant une diminution considérable des coûts de transaction :

« + Des fonctionnalités standardisées de mise en relation : présentation et mise en valeur des offres (biens, services, informations, utilisateurs…etc.), services de communication (messageries, géolocalisation…etc.), qui permettent à des acteurs hétérogènes de parler le même langage,

+ Des algorithmes de recherche, de matching ou de recommandation, visant à faciliter la rencontre et l'appariement entre un grand nombre d'utilisateurs différents (acheteurs, vendeurs, annonceurs…etc.). Le développement et l'amélioration de ces algorithmes reposent sur le recueil, l'agrégation, la standardisation et le traitement d'une grande quantité de données sur le comportement de leurs utilisateurs, l'évolution des marchés, leur process de production…etc.

+ (Et) des dispositifs permettant d'instaurer la confiance et la sécurisation des échanges entre des parties qui ne se connaissent pas et qui ne se rencontreraient pas dans les marchés ordinaires (on parle de tiers de confiance) : établissement de règles de base et de codes de conduite, authentification des parties, gestion de la réputation, traçabilité des échanges, moyens de paiement sécurisés…etc.»[93].

Il est par conséquent, fondé de dire que la problématique du marché, de la place de marché et de la gestion de la «multitude», est en dernière instance, une problématique d'intermédiation par excellence, dont la fonction première consiste à assurer la mise en relation entre un nombre de plus en plus massif de personnes et

---

[92]Cf. Grumbach. S, Frenot. S, «Des données à l'intermédiation, une révolution économique et politique. Big Data : nouvelles partitions de l'information», De Boeck, 2014, 22 p.
[93]Chabanel. B, Hooge. E, Javary. C. M, «Plateformes numériques et territoires : quels enjeux pour la collectivité ?», Rapport, Métropole de Lyon, Direction de la prospective et du dialogue public, Lyon, octobre 2016, p. 6.

d'objets connectés aux réseaux numériques, à travers la planète toute entière[94].

En effet, «si les plateformes ont réussi à attirer à elles, des millions, voire des milliards d'utilisateurs, en l'espace de quelques années seulement, c'est précisément parce qu'elles paraissent en mesure d'industrialiser la promesse de personnalisation de l'offre de biens et de services, impératif apparu dans les années 90 avec l'essor des stratégies marketing orientées client.

A l'heure où l'on parle de plus en plus d'économie de l'attention, du fait de la difficulté à captiver des individus de plus en plus sollicités, les plateformes misent avant tout, sur la qualité de la proposition de valeur faite à chacun de leurs utilisateurs»[95].

La logique d'intermédiation consiste donc pour la plateforme, à proposer un service qui permettrait la mise en relation d'une multitude d'utilisateurs extérieurs à ladite plateforme, tout en prévalant une part de la valeur créée par les échanges qu'elle a intermédiés.

Il en découle un développement de la plateforme en question via une réorganisation de la division du travail centrée sur deux niveaux :

«°- D'une part, une hyperspécialisation de l'entreprise sur les tâches d'optimisation de l'appariement offre/demande, par la maîtrise de technologies sophistiquées et la constitution d'une large base d'utilisateurs,

---

[94]Dans le cyberespace, le territoire n'existe pas, dirait Pierre Musso. «Le territoire rugueux, résistant est effacé. Ne subsiste qu'un espace lisse, fluide, de circulation. Il s'agit d'un espace de réseaux informationnels, il n'y a ni histoire, ni lieux, il n'y a que des liens». Cf. pour plus de développements sur cette thèse : Musso. P, «Le cyberespace, figure de l'utopie technologique réticulaire», In «Les promesses du cyberespace. Médiations, pratiques et pouvoirs à l'heure de la communication électronique», Sociologie et Sociétés, Vol. 32, n° 2, automne 2000, pp. 31-56.

[95]Cf. pour plus de développements : Verdier. H, Colin. N, «L'âge de la multitude», op. cit. La thèse que développent les auteurs repose sur l'idée qu'il existe une conjonction entre la place de la multitude et le rôle central des plateformes. La démarche d'Amazon, d'Apple ou de Facebook, tient au constat qu'aucune organisation ne peut concevoir, encore moins réaliser, avec ses seules ressources, un produit qui soit à même de séduire tous les utilisateurs potentiels. Il s'agit donc de permettre à la multitude d'y concevoir et d'y développer de nouvelles applications. Cf. aussi : Edima, «Online intermediaries : impact of the EU economy», Copenhagen Economics, october 2015, 51 p.

°- D'autre part, la possibilité accrue de faire appel à des ressources externes (temps et compétences), auprès de particuliers, d'entrepreneurs ou d'autres entreprises, y compris pour externaliser des fonctions qui constituaient jusqu'alors le cœur de métier du secteur»[96].

Il faudrait noter par ailleurs, que la logique d'intermédiation initiée et pilotée par les plateformes numériques, se double d'une logique contributive, derrière laquelle résident les utilisateurs d'intérêts, de par l'usage même qu'ils font à travers ces dispositifs.

En effet, qu'il s'agisse de la création ou du partage des contenus (blogs, posts, photos, vidéos...etc.), «les échanges sur les réseaux sociaux en ligne, l'utilisation régulière d'applications numériques ou des multiples traces numériques laissées par tel ou tel utilisateur, toutes ces tâches relèvent de la logique contributive, cœur de l'activité des plateformes numériques»[97].

En même temps, le recueil et l'exploitation de ces différentes données sont au centre de la logique de personnalisation de l'intermédiation promue par les plateformes.

Autrement, «ce qu'il faut bien comprendre, c'est que l'intermédiation est fondamentalement une opération de traitement de l'information. C'est l'information dont dispose l'opérateur d'intermédiation, qui lui permet d'identifier les correspondances possibles entre producteurs et consommateurs. L'opérateur doit donc connaître au mieux les acteurs en présence, tant les producteurs de biens ou de services que les consommateurs. La quantité de connaissances en sa possession et la qualité de traitement analytique dont il est capable, sont fondamentales pour mettre en œuvre une mise en relation pertinente et efficace»[98].

---

[96]CNNum, «Neutralité des plateformes... », op. cit, p. 55 et suivantes.

[97]Sur Youtube par exemple, la création des contenus est confiée à des contributeurs bénévoles, le plus souvent non rémunérés par la plateforme. Youtube a conçu un programme spécifique, dit «Contributeurs de Youtube», pour soutenir ce que la plateforme appelle «la communauté internationale de contributeurs». On y lit : «...Vous pouvez nous aider à améliorer Youtube et à en faire une meilleure plateforme pour regarder, partager des vidéos, et interagir au quotidien...».

[98]Grumbach. S, «Quelles régulations pour l'économie des plateformes ?», Interview, Millénaire 3, La Prospective de la Métropole de Lyon, 8 septembre 2016.

1.1.3. Plateformes numériques, données et place de marché

L'essor des plateformes numériques repose en large partie, sur la capacité à récolter, stocker, standardiser, exploiter et analyser de grandes données de masse, de volume et de nature hétérogènes[99], sur leurs utilisateurs.

Elles puisent ensuite, leur force du fait qu'elles ont accès à des données auxquelles les entreprises traditionnelles n'ont pas accès, dont notamment les traces numériques de l'activité de leurs utilisateurs sur les différents services et applications qu'elles proposent.

Elles la puisent de surcroît, de leur latitude à accéder aux historiques de recherche sur les moteurs de recherche, et aux interactions opérées sur les réseaux sociaux et aux données qui y sont partagées.

Ces données, dites personnelles, renseignent sur les tendances dans les usages et obéissent dans leur collecte et/ou captation, à une sorte d'accord tacite entre les utilisateurs et les plateformes[100].

En effet, «en l'échange d'un service gratuit de grande valeur d'usage, l'utilisateur met à disposition de la plateforme, également de façon gratuite, ses données d'usage ou ses données personnelles[101].

Les données massives collectées (Big Data), standardisées et exploitées, permettent aux entreprises-plateformes non seulement de définir les grandes tendances de l'évolution de leurs marchés, mais leur offrent aussi une connaissance fine et détaillée des profils de leurs utilisateurs.

Il en découle naturellement, un modèle d'affaires fondé sur trois grandes variantes :

°- Une personnalisation du service, car la collecte des données d'un utilisateur peut permettre à la plateforme numérique de paramétrer

---

[99]De 2013 à 2020, la masse de données numériques va doubler tous les deux ans. Chaque seconde, 29.000 Gigaoctets (Go) d'informations sont publiés dans le monde, soit 2,5 exaoctets par jour, soit 912,5 exaoctets par an...Un volume de Big Data qui croît à une vitesse vertigineuse. En 2019, on estime que 90% des données disponibles dans le monde ont été créées dans les deux dernières années.

[100]Cf. El Yahyaoui. Y, «Ecosystème des données numériques... », op. cit, p. 176 et suivantes.

[101]Grumbach. S, «Quelles régulations pour l'économie des plateformes ?», op. cit.

ses recommandations, cibler ses publicités et définir un système de tarification optimal,

°- Une identification précise des opportunités de marché, car de par «la variété et le volume des données qu'elles collectent, les plateformes sont en mesure de repérer des centres d'intérêt et des besoins peu ou pas appréhendés par les entreprises classiques, dans une grande diversité de secteurs d'activité. Le repérage de ces nouveaux champs d'intermédiation ou plus largement d'activités, constitue une ressource clef pour orienter les stratégies de développement des plateformes»[102],

°- Et une alimentation des interfaces de programmation des applications. Il s'agit de points d'accès permettant aux plateformes numériques de mettre à la disposition des développeurs leurs ressources (données standardisées, algorithmes, méthodes de quantification) leur permettant de développer des applications nouvelles à même d'enrichir les fonctionnalités initiales de ladite plateforme. En même temps, les données recueillies peuvent largement inspirer les développeurs, aussi bien les start-ups nouvelles que les bénévoles.

S'il est vrai que les places de marché ont, de tout temps, servi de dispositif d'intermédiation, permettant de réaliser une mise en relation plus ou moins pertinente et efficace, il n'est pas moins vrai aussi que les plateformes numériques ont apporté, à leur tour, un système d'intermédiation d'un autre type.

Ce dernier semblerait reposer sur une équation fondée sur la même alchimie : collecte des données, analyse et transformation de ces données, puis génération de services à partir de ces mêmes données.

Dans ces places, au sein desquelles circulent d'énormes quantités de données, de nature diverse, les dispositifs d'intermédiation ne pourraient se concrétiser et se développer sans l'apport révolutionnaire des algorithmes.

En effet, les algorithmes jouent un rôle essentiel dans les systèmes d'intermédiation et ce «non seulement à cause de la puissance des systèmes numériques et des quantités de données, mais plus encore

---

[102]Cf. pour de plus amples développements : Benavent. C, «Plateformes : sites collaboratifs, marketplaces, réseaux sociaux. Comment ils influencent nos choix ?», FYP Editions, 2016, 224 p.

par l'introduction de formes de raisonnement et d'adaptation radicalement nouvelles. Comme pour le Big Data en général, les algorithmes cherchent les corrélations dans les données sans avoir de théorie a priori (et) sans chercher à démontrer des causalités»[103].

C'est en ce sens d'ailleurs que l'on considère les plateformes numériques comme des plateformes d'intermédiation par excellence, leur logique étant justement de combiner le travail et l'activité des utilisateurs de la plateforme, à la puissance des algorithmes[104].

Ce que les données et les flux de données ont permis, c'est cette capacité de réaliser l'intermédiation sur les places de marché numérique, d'une manière plus efficace que les acteurs traditionnels.

«Plus efficace, parce que profitant pleinement de données auxquelles les entreprises traditionnelles n'ont pas accès. Plus efficace parce que libérée des contraintes diverses des entités de l'économie réelle. Plus efficace également grâce à la capacité de personnaliser les services taillés sur mesure pour leurs utilisateurs»[105].

Intermédiation numérique sur les nouvelles places de marché certes, mais aussi et parallèlement à cela, désintermédiation progressive des acteurs traditionnels encore cantonnés dans les places de marché classiques (santé, enseignement, presse...etc.).

Dans de très nombreux cas en effet, cette désintermédiation s'accompagne d'une réintermédiation en profondeur: «l'intermédiaire historique disparaît ou voit son activité fortement réduite au profit d'un nouvel intermédiaire, qui est la plupart du temps une plateforme Internet. Ainsi, Uber (transport), Airbnb (logement), Skype (télécommunications), Amazon (commerce de détail), Spotify (musique), Netflix (vidéos), sont devenus des intermédiaires incontournables entre le consommateur et le service ou le produit qu'il recherche»[106].

---

[103]Grumbach. S, Frenot. S, «Des données à l'intermédiation... », op. cit, p. 11.

[104]Cf. Ertzschid. O, «L'appétit des géants. Pouvoir des algorithmes, ambitions des plateformes», C&F Editions, 2017, 239 p.

[105]Grumbach. S, «Qu'est ce que l'intermédiation algorithmique ?», Bulletin de la société informatique de France, n° 7, novembre 2015, pp. 94-95.

[106]Morin Desailly. C, «Prendre en main notre destin numérique : l'urgence de la formation», Rapport n° 607, Sénat, Paris, juin 2018, p. 17.

C’est la raison pour laquelle, une fois désintermédié, l’opérateur (traditionnel le plus souvent) perd la capacité à recueillir les données personnelles des utilisateurs.

Ainsi, «les fonctionnalités étendues du moteur de recherche qui propose un affichage direct, au-dessus de la liste des liens hypertextes, des informations qui répondent à la requête, comme la météo, des horaires divers, ou encore des extraits d’encyclopédie, et qui apportent un vrai confort pour l’utilisateur, constituent un bon exemple du pouvoir de désintermédiation…Cette présentation de l’information par le moteur désintermédie de fait, les acteurs offrant ces informations. L’accès à leur site n’est plus nécessaire[107].

Il apparait donc évident que les plateformes d’intermédiation procèdent par deux niveaux : les utilisateurs, puis les fournisseurs de services.

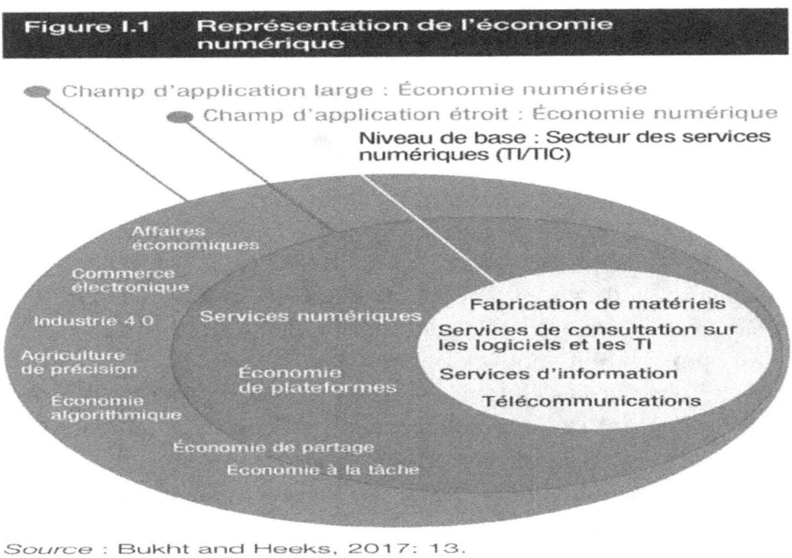

Schéma 3 : <u>Représentation de l’économie numérique</u>[108]

Elles partagent un mode d’organisation en trois grands axes :

[107]Grumbach. S, «Qu’est ce que l’intermédiation algorithmique ? », op. cit, p. 98.
[108]Unctad, «Rapport sur l’économie numérique 2019… », op. cit, p. 6.

« °- L'infrastructure, constituée par l'ensemble des services de base, offerts par la plateforme aux utilisateurs ou aux services tiers,

°- Les données, accumulées par la plateforme, qui combinent les traces sur les différents services,

°- (Et) le réseau d'utilisateurs et leurs interactions»[109].

Les plateformes d'intermédiation opèrent ainsi une mutation à grande échelle, car en contribuant directement à la désintermédiation des acteurs traditionnels, elles contribuent de par la force des choses et à l'évidence, à l'effondrement du principe même de la verticalité propre au mode d'organisation classique[110].

L'intermédiation algorithmique opère donc un double déplacement du pouvoir, «d'une part vers le bas, vers les personnes, utilisateurs de services, et d'autre part vers le haut, vers les plateformes elles-mêmes, au détriment des nombreux opérateurs intermédiaires. Le déplacement du pouvoir vers le bas, l'empowerment des utilisateurs, est permis par la capacité à accéder à des services de plus grande abstraction, indépendants de l'environnement local. Le déplacement vers le haut est permis par la capacité de la plateforme de réguler l'intermédiation entre un nombre très large d'acteurs, récupérant ainsi les précieuses données et les potentialités associées»[111].

Il en résulte ainsi que les acteurs intermédiaires classiques sont fort menacés de désintermédiation.

La capacité de désintermédiation des plateformes numériques est d'autant plus grande que ces dernières n'opèrent pas sur une place de marché classique, mais sur une place de marché où il leur est possible d'offrir des prestations d'un haut niveau d'abstraction.

Elles ne sont contraintes, contrairement aux acteurs désintermédiés, ni par un modèle rigide, peu flexible, ni par des pesanteurs organisationnelles, encore moins réglementaires, pouvant sinon contrecarrer leur activité, du moins en atténuer la dynamique ou la lancée.

---

[109]Ibid.

[110]Cf. pour plus de développements : Alter. N, «Innovation et organisation : deux légitimités en concurrence», Revue Française de Sociologie, Vol. 34, n° 2, 1993, pp 175-197.

[111]Ibid.

On comprend bien l'étendue de cette mutation dès lors que l'on considère le nombre de secteurs désintermédiés ou sont en cours de le devenir.

La capacité d'interconnexion quasi-généralisée de l'ensemble des secteurs et des acteurs[112], tout autant que la capacité de mise en relation indépendante d'intérêts éminemment particuliers, sont significatives du mode d'organisation initié et piloté par les plateformes numériques.

Elles tiennent à leur nature certes, mais tiennent aussi sinon davantage, aux caractéristiques qui leur sont propres.

---

[112]L'exemple des réseaux logistiques est fort significatif d'une telle tendance. Cf. Sarraj. R, «Interconnexion des réseaux logistiques : éléments de définition et potentiel», Thèse, Ecole Nationale Supérieure des Mines de Paris, 2013, 256 p.

1.2. Plateformes numériques : typologie et éléments de caractérisation

Les plateformes numériques ont une capacité gigantesque à collecter, puis à exploiter et traiter des données massives énormes. Elles proposent de nouvelles formes d'intermédiation directe pour échanger des informations, des contenus, des services ou des biens entre professionnels, entre professionnels et particuliers et entre particuliers.

Parce que numériques et dématérialisées, les plateformes suscitent d'âpres débats non seulement en raison de leurs caractéristiques propres, mais aussi par rapport aux difficultés de typologisation et de catégorisation dont elles sont toujours l'objet.

Renvoyant tantôt à des dispositifs d'échanges marchands ou privatifs, tantôt à des dynamiques de partage ou de collaboration, les plateformes sont un ensemble hétérogène que seuls deux éléments communs en permettent le dénominateur :

°- Le caractère numérique qui semble traverser les composantes de cet ensemble,

°- Et la «fonction» de mise en relation directe des professionnels et des particuliers, qui semble se substituer, en grande partie, à la relation d'échange traditionnelle entre une structure de production et un consommateur ordinaire.

1.2.1. Les plateformes numériques : essai de caractérisation et de catégorisation

Une plateforme numérique est un ensemble d'objets hétérogènes et complexes. Elle intègre en cela, trois dimensions principales :

°- La première dimension est une dimension d'intermédiation. La plateforme peut être définie ici comme étant l'opérateur en ligne dont le rôle repose sur :

« + Le classement ou le référencement, au moyen d'algorithmes informatiques, de contenus, de biens ou de services proposés ou mis en ligne par des tiers,

+ Ou la mise en relation de plusieurs parties, en vue de la vente d'un bien, de la fourniture d'un service ou de l'échange (du partage) d'un contenu, d'un bien ou d'un service»[113].

Cette perspective s'intéresse ainsi au nombre d'utilisateurs, et retient ce seul critère dans la définition du seuil à partir duquel on considère, puis on caractérise une plateforme numérique.

On privilégie de ce fait, un seul type de facteurs, en l'occurrence les effets de réseaux directs, comme étant à l'origine des plateformes numériques, et une seule face de marché comme représentant les multiples faces que comporte le marché numérique[114].

L'insuffisance d'une telle perspective réside toutefois, dans le fait qu'elle passe sous silence d'autres mécanismes de formation des plateformes numériques dont notamment les effets croisés et la coexistence de nombreuses autres faces de marché.

°- La seconde dimension a trait à l'infrastructure technologique sous-jacente à la constitution et à l'organisation d'une plateforme numérique.

Les plateformes sont, dans cette perspective, le dispositif technique d'intermédiation et d'échange sans conteste. Or, leur rôle ne se limite pas à cette simple fonction de mise en relation, aussi centrale soit-elle, c'est-à-dire à la fourniture d'une interface de communication entre offreurs et demandeurs, essentiellement améliorée par la fourniture de services aux usagers (moteurs de recherche, référencements privilégiés, conseils, intermédiaires des paiements, services d'assurance…etc.).

Elles sont, bien plus encore, «partie prenante dans la production et la vente du produit échangé, par exemple en participant à la qualité du produit, en intervenant dans la fixation du prix et/ou dans le management du travail. Le fait de toucher une rémunération directement liée à l'échange (sous forme de commission) peut être considéré comme indice de cette implication dans la production de valeur ajoutée»[115].

---

[113]Renaissance numérique, «Réguler les plateformes numériques… », op. cit, p. 10.
[114]Cf. Chapitre Second pour les effets de réseau et les faces de marché.
[115]Montel. O, «L'économie des plateformes : enjeux pour la croissance, le travail, l'emploi et les politiques publiques», Direction de l'innovation, de la recherche, des études et des statistiques (DARES), Document d'études, n° 213, août 2017, p. 9.

°- La troisième dimension consiste, de la part des plateformes, à constituer, à animer puis à entretenir un écosystème d'acteurs et de partenaires, qui utilisent les outils et/ou la capacité desdites plateformes pour accéder aux différents utilisateurs.

Au sein de cette place de marché virtuelle, ces derniers ne sont pas laissés à eux-mêmes, le rôle de la plateforme consistant justement à faciliter, à coordonner, voire à opérer leur appariement.

En effet, «la plateforme numérique recourt à des procédés informatiques, des algorithmes, afin d'organiser les offres et/ou les demandes en différentes catégories, de les classer en fonction de leur pertinence, de la qualité du bien, du service ou de l'utilisateur grâce à leur évaluation»[116].

Les plateformes numériques sont donc des opérateurs privés qui organisent la quasi-intégralité de la place de marché virtuelle qu'elles agencent et structurent, afin de permettre l'appariement entre l'offre et la demande, induisant ainsi une certaine uniformisation de leur modalités d'expression, tout en modalisant aussi les conditions contractuelles qui les lient[117].

Définir les plateformes à partir des grandes caractéristiques qui les marquent n'a pas grand intérêt en soi, si cela ne contribue à en faire un outil de catégorisation à même d'identifier la nature desdites plateformes et les formes d'échange qui s'y opèrent.

Plusieurs catégories de plateformes peuvent être retenues ici[118] :

°- Premièrement : les réseaux de communication. Relevant en grande partie des télécommunications, les plateformes qui en dépendent, ont

[116]Cordier. Q, «L'économie de plateforme : description d'un phénomène d'intermédiation», In Clesse. J, Kéfer. F (Ss. Dir.), «Enjeux et défis juridiques de l'économie de plateforme», Université de Liège, février 2019, pp. 8-34.

[117]Là où la chaîne de valeur de la distribution physique de jeux vidéo était identique pour tous les acteurs, avec une relation linéaire depuis le producteur jusqu'au distributeur, l'on constate une grande diversité des chaînes de valeur dans la distribution numérique (modèle producteur, modèle revendeur ou modèle place de marché). Cf. Davidovici-Nora. M, «Typologie et stratégies des plateformes de distribution en ligne des jeux vidéo : panorama et enjeux concurrentiels», Revue d'Economie Industrielle, n° 156, 4ème trimestre, 2016, pp.91-121.

[118]Les éléments de cette catégorisation sont empruntés à : Renaissance numérique, «Réguler les plateformes numériques… », op. cit.

les effets de réseau les plus forts dans la mesure où chaque utilisateur profite de l'ajout d'un nouvel utilisateur[119].

Leur fonction, pour ne pas dire leur raison d'être, est de permettre aux utilisateurs d'interagir, en temps réel ou en différé, les uns avec les autres.

Facebook Messenger, WhatsApp, Snapchat et autres savent pertinemment, que le nombre d'utilisateurs (la multitude diraient d'aucuns) est le moyen/force de frappe pour parvenir à s'imposer sur le marché, en maîtriser les rouages, tout autant que les mécanismes de fonctionnement.

°- Deuxièmement : Les réseaux de médias sociaux. La particularité de ces plateformes (Facebook, Twitter, Youtube, LinkedIn, Instagram, Reddit...etc.) est qu'elles combinent les effets de réseau directs propres aux réseaux de communication, avec la fonction supplémentaire de mise en relation des places de marché.

En effet, «les réseaux de médias sociaux construisent des audiences et vendent ensuite, des segments de celles-ci aux annonceurs pour des campagnes ciblées. Pour ce type de services, le nombre d'utilisateurs est important. Comme sont également importantes les fonctions complémentaires, telles que le fait d'accéder à des jeux ou à des contenus multimédias fournis par des tiers à la plateforme»[120].

°- Troisièmement : Les réseaux de données. C'est un type de réseaux qui n'existait pas, ou existait à la marge avant l'ère numérique, qui a permis la collecte, l'exploitation, l'analyse et l'application de grands ensembles de données économiquement viables.

Ces réseaux de données exploitent des effets de réseau directs, c'est-à-dire «qu'une fois les données de chaque utilisateur ajoutées au

---

[119]Cf. Pénard. T, Rallet. A, «De l'économie des réseaux aux services en réseaux. Nouveau paradigme, nouvelles orientations», Réseaux, n° 184-185, février-mars 2014, pp. 71-93.

[120]Cf. pour plus de détails : Stenger. T, Coutant. A, «Les réseaux sociaux numériques : des discours de promotion à la définition d'un objet et d'une méthodologie de recherche», Hermès, Journal of language and communication studies, n° 44, 2010, 21 p.

réseau, la valeur du service fourni par le réseau augmente pour les utilisateurs»[121].

°- Quatrièmement : Les places de marché. C'est une «structure de marché» qui facilite les transactions entre deux ou plusieurs groupes distincts, aide à maintenir les coûts de transaction et induit un plus grand nombre d'échanges.

Autrement, «plus la place de marché ajoute des vendeurs, plus elle attire des clients qui accèdent à une offre plus large et une compétition entre vendeurs élevée. Les vendeurs tiers, par leur variété, complètent l'offre et agissent comme des compléments, donc comme des effets de réseau indirects. Dans ce cas, les effets de réseau indirects renforcent les effets de réseau croisés»[122].

°- Cinquièmement : Les plateformes de Cloud. Ce sont des plateformes qui fournissent une infrastructure de base, et des services qui permettent à des tiers de créer des applications et des services dédiés à différents utilisateurs.

Le Cloud Computing part ainsi d'un concept simple : plutôt que chaque entreprise développe ses propres systèmes informatiques, des fournisseurs conçoivent des centres de données de très grande ampleur et proposent l'informatique sous forme de services.

Chaque entreprise pourrait ainsi bénéficier des opportunités de stockage, de logiciels, de plateformes et d'infrastructures, sécurisés, mis à jour, gérés de manière centralisée et à des conditions plus ou moins confortables sur le plan des charges en découlant[123].

°- Sixièmement : Les systèmes d'exploitation. Il s'agit de plateformes structurées autour de plusieurs écosystèmes d'utilisateurs, mais aussi de développeurs. Ce sont des systèmes à forts effets de réseau directs, car plusieurs applications impliquant la communication, voire la collaboration, ne sont utiles et viables qu'avec un grand nombre d'utilisateurs (c'est le cas ici en l'occurrence, des jeux massivement multi-joueurs), mais sont

---

[121]Cf. à propos des réseaux de données et leurs rapports aux effets de réseau : Carrier. J, «What makes data valuable : the truth about data network effects», NFX, 2020.
[122]Cf. pour plus de développements : Tirole. J, Rochet. J. C, «Two-sided markets : an overview», Institut d'Economie Industrielle, Working paper, 2004, 44 p.
[123]Cf. Valenduc. G, Vendramin. P, «Le travail dans l'économie digitale: continuités et ruptures», Working Paper, Institut syndical européen, mars 2016, 58 p.

inducteurs aussi d'effets de réseau indirects, car autant les développeurs d'applications réclament plus d'utilisateurs, autant les utilisateurs réclament plus d'applications et donc de développeurs[124].

Cela étant dit, il faudrait préciser que chacune de ces grandes catégories génériques de plateformes numériques a, au-delà des éléments communs qui les fédèrent, ses logiques, ses formes de marché et son mode de fonctionnement, car recruter des vendeurs tiers sur une place de marché par exemple, semblerait notablement différent de la manière dont on gère un écosystème de développeurs.

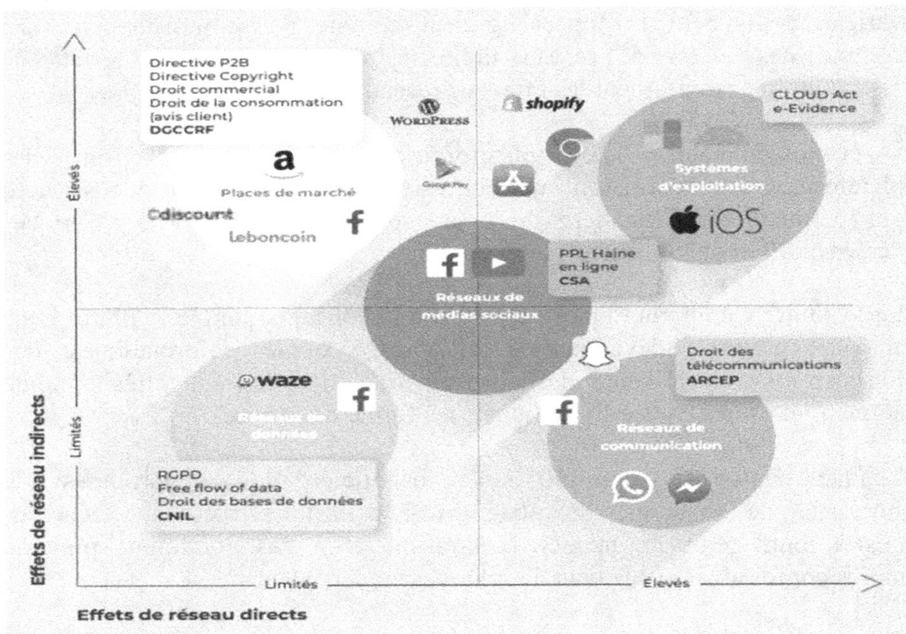

Schéma 4 : <u>Grandes catégories de plateformes numériques</u>[125]

En même temps, au sein des places de marché, «il existe également une importante variété de plateformes numériques que l'on peut catégoriser selon la nature des transactions que la plateforme permet…La nature des échanges qu'organisent les plateformes numériques, peut porter sur des marchandises, de la publicité, des

[124]Cf. Delettre. C, «Plateforme ouverte, évolutive, sécurisée et orientée utilisateur pour l'e-commerce», Thèse, Université Nice Sophia Antipolis, décembre 2014, 340 p.

[125]Otter. M, «Réguler, contrôler, surveiller», Adeli, 5 octobre 2020.

logiciels, du travail, des personnes, des contenus ou encore des données»[126].

Une autre face de la dimension écosystémique des plateformes numériques, fait surface là aussi. Car, une plateforme commence par occuper un espace (matériel, logiciel, moteur de recherche, communication...etc.) puis finit invariablement par s'étendre pour prendre place dans d'autres maillons de la chaîne.

Ainsi, «Amazon n'est plus seulement une librairie en ligne, mais également un éditeur, un vendeur d'appareils comme Kindle, un réseau social de recommandation de livres, un imprimeur ainsi qu'un prestataire de services informatiques en nuage»[127].

1.2.2. Les plateformes numériques : éléments de typologisation

Les plateformes numériques sont des dispositifs d'intermédiation. Elles sont aussi des outils de désintermédiation, de par la capacité qu'elles ont à dessaisir les acteurs traditionnels d'une grande partie des liens qu'ils ont noués avec leurs clients, des années durant.

Il semblerait toutefois, important de distinguer les deux segments de ce que la notion de plateformes numériques tend à englober :

°- D'un côté, l'on a affaire à des plateformes collaboratives qui constituent une composante majeure de l'économie de partage. Ce sont des plateformes dont le modèle économique repose sur le partage et/ou la production d'actifs, matériels et immatériels, dans la relation de pair à pair.

Il s'agit plus précisément, de plateformes éminemment non marchandes, qui relèvent de la logique des communs, c'est-à-dire d'une logique de production et de gestion des ressources fondées sur la coopération et la collaboration. Elles privilégient la valeur d'usage de ces ressources, et leur intérêt pour les individus et les collectivités,

---

[126]Les plateformes numériques possèdent ainsi tout le potentiel pour se positionner stratégiquement sur l'intégralité de la chaîne de valeur de l'économie numérique, en captant non seulement l'attention des utilisateurs/consommateurs, mais aussi les flux de données massives transitant via leur écosystème, et générés par la masse critique d'utilisateurs de leurs services et/ou applications. Cf. Kessous. E, Mellet. K, Zouinar. M, «L'Économie de l'attention : Entre protection des ressources cognitives et extraction de la valeur», Sociologie du travail, Vol. 52, n° 3, 2010, 21 p.

[127]Tchéhouali. D, Plamondon. J, «Données d'usage et usage des données à l'ère des plateformes», Internet Society, Chapitre Québec, Montréal, 2018, p. 13.

plutôt que leur valeur d'échange telle qu'elle est fixée et déterminée par le marché[128].

°- De l'autre côté, les plateformes de biens et de services marchands, qui regroupent des structures productives marchandes, organisant la production de biens et de services de manière triangulaire, entre des producteurs indépendants et des consommateurs, jouant ainsi un rôle de simple tiers, qui ne permet pas de relations de pair à pair.

Il s'agit ici des plateformes numériques de biens et services marchands dont le but est lucratif et dont les motivations des tiers sont de nature lucrative aussi. C'est de celles-ci qu'il s'agit le plus souvent, quand il est question d' «économie des plateformes».

Or, à défaut de critères précis à même de délimiter de façon nette, l'espace des plateformes numériques marchandes, l'on retient assez souvent les indices suivants pour en permettre une certaine typologisation[129] :

°- Un : La relation dans les places de marché est triangulaire entre les offreurs, les demandeurs et la plateforme,

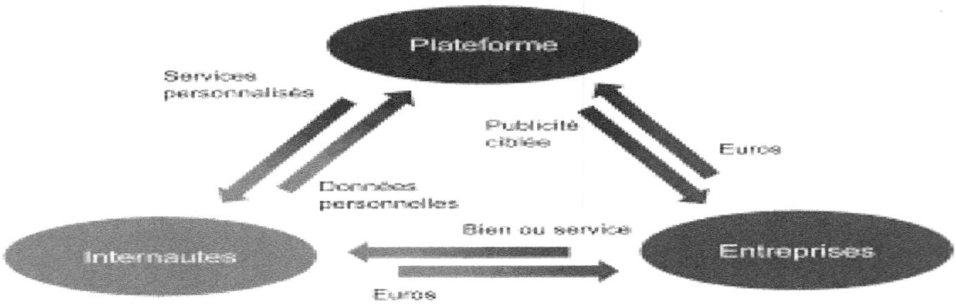

Schéma 5 : <u>Le modèle économique des plateformes numériques</u>[130]

[128]Nous y reviendrons largement dans le cadre du Chapitre Quatrième.
[129]A noter par ailleurs, que l'identification des différentes caractéristiques des plateformes numériques pourrait renseigner sur leurs types. Elle demeure toutefois insuffisante.
[130]Charrié. J, Janin. L, «Fiscalité du numérique», France Stratégie, La note d'analyse, n° 26, mars 2015, p. 2.

°- Deux : La communauté, parce qu'elle repose sur un lien marchand, induit une forte implication de la plateforme dans la quantité ou le prix du produit échangé.

°- Trois : L'appartenance à la communauté est régulée par la plateforme elle-même, l'accès ou l'exclusion d'un des membres se faisant en fonction de critères liés essentiellement aux échanges.

°- Quatre : La plateforme numérique constitue une porte d'entrée incontournable dans l'accès à un ensemble de contenus numériques, «via la mise en place d'un ou de plusieurs algorithmes, visant à classer ou référencer l'information présentée à l'utilisateur parmi un grand nombre de contenus»[131].

°- Cinq : La plateforme a accès à des données en grande quantité et de grande qualité. «Ces données regroupent à la fois, les données transmises par les utilisateurs, observées ou inférées de leur comportement, ainsi que les données d'usage générées par les plateformes elles-mêmes, indispensables au fonctionnement et à l'amélioration du service»[132].

Tous ces critères sont nécessaires, quoi qu'insuffisants, pour mettre en évidence les spécificités des plateformes numériques d'une part, et pour marquer, d'autre part, les différences qui les distinguent des autres entreprises de l'économie marchande.

L'une des typologies des plateformes numériques marchandes en vogue, associe assez souvent les traits marquants suivants pour identifier celles-ci encore davantage :

°- Premier trait : Le modèle des plateformes numériques repose, pour l'essentiel, sur une externalisation poussée de la production et des risques associés auprès de producteurs indépendants.

Ainsi, «l'activité de l'entreprise est réduite à un noyau dur : sa participation à la production des biens et services échangés se limite à des tâches de coordination. La plateforme met en relation un grand

[131]Les plateformes jouent ici le rôle de «gatekeeper». Cf : Marty. F, «Plateformes numériques, algorithmes et discrimination», Revue de l'OFCE, n° 164, 2019, pp. 47-86. Cf. pour une vue d'ensemble : Laidlaw. E, «Internet gatekeepers, human rights and corporate social responsabilities», Thesis, London School of Economics and political Science, january 2012, 304 p.

[132]Cf. Peres. E, «Les données numériques : un enjeu d'éducation et de citoyenneté», Conseil économique, social et environnemental, Paris, janvier 2015, 154 p.

nombre d'offreurs et de demandeurs, elle assure la centralisation et la diffusion de l'information, garantit la sécurité des transactions et participe à la qualité des prestations échangées. Elle joue un rôle de tiers de confiance»[133].

°- Le second trait marquant des plateformes numériques consiste à observer que l'externalisation de la production se fait auprès d'une multitude de producteurs indépendants potentiels. Cette opération d'externalisation «obéit à des rapports de force entre producteurs, consommateurs et plateformes, mais permet aussi une certaine division d'un ensemble de risques économiques entre ces acteurs»[134].

°- Le troisième trait : «L'organisation de la plateforme repose sur les technologies numériques, qui permettent un déploiement de l'activité à grande échelle, et abolissent la distance géographique entre d'un côté, le producteur et le consommateur et de l'autre, le tiers qui les met en relation»[135].

Ces trois grands traits sont significatifs de ce mode de fonctionnement dont les plateformes sont à l'origine.

Il est vrai qu'il ne s'agit pas de phénomènes nouveaux, ne serait-ce qu'en raison de l'ancienneté de la fonction d'intermédiation entre offreurs et demandeurs. Mais, il n'est pas moins vrai en revanche, que le modèle productif propre aux plateformes numériques, a profondément accentué la remise en question des statuts et relations de l'économie marchande tels que connus et observés : «l'opposition entre travailleurs indépendants et salariés, le rôle central de la relation de subordination entre employeur et salarié, la distinction entre consommateur et producteur. Ces catégories et relations ne disparaissent pas, mais ce nouveau morcellement du fonctionnement de l'économie fait qu'une même personne peut endosser plusieurs de ces rôles»[136].

Par ailleurs, les plateformes numériques ont permis, au-delà de leur nature ou de leur secteur d'activité, une réduction considérable des coûts de transaction, amenant par là à une certaine forme de concurrence avancée.

---

[133]Amar. N, Viossat. L-C, «Les plateformes collaboratives, l'emploi et la protection sociale», Inspection Générale des Affaires Sociales (Igas), Rapport, Paris, mai 2016, p. 16.
[134]Ibid.
[135]Montel. O, «L'économie des plateformes… », op. cit, p. 9.
[136]Ibid.

Trois niveaux principaux pourraient corroborer une telle assertion [137]:

+ D'abord au niveau de l'augmentation de l'atomicité du marché. En effet, l'avènement des plateformes numériques a permis la mise en concurrence d'un grand nombre d'offreurs et de demandeurs, ce qui a grandement contribué à la baisse des prix et à l'amélioration de la qualité des biens et des services produits.

+ Ensuite, au niveau de la réduction de certaines barrières à l'entrée. Car, «en externalisant l'investissement dans le capital physique et les risques associés auprès d'une multitude de partenaires usagers, les plateformes réduisent fortement les barrières à l'entrée des marchés»[138].

+ Enfin, au niveau de la réduction des asymétries de l'information entre producteurs et consommateurs, car les plateformes d'échange facilitent la circulation de l'information sur la qualité des deux catégories d'acteurs économiques, via des procédures d'évaluation. Elles permettent de faire émerger la confiance entre une multitude d'agents qui ne se connaissent pas, par un processus d'accumulation de connaissances à moindre coût. Les effets de réputation constituent de puissants moyens de faire face aux asymétries d'information et aux défauts de coordination[139].

En améliorant l'atomicité et la fluidité de marché, ainsi que la transparence de l'information, les plateformes numériques offrent par conséquent, des moyens considérables pour faire face aux différentes formes de défaillance du marché. Il en découle des avantages en termes de coût, mais aussi et davantage, une meilleure adaptation aux conditions d'instabilité éventuelles du marché.

Mais ces gains, réels ou potentiels, se font-ils au détriment des firmes traditionnelles ? Sont-ils communs aux différents types de plateformes ou sont propres à certaines d'entre elles, c'est-à-dire à celles dont le pouvoir de marché est établi ?

---

[137]Montel. O, «L'économie des plateformes… », op. cit, p. 23.
[138]Ibid.
[139]Ibid. Cf. pour plus de développements : Tirole. J, «Défaillances de marché et politiques publiques», Toulouse School Of Economics, 8 décembre 2014, 21 p.

Loin de prétendre apporter une réponse précise, force est de remarquer toutefois, que sur tous les marchés où elles émergent, ces plateformes se heurtent à des oppositions vigoureuses et à des protestations de fond de la part des entreprises «traditionnelles» du secteur. Preuve apparemment suffisante pour dire à quel point leur avènement est déstabilisant des équilibres établis.

1.2.3. Plateformes numériques : structurantes, marchandes et multiservices

Lorsque l'on parle de plateformes numériques structurantes, l'on pense généralement aux géants du numérique américains, tout autant que chinois : GAFAMs et BATX[140].

Mais les plateformes numériques, aussi structurantes soient-elles, ne se résument pas à ceux-ci. Bien d'autres types de plateformes, non moins puissantes quoi que peu structurantes, ont pris naissance et émergé de ce vaste écosystème numérique et des données.

La littérature en vogue en souligne d'autres, identifiées à partir des nombreux et divers services qu'elles proposent.

L'on en distingue généralement quatre catégories qui sont loin de puiser le nombre, encore moins la variété[141] :

°- Premièrement : Les plateformes de travail. Il s'agit en fait, d'un ensemble de prestations de travail accomplies pour l'essentiel, par le truchement des plateformes numériques. Le crowdwork est une variante de ces prestations dans la mesure où elles sont intégralement accomplies en ligne.

La grande particularité de ces plateformes réside dans la nature des tâches sollicitées. Il s'agit de micro-tâches effectuées à distance qui pourraient concerner la création graphique, les conseils juridiques en ligne, la traduction de documents, la modération de forums, la catégorisation et l'analyse des images. La plus célèbre d'entre ces plateformes est l'Amazon Mechanical Turk dont la force réside dans

---

[140]Google, Amazon, Facebook, Apple et Microsoft. Puis Baidu, Alibaba, Tencent et Xiaomi. Cf. Pour plus de détails statistiques : El Yahyaoui. Y, «Ecosystème des données numériques… », op. cit, pp. 111-154.

[141]Les éléments contenus dans ce paragraphe sont empruntés pour l'essentiel à : Cordier. Q, «L'économie de plateforme…», op. cit, section 2.

sa capacité à associer l'intelligence artificielle à l'intelligence humaine dans la conception de ses prestations[142].

Les plateformes de crowdworking fournissent en effet, «l'infrastructure technique grâce à laquelle des donneurs d'ordre peuvent diffuser leurs offres à un grand nombre de travailleurs potentiels, couvrant un large spectre géographique et économique (la foule), récupérer et évaluer les résultats des tâches à exécuter et payer les travailleurs pour les services rendus. Elles offrent également des services et une infrastructure aux travailleurs, auxquels elles permettent d'accéder depuis un lieu unique, à des tâches proposées par de multiples donneurs d'ordre, de soumettre le produit de leur travail et de disposer de l'infrastructure technique et financière nécessaire pour recevoir un paiement au titre du travail effectué»[143].

Une seconde variante de ces plateformes de travail est le «work on demand». Il s'agit des prestations accomplies dans le monde physique, en présentiel, mais recourant aux applications et fonctionnalités des plateformes numériques.

Cette variante englobe les prestations à domicile (nettoyage, jardinage, gardiennage…etc.), du transport ou de livraison de colis ou de repas, de la vente de repas par des restaurateurs ou de location de voiture avec chauffeur grâce aux applications des plateformes. Le cas d'Uber pour ce dernier cas, est emblématique. Nous y reviendrons.

°- Deuxièmement : Les plateformes de vente. L'on distingue là aussi, les plateformes qui permettent la vente de biens matériels et celles qui proposent exclusivement des applications dont il est permis d'en télécharger les logiciels.

L'exemple le plus marquant de ce type de plateformes est celui d'Amazon dont la raison d'être est de mettre en ligne des vendeurs professionnels avec des acheteurs, qui peuvent être professionnels

---

[142]Cf. pour plus de développements : Jorda. H, «Le travail de l'Homme-machine et les promesses d'abondance : De la manufacture automatique à la cyber-entreprise», L'Homme & la Société, n° 207, 2018, pp. 21-50.

[143]OIT, «Les plateformes de travail numérique et l'avenir du travail. Pour un travail décent dans le monde en ligne», Rapport, l'Organisation Internationale du Travail, Genève, 2019, p. 4.

comme particuliers. Amazon Marketplace est, à ce titre, le géant du e-commerce sans conteste[144].

Dire qu'Amazon est une marketplace, c'est dire autrement qu'elle agit, par le biais de son site, à la fois en tant que vendeur de ses propres produits (dont notamment Kindle), et en tant qu'intermédiaire, car elle permet à des vendeurs tiers de «référencer leurs offres sur son site internet et, le cas échéant, de bénéficier de la livraison par Amazon des biens vendus»[145].

Ebay est une autre plateforme de vente des biens matériels, sauf que contrairement à Amazon, ses prestations ne sont pas exclusivement destinées aux professionnels. On y trouve des professionnels certes, mais l'essentiel de son activité est orientée vers les particuliers[146].

S'agissant de la vente des applications (logicielles dans la plupart des cas), il faudrait noter que les plateformes les plus «imposantes» sont celles qui relèvent du domaine de la distribution des systèmes d'exploitation, en l'occurrence Microsoft Store, App Store (Apple) et Google Play.

Ces plateformes permettent «le téléchargement sur smartphone, tablette ou ordinateur, des applications du distributeur du système d'exploitation, mais également le téléchargement gratuit ou payant d'une multitude d'applications d'éditeurs tiers»[147].

°- Troisièmement : Les plateformes de financement participatif.

En fait, même s'il s'agit d'un mode de financement marginal par rapport aux modes de financement traditionnels, il faudrait souligner que l'avènement des plateformes numériques qui lui sont dédiées, lui ont ouvert des perspectives considérables.

---

[144]Une marketplace (ou place de marché électronique) est un espace virtuel en ligne sur lequel se rencontrent acheteurs et vendeurs pour effectuer des transactions de biens et/ou de services. Cf. Nussenbaum. A, Corrot. P, «Marketplace : l'e-commerce de demain», Mirkal, septembre 2015, 135 p.

[145]Cf. LaVecchia. O, De Stacy. M, «Amazon, cette inexorable machine de guerre», Rapport, Institute for Local Self-Reliance/Syndicat de la librairie française, Paris, novembre 2016, 88 p.

[146]Cf. Comberg. C, Velamuri. V. K, «The introduction of a competing business model: the case of eBay», International Journal of Technology Management, Vol. 73, Nos. 1-2-3, 2017, pp. 39-64.

[147]Cf. pour plus de détails : Pelissier. C, «Les plateformes internet comme intermédiaires hybrides du marché», Thèse, Université Grenoble-Alpes, 2015, 378 p.

Ces plateformes permettent en effet, des modalités de financement nouvelles telles les dons, les prêts ou encore l'investissement.

Mais ces plateformes de financement participatif ne sont pas des dispositifs en marge des industries traditionnelles. Elles sont, bien loin de là, bel et bien inscrites dans des logiques de convergence entre «l'empowerment, la sagesse des foules et les stratégies industrielles traditionnelles[148].

Ce double mouvement d'intermédiation et de convergence, porté par les plateformes numériques, «situe le financement participatif au cœur des logiques visant l'extension et la financiarisation de pratiques amateurs, l'externalisation des résolutions de problèmes et la production de contenus, tout en réduisant les risques d'investissement, en les faisant porter par l'usager/consommateur et/ou par une communauté»[149].

°- Quatrièmement : Les plateformes d'hébergement. Ce sont des plateformes qui permettent à un utilisateur (un demandeur) de trouver ou de réserver un logement mis à disposition par un hébergeur. Ce dernier est le plus souvent, un simple particulier, qui n'agit pas ainsi dans le cadre de son activité professionnelle.

Pour le logement, il peut s'agir d'une chambre chez l'habitant/propriétaire, de l'intégralité d'un appartement ou d'une chambre d'hôtel.

Concrètement, «le candidat à l'hébergement se connecte au site internet de la plateforme et effectue une recherche parmi les hébergements disponibles en fonction de la date, de la durée de son séjour et de sa localisation. Les hébergements sont classés par la plateforme selon des critères variables. Afin de faciliter son choix, le candidat à l'hébergement dispose d'une série d'informations sur celui-ci, de photographies, mais aussi et peut- être surtout, dans la plupart des cas, de l'évaluation de l'hébergement par les précédents utilisateurs. Une fois l'hébergement choisi, il peut être réservé par le

[148]Rouzé. V, «Les plateformes de financement participatif culturel : une normalisation de la participation ?», tic&Société, Vol. 13, n° 1-2, 1er Semestre 2019, p. 3.
[149]Motthews. J. T, «Passé, présent et potentiel des plateformes collaboratives. Réflexions sur la production culturelle et les dispositifs d'intermédiation numérique», In Les enjeux de l'information et de la communication, n° 16, 2015, p. 57.

biais de la plateforme. Celle-ci recevra de l'utilisateur le paiement du logement»[150].

La plateforme la plus célèbre dans le domaine de l'hébergement chez l'habitant est la plateforme américaine Airbnb. Elle opère, avec plus de 6 millions de logements, dans 100.000 villes réparties dans 191 pays, rivalisant ainsi avec les plus grands groupes hôteliers, sans pourtant posséder le moindre hôtel[151]. Elle est l'équivalent des cinq premières chaînes d'hôtels mondiales réunies.

Au sein de ces quatre formes de plateformes numériques, force est de noter, au terme de cette présentation peu exhaustive, que les relations qui se nouent entre ces différents acteurs semblent se structurer sous une forme triangulaire, avec l'identification de trois grandes relations : entre la plateforme et l'utilisateur offreur, entre la plateforme et l'utilisateur demandeur et entre l'offre et la demande. C'est ce qui semblerait d'ailleurs définir ce que l'on pourrait appeler l'économie des plateformes numériques.

---

[150]Cf. Mak. V, «Regulating online platforms : the case of Airbnb», In Grundmann. S (Eds), «European contract law in the digital age», Coll. European Contract Law and Theory, n° 3, Intersentia, Cambridge, 2018, p. 87.

[151]Cf. Artigalas. V, Morchet-Rchaud. P, «Airbnb, Booking… : pour une régulation équilibrée et efficace», Rapport d'information, n° 587, Sénat, Paris, 20 juin 2018, 93 p.

1.3. De l'économie des plateformes numériques

Dans son acception la plus large, le développement des plateformes numériques désigne ce phénomène d'intermédiation où une plateforme numérique accessible en ligne, permet à des utilisateurs d'interagir entre eux.

Nombreuses sont les plateformes qui correspondent à cette définition, qu'il s'agisse de moteurs de recherche, de réseaux sociaux ou de plateformes de partage des vidéos…etc.

Toutefois, lorsque nous parlons de l'économie de plateforme, «nous viserons uniquement les plateformes numériques qui procèdent à la mise en relation, à l'aide d'algorithmes, d'au moins deux catégories d'utilisateurs, un demandeur de biens ou de services et un offreur de biens ou de services, afin de leur permettre, du moins en apparence, d'établir des relations juridiques entre eux»[152].

Quelle que soit l'acception retenue, l'économie des plateformes numériques puise sa consistance, son champ d'action et ses contours, d'une définition/racine, qui conçoit la plateforme comme étant un «service occupant une fonction d'intermédiaire dans l'accès aux informations, contenus, services ou biens, édités ou fournis par des tiers. Au-delà de sa seule interface technique, elle organise et hiérarchise les contenus, en vue de leur présentation et leur mise en relation aux utilisateurs finaux»[153].

Le mode de développement propre à l'économie des plateformes numériques, éprouve profondément les modes de développement traditionnels de par la nature des externalités, des multiples effets qu'il induit et de par les structures de marché qu'il génère.

1.3.1. Plateformes numériques et externalités informationnelles

La mise en réseau de l'information, des biens et des services produit inévitablement des externalités. Elles sont appelées «effets de réseau» par les économistes de l'information et de la communication, tout autant que par les ingénieurs.

---

[152]Cf. Beer. D, «Power through the algorithm ? Participatory web cultures and the technological unconscious», New Media&Society, Vol. 11, n° 6, 2019, pp. 985-1002.

[153]CNNum, «Ambition numérique… », op. cit, p. 59.

Les externalités de réseau apparaissent «dès lors que la satisfaction que retire un agent de son adhésion à un réseau économique, est positivement corrélée au nombre d'adopteurs de ce réseau»[154].

Ainsi, la satisfaction que retirent les utilisateurs d'un réseau téléphonique est positivement corrélée au nombre d'utilisateurs du réseau ou d'un réseau compatible, et ce «en raison de l'étendue de la population avec laquelle les agents peuvent entrer en communication, et de la qualité du service, fonction croissante du nombre d'utilisateurs»[155].

L'idée essentielle ici est que le degré de connexion des agents génèrent des externalités et que ces dernières entrainent une hausse de la satisfaction des consommateurs, ou du moins une baisse du coût marginal et/ou une amélioration de la capacité technologique des entreprises.

Il s'ensuit que la stratégie d'un agent n'est pas isolée, encore moins autonome, mais dépend des stratégies des autres acteurs, dans un processus d'apprentissage par lequel «un agent va construire sa décision sur la base de ses propres préférences intrinsèques et des nécessités de coordination avec d'autres agents»[156].

Ce qu'il est de plus en plus appelé externalités informationnelles, en rapport avec l'avènement de l'économie des réseaux, puis des plateformes numériques, sont développées pour indiquer et caractériser la situation dans laquelle les agents convergent rapidement et en masse, vers une même stratégie (peut-être même vers une même plateforme), entrainant des comportements collectifs qui s'apparentent aux stratégies d'imitation relevées dans le domaine de l'audiovisuel et des médias en général.

Les externalités informationnelles traduisent donc les bénéfices que peuvent retirer les agents de l'observation des comportements et des stratégies des autres acteurs. Elles apparaissent «dès lors que les

---

[154]Vicente. J, «Externalités de réseaux v/s externalités informationnelles dans les dynamiques de localisation», Revue d'Economie Régionale&Urbaine, n° 4, octobre 2002, p. 538.

[155]Cf. Penard. T, «Services en réseaux et économie des réseaux», In Bastlé. M, Penard. T (Eds), «E-Europe : la société européenne de l'information», Ed. Economica, Paris, 2002, 436 p.

[156]Cf. pour plus de détails : Arthur. W. B, «Les rétroactions positives en économie», Pour la Science, N° Spécial «Les Mathématiques sociales», 1999, pp. 114-119.

actions ou les conséquences des actions des individus, apportent des informations pertinentes sur la bonne décision à prendre»[157].

Les plateformes numériques bénéficient ainsi des externalités informationnelles, mais bénéficient aussi d'économies d'échelle et de rendements croissants considérables.

Les économies d'échelle caractérisent une situation dans laquelle le coût marginal de production d'un bien ou d'un service est inférieur à son coût moyen, de sorte que toute augmentation du volume de production conduit à une diminution du coût unitaire du bien.

En raison toutefois, de la loi économique des rendements décroissants, l'on considère qu'au-delà d'un certain seuil, «l'augmentation de la production est associée à une augmentation du coût de production unitaire du bien, il y a alors déséconomies d'échelle»[158].

L'économie numérique est, elle aussi, caractérisée par des économies d'échelle extrêmement importantes, qui favorisent les rendements croissants.

En effet, «si l'on exclut les coûts d'acquisition des utilisateurs, une fois l'infrastructure développée, le coût nécessaire à la délivrance d'une unité de service supplémentaire, par exemple une recherche supplémentaire ou la vente d'une copie d'un logiciel supplémentaire, tend vers zéro»[159].

Les plateformes peuvent ainsi, en raison du coût marginal nul de leurs services, bénéficier d'une forte croissance sans nécessiter de lourds investissements supplémentaires.

C'est la raison pour laquelle, alors que les entreprises traditionnelles connaissent habituellement une évolution graduelle et progressive, débutant à une échelle réduite avant de pouvoir s'internationaliser, les plateformes numériques ont la grande capacité d'atteindre une position de domination sur leur marché en un laps de temps relativement raccourci.

---

[157]Ibid.

[158]Cf. Leland. H. E, «Regulation of natural monopolies and the fair rate of return», The Bell Journal of Economics and Management Science, Vol. 5, n° 1, Spring 1974, pp. 3-15.

[159]Panfili. M, «Plateformes numériques et concurrence», Trésor-éco, n° 250, novembre 2019, p. 2.

Il est vrai que les coûts de collecte, de stockage, de traitement et d'analyse des données constituent en grande partie, des coûts fixes pour les plateformes numériques, mais celles-ci peuvent les amortir rapidement et se lancer dans une phase de croissance rapide, sans qu'elles aient à supporter des investissements supplémentaires.

Dans le même temps, les économies de gamme permettent aux plateformes numériques de se développer, sans difficulté majeure, sur un ensemble de marchés connexes.

Les économies de gamme apparaissent lorsqu'à coût fixe constant, une entreprise est capable de décliner son offre en une grande diversité de biens et services. Les plateformes numériques peuvent ainsi, bénéficier d'économies de gamme importantes «et sont capables de moduler et de personnaliser leur offre, sans être contraintes de modifier leurs infrastructures numériques de collecte et de traitement de données»[160].

Les plateformes numériques ont donc «la possibilité d'augmenter leur activité sur un secteur où elles possèdent un pouvoir de marché faible, en s'appuyant sur le pouvoir de marché qu'elles détiennent sur leur marché principal. Cet effet de levier s'observe par exemple, lorsqu'Apple s'introduit sur le marché de l'écoute musicale en ligne, en s'appuyant sur la popularité de ses smartphones, ou lorsque Facebook utilise son réseau social pour lancer une place de marché en ligne. Il est (ainsi) plus facile de pénétrer de nouveaux marchés pour les plateformes proposant déjà une grande diversité de services»[161].

Mais les plateformes numériques ne bénéficient pas uniquement des externalités informationnelles, des économies d'échelle ou de gamme, avantages quasi communs aux acteurs traditionnels. Elles disposent, contrairement à ces derniers, de deux autres avantages qui leur sont sinon propres, du moins intrinsèques à leur développement :

°- Elles bénéficient, dans un premier temps, d'un avantage supplémentaire extraordinaire consistant en la détention massive de données sur les pratiques des consommateurs utilisateurs.

---

[160]Ibid.

[161]Fasquelle. D, Faure-Muntian. V, «Les plateformes numériques», Assemblée Nationale, Rapport n° 3127, Paris, 24 juin 2020, p. 29.

Quoi que le prix d'accès à ces plateformes soit assez souvent gratuit, la détention, le traitement et l'exploitation des données recueillies «en contrepartie», constituent un avantage indéniable dans leurs stratégies de développement et de concurrence.

S'appuyant sur des algorithmes puissants d'apprentissage automatique, pouvant affiner le ciblage des contenus et les revendre aux annonceurs, ces plateformes disposent incontestablement d'une longueur d'avance considérable par rapport aux opérateurs traditionnels, aussi puissants et dynamiques soient-ils[162].

°- Elles bénéficient, dans un second temps, des effets de verrouillage dont elles sont «dépositaires» de par le caractère écosystémique de leur mode d'organisation et de fonctionnement.

Les effets de verrouillage apparaissent lorsque «le coût du changement d'une plateforme pour une autre, devient important pour l'utilisateur. Ces coûts comprennent à la fois celui supporté par le consommateur pour changer de plateforme, et les coûts nécessaires à la plateforme concurrente pour rendre son offre accessible aux nouveaux clients»[163].

Ces effets de verrouillage sont d'autant plus renforcés dans les cas où les services principaux délivrés par les plateformes, sont proposés avec des services complémentaires. «Les logiques d'écosystème développées par les plateformes, viennent donc accroître la tendance au verrouillage des utilisateurs dans le marché numérique»[164].

Dans le même temps, ce rôle de verrou d'accès sur le marché, donne à la plateforme le pouvoir de contrôler l'arrivée des utilisateurs et de fixer les règles de transmission de l'information entre eux.

Cette situation apparaît lorsque la plateforme devient «si importante dans son rôle de gatekeeper, qu'elle en devient incontournable pour tout autre acteur désirant accéder au marché. A titre d'exemple, Facebook et Google contrôlent l'accès à l'essentiel de l'audience

---

162Cf. pour plus de développements : Schottmuller. C, Prufer. J, «Competing with Big Data», Center for Economic Research, Discussion Paper, Vol. 2017-007, Tilburg University, february 2017, 51 p.
163Fasquelle. D, Faure-Muntian. V, «Les plateformes numériques», op. cit, p. 30.
164Ibid.

mondiale pour les annonceurs. Ils sont donc des gatekeepers pour la marché publicitaire»[165].

1.3.2. Plateformes numériques et effets de réseau

Les effets de réseau désignent généralement les externalités positives que génèrent les utilisateurs d'un service pour les autres utilisateurs et le fonctionnement du réseau dans son ensemble.

Pour les biens, services et contenus dont la fonction consiste à faciliter la mise en relation d'individus (Facebook, Google, Amazon ou autres), la valeur de réseau est proportionnelle au nombre de ses utilisateurs. Autrement, plus le réseau est grand, plus la qualité du service tend à s'améliorer.

Une plateforme (numérique le plus souvent) se définit généralement par cinq types d'effets de réseau, qui sont de nature différente, mais qui se complètent mutuellement.

Autrement, pour définir une plateforme numérique, il faudrait réunir simultanément ces effets, dont certains d'entre eux peuvent renseigner sur les leviers stratégiques de l'entreprise [166]:

°- Un : Les effets de réseau directs.

Les effets de réseau directs portent sur les biens, les services et les technologies qui n'ont de valeur d'usage que dans leur fonction de moyen de communication, d'interaction et de synchronisation des individus. C'est le cas notamment des services de la téléphonie, des messageries instantanées, tout autant que des réseaux sociaux.

Ces effets trouvent leur fondement dans la loi de Metcalfe qui montre que «la valeur d'un réseau est proportionnelle au nombre de ses participants»[167].

---

[165]Cf. pour de plus amples développements : Digital Competition expert panel, «Unlocking digital competition», Report, London, march 2019, 150 p.

[166]Les éléments contenus dans ce paragraphe sont empruntés pour l'essentiel à : Renaissance Numérique, «Plateformes et dynamiques concurrentielles», Paris, 2015, p. 4 et suivantes.

[167]Cf. pour une perspective globale : Badillo. P-Y, Rosselet. C, Zanellei. S, «Des réseaux sociaux aux technologies sociales : une ré-invention numérique ascendante», In Badillo. P-Y, Roux. D (Ss. Dir.), «Le futur est-il e-media ?», Ed. Economica, Paris, 2014, 182 p.

Ils apparaissent lorsque chaque utilisateur de réseau bénéficie du raccordement au réseau d'autres utilisateurs de même type. Il en résulte que l'utilité qu'un «abonné» retire du service, croît avec le nombre de personnes susceptibles d'être jointes.

Le bien (ou service) en question devient ainsi un véritable «bien/réseau», et l'utilité de sa consommation dépend naturellement du nombre de ses utilisateurs.

L'utilité de la plateforme dépendra par voie de conséquence, de la capacité pour les utilisateurs de retrouver les personnes avec qui ils souhaitent se connecter, et donc directement de la proportion de ses utilisateurs dans la population, les individus choisissant la plateforme composée du plus grand nombre d'utilisateurs dont ils attendent une plus grande utilité.

L'exemple le plus significatif de ces plateformes est celui d'Amazon. Celle-ci a réussi à développer d'innombrables activités dont le rendement est croissant, grâce à des effets de réseau.

En effet, la croissance du rendement des activités numériques d'Amazon lui a permis de compenser la décroissance du rendement de ses activités plus traditionnelles[168] : «la mise à disposition d'avis rédigés par ses clients, une puissance algorithmique de recommandation reposant sur la technique du filtrage collaboratif, la mise en œuvre d'une immense place de marché, le déploiement d'Amazon Web Services, plus grande plateforme du Cloud Computing du monde…etc.»[169].

°- Deux : Les effets de feed-back positifs. Il s'agit d'effets amplificateurs des effets de réseau directs.

En effet, «pour un futur client placé dans une alternative de choix d'un produit, l'anticipation que le service le plus utilisé offre plus de valeur, le conduit au choix de la plateforme dominante, renforçant (ainsi) l'effet de réseau direct. Cela favorise donc les services qui ont la base de clients la plus développée. Cette dynamique est d'autant plus forte lorsque les services ne sont pas compatibles entre eux, et

---

[168] Il ne faudrait pas oublier qu'Amazon est, à l'origine, une entreprise logistique et en cela, elle a été soumise et pendant longtemps, à un régime de rendements décroissants. Cf. Reme-Harnay. P, «Amazon : révolution dans la messagerie», Revue «Transports, Infrastructures & Mobilité», n° 515, mai-juin, 2019, pp 29-34.

[169] Colin. N et Alii, «The digital economy», Les notes du Conseil d'Analyse Economique, n° 26, Paris, octobre 2015, p. 3.

où quand les standards techniques constituent des barrières au changement»[170].

C'est la raison pour laquelle, les effets de feed-back positifs sont au centre des dynamiques de prescription et d'adoption des plateformes numériques. Ces dernières structurent leurs contenus, sur la base des avis de leurs utilisateurs, pour pouvoir accroître la portée des effets de feed-back et développer encore davantage la base des utilisateurs.

Ainsi, sur le marché touristique par exemple, les plateformes de réservation d'hôtels en ligne, telles Booking ou Trip Advisor, recourent très souvent aux avis de leurs clients automatiquement et directement à la fin de leur séjour, et ce pour pouvoir fiabiliser leur base de données, mettre à jour leur modèle d'affaires et réorienter leur stratégie commerciale[171].

°- Trois : Les effets de réseau indirects. En fait, les effets de réseau ne sont pas toujours directs. Ils peuvent aussi bénéficier, dans certaines circonstances, à d'autres acteurs que les utilisateurs de la plateforme.

Les effets de réseau indirects apparaissent lorsqu'un bien (ou service) à succès, génère la création d'une offre de biens ou de services complémentaires. Une telle offre renforce en retour, l'attrait du bien (ou du service) qui en est à l'origine[172].

---

[170]Skype est l'exemple-type des effets de feed-back positifs. Car, on l'adopte suite à l'invitation d'un membre de notre réseau ou pour le proposer à un autre membre de notre réseau de sociabilité.

[171]Cf. sur le rôle des avis/clients dans le marché hôtelier : Siapartners, «Hôteliers et agences en ligne : la bataille pour la fidélisation client», Siapartners, juin 2015, 7 p.

[172]L'exemple d'Apple en est une illustration, car la plateforme bénéficie, pour ses terminaux mobiles, d'effets de réseau indirects, matérialisés par une offre riche d'applications mobiles et d'accessoires (connectiques, systèmes d'amplification…etc.).

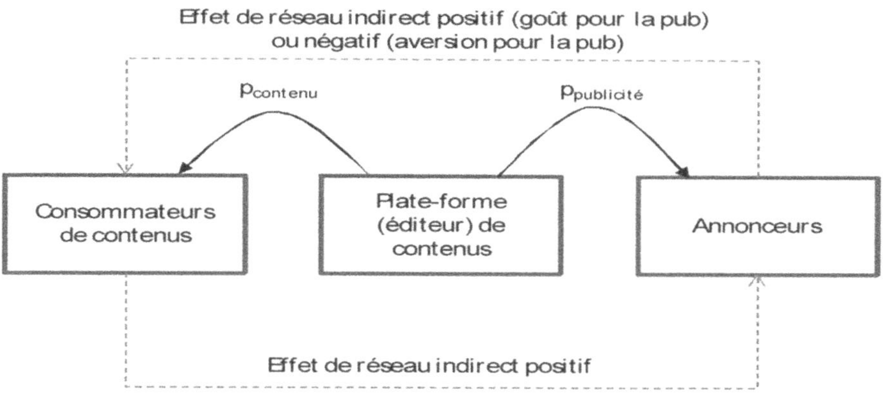

Schéma 6 : <u>Le marché des médias à deux versants</u>[173]

Il faudrait préciser ici que la nature des effets de réseau indirects est sensiblement différente de celle des effets de réseau directs. Car «la valeur ajoutée pour tout utilisateur supplémentaire, ne découle pas du complément d'utilité que représente pour les autres utilisateurs la possibilité d'interagir avec lui. Elle procède de l'incitation qu'il envoie aux fournisseurs de biens et de services complémentaires, à produire cette offre complémentaire qui enrichit l'offre initiale»[174].

C'est dire que grâce aux rendements croissants dans la production, un nombre plus important de produits complémentaires peut être offert, et à un prix plus faible, quand le réseau s'étend. L'on pourrait ainsi écrire plus de programmes et concevoir plus d'applications pour un ordinateur, tant que ce dernier est largement diffusé et ses services fort réclamés.

Dans le même temps, la mise en place d'effets de réseau directs, procède le plus souvent, d'une démarche stratégique de la plateforme.

Ainsi, «lorsque Netflix, Facebook, LinkedIn ou Spotify, ouvrent leurs plateformes aux développeurs, notamment au travers d'API (Application Programming Interface) ou de SDK (Software Development Kit), leur objectif est de renforcer l'attrait de leurs

---

[173]Bounie. D, Bourreau. M, «Les marchés à 2 versants dans les médias», Collection Dalloz Gestion, janvier 2008, p. 486.

[174]Cf. pour plus de développements : Filippi. M, Pierre. E, Torre. A, «Quelles approches économiques pour la notion de réseau ? Contenus théoriques et dimensions opérationnelles», Revue d'Economie Industrielle, Vol. 77, 3ème Trimestre, 1996, pp. 87-98.

services, grâce à des offres complémentaires construites à partir de l'accès des tiers à leurs données et à leurs fonctionnalités»[175].

En effet, la finalité des effets de réseau étant la création d'un écosystème de partenaires, la stratégie de la plupart des plateformes consiste ainsi dans l'ouverture de leurs dispositifs techniques à des tiers, par le biais des API, d'un kit de développement logiciel (SDH) ou par le biais de l'open data. Le degré de contrôle ou d'ouverture de la plateforme pourrait aisément renseigner sur son action stratégique, ou sur la nature de ses alliances futures.

°- Quatre : Les effets de réseau croisés. Ce sont des effets qui concernent «les plateformes d'intermédiation, mettant en relation deux ou plusieurs types d'agents complémentaires et interdépendants (acheteurs et vendeurs, annonceurs et audience, employeurs et demandeurs d'emploi, développeurs et utilisateurs…etc.»[176].

Il en résulte ainsi que l'activité de la plateforme pour un type d'agents, peut augmenter en fonction du nombre d'utilisateurs de l'autre type.

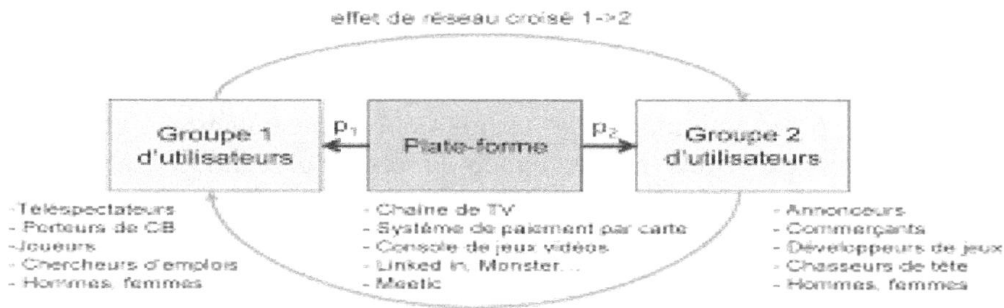

Schéma 7 : Effets de réseau croisés[177]

Autrement, l'utilité de la plateforme pour les agents d'une «face» croît avec le nombre d'agents présents sur l'autre «face». Les

[175]Cf. pour plus de détails : Nadler. J, Cicilline. D. N, «Investigation of competition in digital markets», Majority Staff Report and Recommendations, SubCommittee on antitrust Commercial and Administrative Law of The Committee on the Judiciary, Washington DC, 2020, 450 p.

[176]Cf. Arcep, «Plateformes numériques structurantes. Eléments de réflexion relatifs à leur caractérisation», Autorité de Régulation des Communications Electroniques et des Postes, Paris, décembre 2019, 9 p.

[177]Bourreau. M, «Industrial Organization 10 Networks and Standards», Telecom ParisTech, Cours, Sans date, p. 12.

espaces publicitaires sur une chaîne de télévision seront par exemple, d'autant plus intéressants pour les annonceurs publicitaires que l'audience est importante. Il en est de même entre les annonceurs et un moteur de recherche.

Par nature, ces effets n'existent que lorsque la plateforme sert d'intermédiaire entre plusieurs catégories d'acteurs.

Les médias en général, la presse écrite et la télévision gratuite en particulier, sont parmi les secteurs d'activité qu'engendrent les effets de réseau croisés.

En effet, «les médias, en tant que plateformes d'échange, réunissent deux catégories d'acteurs : les téléspectateurs et les annonceurs. Les annonceurs ont une propension à acheter des espaces publicitaires sur une chaîne de télévision qui est corrélée positivement au nombre de téléspectateurs, dans la mesure où l'impact du message publicitaire croît avec l'audience»[178].

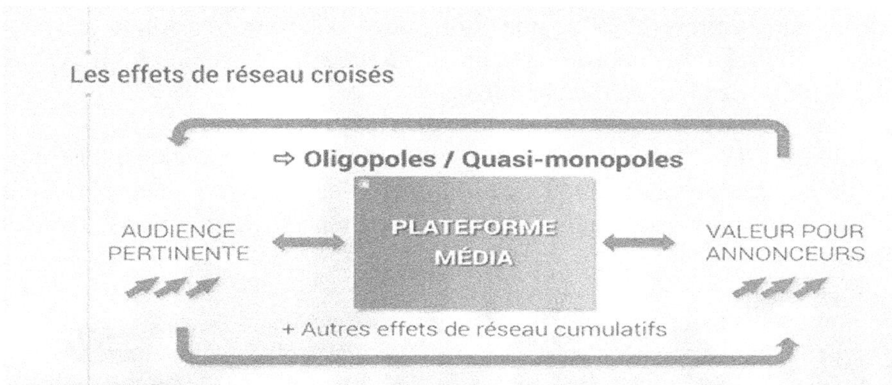

Schéma 8 : Stratégies de marché biface[179]

Pour ce qui est des plateformes numériques proprement dites, les effets de réseau croisés sont fort présents dans les modèles des réseaux sociaux, notamment Facebook et Twitter, dans la mesure où «l'utilisation de la plateforme par un groupe d'utilisateurs (les utilisateurs finals) peut être subordonnée par l'autre groupe (les

[178]Sonnac. N, «Monopole télévisuel et publiphobie», Recherches Economiques de Louvain, n° 68, avril 2002, pp. 513-526.
[179]Gattet. P, «Comprendre les stratégies de marché biface», Xerficanal, octobre 2017.

annonceurs) en raison de l'attraction que les premiers exercent sur les derniers»[180].

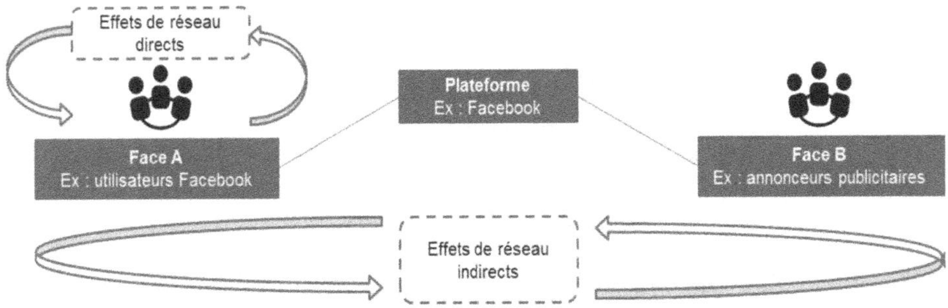

Schéma 9 : <u>Plateformes et effets de réseau (illustration pour le cas de Facebook)</u>[181]

1.3.3. Plateformes numériques et marchés bifaces

Lorsqu'une entreprise s'appuie sur une plateforme technique pour mettre en relation consommateurs et vendeurs au sein d'un même espace, on parle alors de marché biface.

La théorie des marchés bifaces est apparue en économie industrielle au début des années 2000, c'est-à-dire bien avant l'avènement des grandes plateformes numériques structurantes que l'on connaît aujourd'hui.

Un marché biface met en rapport deux catégories d'agents grâce à un intermédiaire, à une interface ou à une place de marché. La particularité de ce type de marché est que l'intermédiaire (la plateforme numérique pour notre cas d'espèce) offre un bien ou service aux deux demandeurs.

Ainsi, «un journal est un support qui met en relation les annonceurs et les lecteurs, un agent immobilier fait l'intermédiaire entre le vendeur d'un immeuble et l'acquéreur, une carte de paiement permet à son détenteur d'effectuer des achats auprès d'un commerçant…etc.»[182].

---

[180]CSA, «Plateformes et accès aux contenus audiovisuels…. », op. cit, p. 49.
[181]Panfili. M, «Plateformes numériques et concurrence», op. cit, p. 2.
[182]Du Granrut. C, «Les marchés bifaces : la face cachée d'internet ?», Futuribles International, Note d'alerte, n° 66, avril 2010, p. 2.

Les marchés bifaces ont généralement deux caractéristiques majeures : «d'une part, deux catégories d'agents interagissent par l'intermédiaire d'une interface ou d'un intermédiaire. D'autre part, les décisions d'une catégorie d'agents ont un impact sur le bien-être des agents de l'autre catégorie»[183].

Les demandes des deux catégories d'agents sont interdépendantes, car le bien ou le service n'offrira d'intérêt à l'un que s'il est utilisé par l'autre.

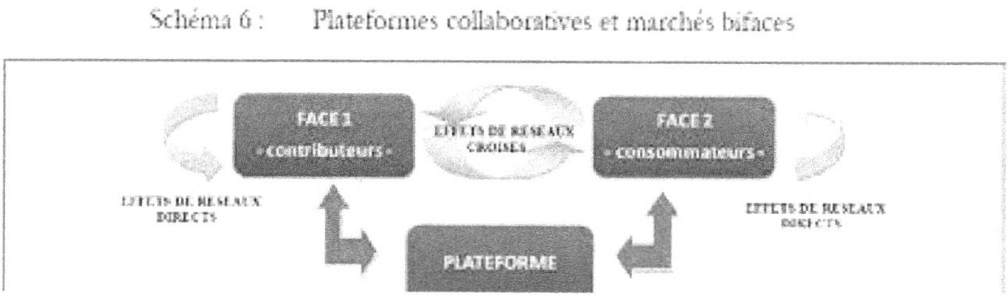

Schéma 10 : <u>Plateformes et marchés bifaces</u>[184]

La plateforme cherchera, le plus souvent, à internaliser les interactions entre deux ou plusieurs groupes d'agents, et à attirer ces groupes en fixant un prix adéquat sur les deux faces du marché.

Ainsi, «sur les marchés sur lesquels les plateformes exercent leur activité, l'internalisation des externalités de réseau indirectes entre les différentes catégories de clients, peut donner lieu à des structures de prix extrêmement asymétriques. En d'autres termes, même si les coûts d'usage sont partagés ou s'ils sont les mêmes pour les deux côtés du marché, l'un des deux côtés pourra payer très peu et être à l'origine de la majeure partie du chiffre d'affaires de la plateforme. Cela peut se produire si les avantages liés à l'utilisation de la plateforme duale sont très déséquilibrés»[185].

Il faudrait toutefois distinguer, à ce niveau, entre deux types de marchés bifaces :

[183]Ibid.
[184]Ibid.
[185]Du Granrut. C, «Les marchés bifaces… », op. cit, p. 4.

°- Les marchés bifaces non transactionnels, qui se caractérisent généralement par l'absence de transaction entre les deux faces du marché. Or, «même dans les cas où une interaction existe entre les deux faces, elle est difficilement observable et rend impossible une tarification à la transaction ou à l'interaction, ou encore une tarification à deux parties. La tarification à deux parties signifie ici que la plateforme peut faire payer les deux faces du marché, ou décider de n'en faire payer qu'une seule»[186].

°- Les marchés bifaces transactionnels, qui sont caractérisés par le fait qu'il existe une transaction directe, donc observable, entre les acteurs des deux faces du marché[187].

Dans un tel cas, «l'organisateur du marché est en mesure de facturer l'accès à la plateforme et son usage, et il peut donc déployer un système de tarification à deux parties (two-part tariff)»[188].

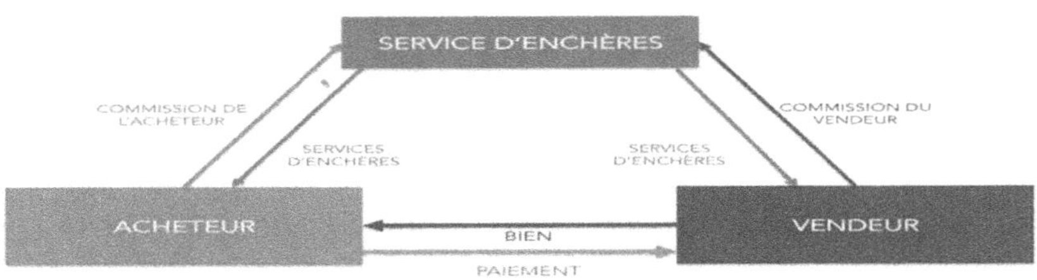

Schéma 11 : <u>Marché biface transactionnel</u>[189]

La logique inhérente aux marchés bifaces, combinée à celle des externalités informationnelles et des différents types d'effets de réseau, permet de faire dégager les trois grands objectifs suivants :

---

[186]Renaissance Numérique, «Plateformes et dynamiques concurrentielles», op. cit, p. 7.

[187]L'illustration de ce type de marché est donnée dans les médias, par les chaînes de télévision gratuite où il n'y a pas de transaction entre le téléspectateur et l'annonceur, et ce même s'il pourrait y avoir des relations d'interaction.

[188]Cf. Tirole. J, Rochet. J-C, «Two-sided markets : an overview», MIT, march 12, 2004, 44 p.

[189]Renaissance numérique, «Plateformes et dynamiques concurrentielles», op. cit, p. 8.

+ Le premier consiste, de la part de la plateforme biface, à « recruter» les deux catégories d'agents, grâce à une politique des prix adéquats.

En effet, «s'il est toujours possible de faire payer les deux faces, une face se révèlera toujours plus profitable que l'autre. Les plateformes peuvent également opter pour la gratuité auprès des deux faces et un financement de tierce partie (souvent la publicité).

L'économie des plateformes bifaces se caractérise (ainsi), en majorité, par l'existence d'une face payeur (profil making segment) et d'une face subventionnée (loss-leader). Avec le temps et les ruptures technologiques ou d'autres considérations stratégiques, le modèle de financement peut s'inverser et la partie payeur devenir la partie subventionnée»[190].

°- Second objectif : le multi-homing. C'est le cas dans lequel l'on recourt à plusieurs plateformes simultanément pour obtenir un même service. L'existence du multi-homing sur une face, réduit le pouvoir de marché de la plateforme vis-à-vis de l'autre face.

Ce phénomène se constate dans les sites d'emploi, mais se constate davantage dans la consommation des contenus culturels.

En même temps, le recours au multi-homing pourrait être dicté pour contourner les techniques de verrouillage des plateformes, les producteurs des contenus ne voulant pas dépendre d'une seule plateforme, les consommateurs ne le voulant pas non plus[191].

Les développeurs sont d'ailleurs le plus à même de développer leur présence sur les plateformes numériques, grâce aux outils de développement multiplateformes dont ils disposent.

°- Troisième objectif : Les plateformes bifaces doivent s'assurer « la présence exclusive en leur sein, d'utilisateurs de marque, car ceux-ci accroissent le consentement à payer des agents de l'autre face»[192].

---

[190]Ibid.

[191]Cf. pour le cas de la téléphonie mobile : Marty. F, Pillot. J, «Coopération, dépendance et éviction : quelle appréhension concurrentielle des liens interentreprises dans les écosystèmes de téléphonie mobile ?», Centre Interuniversitaire de Recherche en Analyse des Organisations (CIRANO), Montréal, décembre 2018, 35 p.

[192]En usant ainsi de leur capital réputationnel.

L'exemple le plus illustratif à ce propos, est celui de la carte de paiement Amazon Express. En effet, si la plupart des commerçants américains toléraient ses commissions élevées, c'est parce que les clients à hauts revenus disposaient en majorité de cette carte de paiement.

Or, «une fois que s'est généralisée l'habitude chez les hauts revenus de posséder plusieurs cartes de paiement, le pouvoir de marché (qui est le pouvoir d'imposer un prix élevé) d'American Express s'est effondré»[193].

Mais les plateformes numériques ne se contentent pas des marchés bifaces, aussi rentables et porteurs soient-ils. Elles ont de plus en plus tendance à passer d'une logique exclusivement et initialement biface à une logique multiface.

Les plateformes digitales iTunes, géant mondial des loisirs numériques, en est un exemple fort significatif. «Initialement conçue pour distribuer de la musique digitalisée, cette plateforme a élargi son offre aux films, aux séries télévisées, aux livres puis aux applications mobiles. Ainsi, des clients recrutés sur la plateforme initiale consacrée à la musique, ont pu être exposés à des produits d'autres secteurs de l'industrie du divertissement : séries TV, films, livres, applications mobiles…etc.»[194].

Il faudrait noter aussi qu'un marché est multiface lorsque «le volume des transactions qui y sont réalisées, et donc les performances de la plateforme, sont influencées par la structure des prix, c'est-à-dire par la répartition des charges entre ses différentes faces, et non uniquement par le niveau du prix pratiqué par la plateforme, c'est-à-dire la somme des prix appliqués sur chaque face»[195].

Reste ici à déterminer les faces qui doivent être avantagées et celles qui doivent supporter le financement de la plateforme.

Cette tarification optimale dans l'économie des plateformes, tente de répondre à cette question, en prenant en compte deux éléments essentiels :

---

[193]Cf. Tirole. J, Rochet. J-C, «Platform competition in two-sided markets», Journal of the European Economic Association, n° 4, june 2004, 40 p.
[194]Cf. pour plus de développements : GSMA, «La politique de la concurrence à l'ère numérique», octobre 2015, p. 74 et suivantes.
[195]Beuve. J, Bréban. L, «Plateformes et économie numérique», Réseau Canopé, Ecoflash, n° 323, décembre 2017, p. 3.

+ L'ampleur des externalités indirectes de réseau entre les différentes faces,

+ Et les élasticités-prix de la demande, c'est-à-dire le pouvoir de marché de la plateforme sur chacune des faces.

Chapitre Second

Plateformes numériques, innovation et chaîne de valeur

Les plateformes numériques, ces interfaces hybrides entre entreprises et marchés, incarnent l'économie numérique et les logiques d'intermédiation dont elles sont les acteurs instigateurs, tout autant que les promoteurs. Aujourd'hui, la plupart des biens, des services et des contenus, tangibles et non tangibles, peuvent être échangés par l'intermédiaire des plateformes numériques, marchandes comme non marchandes.

Les mécanismes de fonctionnement de l'économie des plateformes sont multiples et variés. Ils tiennent tantôt à la nature de cette économie, tantôt aux orientations des acteurs y opérant. Trois grands traits font ainsi la spécificité des plateformes, tout autant que de l'économie qui en constitue le «champ»:

+ D'abord, leur caractère multiface, du fait de la fonction d'intermédiation dont elles ont «la charge» entre les membres d'un groupe ou avec les membres d'un autre groupe, leur input étant incontestablement les clients et les données que ces derniers génèrent.

+ Ensuite, par le fait que ces plateformes sont bâties, pour une grande partie d'entre elles, sur le procédé du crowdsourcing, le capital productif et le travail de production étant apportés par les utilisateurs eux-mêmes. Cela leur permet de maîtriser les charges intermédiaires et de réduire considérablement les besoins en financement qu'elles éprouvent ou pourraient éventuellement éprouver.

+ Enfin, parce qu'elles sont adossées à des marchés dits «marchés de réputation», cette dernière étant un actif stratégique de taille, et une arme de compétitivité et de concurrence redoutable. Une perte de confiance soudaine en telle ou telle plateforme, pourrait bien avoir un impact délétère irréversible pour son développement.

Or, cette lame de fond n'a pu se forger le chemin que parce qu'elle a réussi à brouiller les frontières, naguère bien établies, non seulement au niveau du référentiel fondamental de l'économie de marché que sont les prix et les coûts, ou du point de vue des déterminants des dynamiques d'accumulation et de création de la valeur, mais aussi au vu du processus de déstabilisation qu'elles ont enclenché, externalités et effets de réseau aidant, au niveau des formes d'organisation (de plus en plus décentralisées et concurrentielles), et au niveau des rapports capital-travail.

2.1. Les plateformes numériques : une chaîne de valeur fondée sur la captation des données

Les plateformes numériques sont-elles des entreprises comme les autres, c'est-à-dire de simples opérateurs de marché, ou sont de véritables intermédiaires des échanges qui s'interposent entre acheteurs et vendeurs, proposant à chacun un certain nombre de biens et de services, utiles et immédiats ?

D'aucuns pensent que les plateformes sont plus et autre chose. C'est d'abord et avant tout des infrastructures d'organisation et de contrôle de la production et des marchés.

Elles captent, sous forme de bits, «l'ensemble des paramètres décrivant les comportements, les désirs, les offres et les demandes de biens et de services des usagers. Elles les modulent ensuite, au moyen des algorithmes. Elles les retournent enfin, sous forme de notifications pour orienter et/ou formater les choix, les décisions et les comportements de populations ciblées»[196].

En s'assurant un tel travail de mise en relation des utilisateurs des plateformes, «non seulement ces dernières créent des marchés de toutes pièces, mais elles les maîtrisent de bout en bout»[197].

2.1.1. De la captation des données

Les plateformes numériques ne produisent pas les données. Elles les captent, et ce de par la fonction d'intermédiation qu'elles assurent sur un marché ou une place de marché.

Parce que plateformes d'intermédiation par excellence, elles poursuivent deux grands objectifs complémentaires :

+ Assurer un lien direct avec leurs utilisateurs,

+ Et attirer les services tiers dans leur écosystème.

---

[196]Dieuaide. P, «Des plateformes et des hommes : vers un capitalisme 2.0», ResearchGate, Université de la Sorbonne Nouvelle Paris 3, janvier 2018, p. 243.
[197]Dieuaide. P, «Des plateformes et des hommes…», op. cit, p. 248.

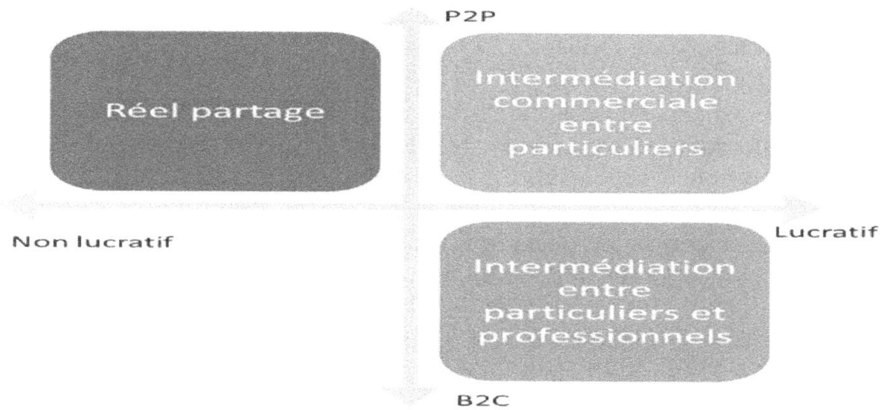

Schéma 12 : Types d'intermédiation[198]

La plateforme est ainsi d'autant plus utilisée qu'elle offre de services, et réciproquement, c'est à dire plus elle a d'utilisateurs, plus il est important d'y proposer ses services. Elle a donc intérêt à s'inscrire dans le cadre d'un marché biface, en veillant au développement des deux faces en même temps. Autrement, elle a intérêt à faire partie de cette offensive vers les deux faces que sont les utilisateurs et les fournisseurs de services, en s'inscrivant dans un mode d'organisation[199] en trois grands axes :

+ « L'infrastructure, constituée par l'ensemble des services de base offerts par la plateforme aux utilisateurs ou aux services tiers,

+ Les données, accumulées par la plateforme, qui combinent les traces sur les différents services,

+ Le réseau d'utilisateurs et leurs interactions»[200].

Au cœur de ce schéma, trônent les données, dont le traitement repose sur trois piliers essentiels :

---

[198]Marty. F, «L'économie des plateformes : dissipation ou concentration de la rente ?», Sciences Po OFCE, Working Paper, n° 13, avril 2017, p. 9.
[199]Cf. Choudari. S, «Platform scale : how an energing business model helps start-ups build large empires with minimum investment», Platform Thinking Labs, september, 2015, 338 p.
[200]Grumbach. S, «Qu'est ce que l'intermédiation… », op. cit, p. 98.

+ « Premièrement, la collecte de données primaires, c'est-à-dire qui existent préalablement et indépendamment de la plateforme, suivie de leur analyse et leur transformation, en vue de la génération d'une première catégorie de services,

+ Deuxièmement, la collecte des traces d'utilisation des services et leur transformation, en vue de la génération de nouveaux services, à partir de ces données secondaires,

+ Troisièmement, la collecte des traces de fonctionnement global du système en vue de son amélioration continue»[201].

Les données primaires sont donc des données externes à la plateforme, c'est-à-dire créées par des entités indépendantes de la plateforme et dont celle-ci n'a pas fourni grand effort pour les générer. Elle doit par contre, être en mesure de seulement les collecter, les stocker, les exploiter et les analyser.

C'est d'ailleurs en ce sens que les plateformes numériques ne produisent pas les données. Elles les captent uniquement. Cette captation des données primaires s'opère selon la nature des rapports que la plateforme entretient avec celles-ci :

+ Dans le cas des moteurs de recherche, les données sont récoltées en explorant le web de manière régulière, puis stockées en chargeant les pages visitées[202].

+ Dans le cas des réseaux sociaux, «la plateforme offre des services d'hébergement des données, que les utilisateurs chargent eux-mêmes, pour profiter des services de stockage et de traitement de données, ainsi que des services de réseau. Les données primaires sont alors sous le contrôle de la plateforme»[203].

Mais ces données, aussi primaires et élémentaires soient-elles, ne font pas l'objet d'un commun intérêt. Elles obéissent à ce qu'il est convenu d'appeler la granularité des données. En effet, «les

[201]Grumbach. S, «Qu'est ce que l'intermédiation… », op. cit, p. 99.

[202]Les algorithmes, dont notamment le crawler, suivent les pages et les liens hypertextes et les copient systématiquement.

[203]C'est le cas généralement des plateformes du cloud dans lesquelles les capacités de stockage et de calcul sont extensibles à bas coût. Cf. Paraiso. F, «So cloud : une plateforme multi nuages distribuée pour la conception, le déploiement et l'exécution d'applications distribuées à large échelle», Thèse, Université Lille 1, 18 juin 2014, 207 p.

plateformes disposent de données à des niveaux de granularité variables, associant le gros grain des données globales, comme les cartes, avec le grain fin des traces des utilisateurs. Cette association permet d'avoir une cartographie du monde à des échelles variables, dans laquelle on peut zoomer»[204].

Dans le même temps, les plateformes sont en mesure de s'adapter continuellement, en analysant leurs données de fonctionnement pour offrir le service le plus performant possible. La véritable richesse des plateformes numériques réside ainsi dans la capacité qu'elles déploient pour capter les données en circulation, notamment les données à caractère personnel.

Il peut s'agir de «données fournies volontairement par les consommateurs (en s'inscrivant sur la plateforme ou en écrivant des requêtes ou des messages), de données facilement observables (adresses IP, système d'exploitation de l'appareil), ou enfin, de données collectées, en suivant le parcours des consommateurs sur ou en dehors de la plateforme (tracking cookies, etc.)»[205].

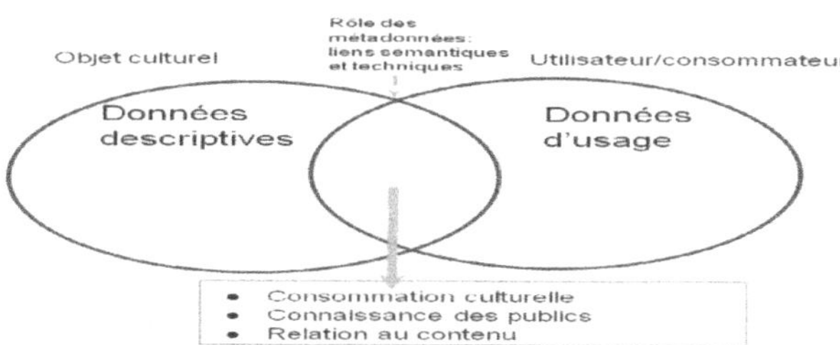

Schéma 13 : Typologie des données[206]

Ces données personnelles, qui sont de l'ordre des traces associées aux utilisateurs, sont les plus prisées par les plateformes tout comme par les annonceurs. Leur captation leur est vitale. En effet, «la

[204]Ibid.

[205]Perrot. A, Bourreau. M, «Plateformes numériques : réguler avant qu'il ne soit trop tard», Les notes du Conseil d'Analyse Economique, n° 60, octobre 2020, p. 5.

[206]Tchéhouali. D, Plamondon. J, «Données d'usage… », op. cit, p. 7.

séquence des requêtes d'un utilisateur permet de dresser un profil de cet utilisateur, qui peut servir à mieux cibler la publicité à son intention, ou plus généralement à adapter les réponses à ses requêtes, en fonction de son profil, de fournir des réponses qui correspondent mieux à son attente. Il est possible d'activer ou de désactiver cette personnalisation sur certains moteurs»[207].

Or, les données captées par les plateformes (personnelles le plus souvent) génèrent une couche numérique, sorte de miroir du monde physique, mais sans réelle interaction physique avec ce dernier.

Car les plateformes reposent sur des infrastructures physiques formées, pour l'essentiel, par les centres de données, de calcul et des systèmes de communication, mais sans relation matérielle quelconque avec le monde dont elles cherchent à intermédier. Il est donc possible de «réaliser l'intermédiation entre deux acteurs sans aucune implication avec le monde physique dans lequel sont ces acteurs»[208].

Il s'agit là d'une abstraction en nuage peu ordinaire. Car «séparer l'intermédiation de la production des biens ou services du monde physique, est le cœur de la révolution si disruptive pour nos sociétés. Il est en effet, désormais possible d'offrir une intermédiation sur des territoires sur lesquels on n'a aucune présence physique»[209]. La nouveauté ici consiste en le fait que les plateformes numériques déploient, dans l'intermédiation en nuage, une efficacité dont les intermédiaires traditionnels (physiques) sont incapables.

---

[207]Frenot. S, Grumbach. S, «Des données à l'intermédiation… », op. cit, p. 10.
[208]Ibid.
[209]Ibid.

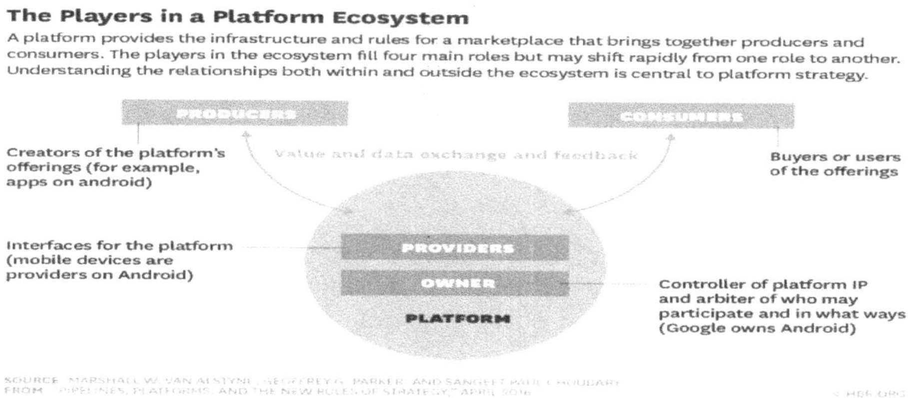

Schéma 14 : De la production linéaire aux boucles de rétroaction dans l'économie des plateformes[210]

L'intermédiation est donc fondamentalement une opération de captation des données, de leur traitement et de leur analyse. C'est, en somme, une affaire de stratégie. Car, «si hier, il s'agissait de miser sur la marque et de travailler au mieux sa stratégie publicitaire, aujourd'hui, il faut miser sur l'empathie développée avec les utilisateurs et travailler la stratégie de l'expérience utilisateur. Les revenus viendront, dans un second temps, quand la captation de l'attention sera gagnée, la valeur de la marque renforcée et la valeur-client captée par les multiples données. La stratégie doit ensuite s'appuyer sur une diversification de services proposés à des clients qui auront été fidélisés»[211].

Le calcul qui s'opère à ce niveau sur ces données, est identifié comme source de valeur, qui relègue au second plan les conditions de la production de ces données. C'est la raison pour laquelle, il est important de «considérer la production, le transport, le stockage, le traitement ou la destruction des données numériques, comme des décisions d'ordre stratégique, qui demandent de prendre en considération, au travers des procédés techniques utilisés, tant les opportunités que les vulnérabilités engendrées»[212].

---

[210]Unctad, «Rapport sur l'économie numérique 2019… », p. 44.

[211]Chartron. G, Broudoux. E, «Enjeux géopolitiques des données, asymétries déterminantes», Numérique et Société, Rabat, mai 2015, p. 3.

[212]Cattaruzza. A, «De la géopolitique derrière les données, les données derrière la géopolitique», In Annales des Mines, «Internet, frontières et territoires», Enjeux numériques, n° 11, septembre 2020, pp. 40-41.

Mais ces opérations de captation des données par les plateformes numériques, peuvent être rapidement invalidées par des ruptures de marché soudaines et inattendues. En effet, en se focalisant sur une stratégie fondée sur la notion de part de marché, elles peuvent facilement «rater» leur entrée sur des segments plus profitables dans un futur proche.

En même temps, les ruptures dans l'économie numérique sont de plus en plus brutales et difficiles à anticiper, sans compter qu'elles proviennent désormais d'acteurs pouvant appartenir à d'autres secteurs ou écosystèmes[213].

2.1.2. Valeur et chaîne de valeur dans les plateformes numériques

Pour les plateformes numériques, la valeur des biens et services tient fondamentalement à la captation : soit des données des utilisateurs eux-mêmes et entre eux (via les réseaux sociaux), soit des contenus culturels (plateformes de vidéo), soit des produits matériels (plateformes commerciales), soit enfin des informations, nécessitant des capacités de tri énormes par l'intermédiaire d'algorithmes puissants (moteurs de recherche, géolocalisation… etc.).

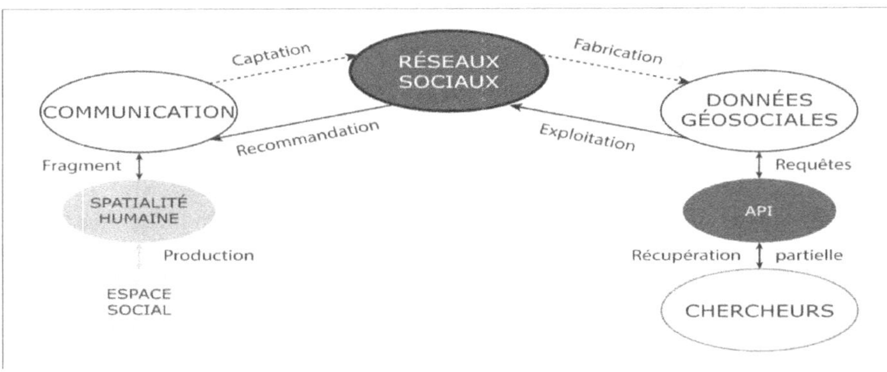

Schéma 15 : <u>Données géosociales</u>[214]

[213]Cf. pour plus de développements : Slywotzky. A, Weber. K, «Demand : creating what people love before they know they want it», Industrial Business Management, october 2011, 385 p.

[214]Quesnot. T, «L'involution géographique : des données géosociales aux algorithmes», Netcom, n° 30, mars-avril 2016, pp. 281-304.

C'est essentiellement sur ces catégories de biens et services que portent l'intermédiation et l'action des plateformes d'intermédiation. Il est par conséquent question ici, d'une intermédiation en vue de trier l'information (info-médiation) et d'une intermédiation dans l'objectif de proposer un large catalogue organisé de biens ou de services (médiation) :

+ Dans l'info-médiation, on relève «en premier lieu, l'émergence de services dits d'info-médiation dont l'activité consiste à donner accès à une information triée et organisée. Il s'agit principalement des services de navigateurs, portails, moteurs de recherche (information ciblée et web sémantique), mais aussi des plateformes de stockage et de partage de contenus, comme Youtube ou eBay, ou bien encore de mise en relation des internautes sous forme de réseaux, tel Facebook»[215].

+ En second lieu, les services de médiation de biens vont fournir un catalogue organisé de produits, de services ou de contenus.

Il est vrai que les biens, matériels et immatériels, ont une place de taille dans les stratégies des plateformes. Il n'est pas moins vrai toutefois, que les cybercommerçants tablent aussi sur la valorisation de leur offre par le biais de fonctionnalités associées, notamment lorsqu'ils s'aperçoivent que la variété du catalogue des biens et services proposés, agissent considérablement sur leur attractivité auprès des clients.

«Tel sera le cas des plateformes commerciales comme Amazon ou PriceMinister, ou bien encore de fournisseurs de contenus culturels tels Spotify (musique) ou Netflix (films). Il semble que les consommateurs ne cherchent plus la propriété ou la possession, même immatérielle, d'une œuvre ou d'une copie (services iTunes par exemple), mais l'accès ponctuel à un contenu culturel, à un service. L'usage supplante (ici) la possession»[216].

Force est de constater à cet égard, que l'activité des plateformes numériques, d'intermédiation en l'occurrence, consiste justement à capter ces données. C'est une captation de la masse et de la

---

[215]Castets-Renard. C, «Des biens aux services numériques : de l'ère de la propriété à l'âge de l'accès», In Chaigneau. A, Netter. E (Ss.Dir.), «Les biens numériques», Ed. Ceprisca, novembre 2015, p. 208.
[216]Ibid.

multitude. Elle est la clef de la valeur et «la principale externalité positive» générée[217].

Pour être encore plus précis, l'on pourrait dire que ce serait «la capacité à transformer une application en véritable plateforme, qui génèrerait une plus grande valeur et permettrait d'asseoir une position dominante»[218].

C'est la raison pour laquelle, les plateformes, tout en se diversifiant, ne cessent de centraliser les applications, tout en les rendant interopérables entre elles, pour améliorer l'information fournie et les services rendus[219].

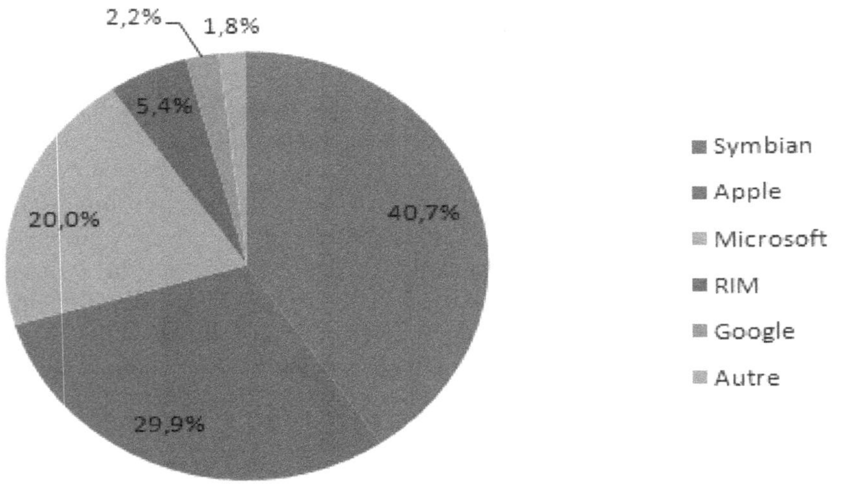

Schéma 16 : Représentation graphique du marché des applications mobiles[220]

La force des plateformes numériques réside donc incontestablement dans leur capacité de création de la multitude et de captation de la puissance d'innovation.

[217]Verdier. H, Colin. C, «L'âge de la multitude…», op. cit, p. 82.
[218]Ibid.
[219]Une illustration manifeste de cette agrégation des fonctionnalités sur un même site, est celle fournie par Google (moteur de recherche, mail, images…etc.) et par les applications mobiles centralisées par les équipements (App Store pour Apple par exemple).
[220]Deloitte, «L'App économie en France. Étude sur le marché des applications mobiles et leur contribution à l'économie française», 2019, p. 7.

C'est dire que la possession des données est un préalable nécessaire à même de fournir les informations utiles aux services proposés.

Les utilisateurs des plateformes numériques, notamment à l'ère des nouvelles générations du web, sont à ce niveau, sinon des créateurs, du moins des contributeurs de valeur. C'est cette communauté d'utilisateurs qui est d'ailleurs à l'origine d'une part croissante de la valeur.

Autrement, la contribution de dizaines de milliers d'utilisateurs à la création de la valeur pourrait prendre plusieurs formes, car «lorsqu'un internaute interroge le moteur de recherche Google, il contribue à rendre l'algorithme plus efficace. Quand un client note une application, un service, une entreprise, il construit un capital réputationnel qui donne (ou non) de la valeur à l'offre de l'entreprise»[221].

Ainsi, la réputation, la confiance, la fiabilité tendent à être «objectivées» par un système de notation, qui devient partie intégrante de la décision d'achat, voire détermine le prix que le client est prêt à payer. En se positionnant ainsi comme une plateforme, «on ne se contente pas de fixer ses clients. On fait levier sur une valeur bien plus grande : la force de création de ses utilisateurs»[222].

Les données des utilisateurs sont par conséquent, la source de la valeur que les plateformes captent. Bien plus encore, dans l'économie des plateformes, «la valeur des entreprises est en grande partie créée par les utilisateurs, via des effets de réseau (Facebook), l'apprentissage des algorithmes (Google), le partage d'information (Trip Advisor), la valorisation des traces d'utilisation (Bitly), beaucoup plus que par des salariés ou des fournisseurs»[223].

---

[221]Vadcar. C, Biacabe. J-L, «Création de la valeur dans un monde numérique», Institut Friedland, Rapport, janvier 2017, p. 33.
[222]Cf. Verdier. H, «A propos de l'âge de la multitude », Blog, 4 juin 2012.
[223]Verdier. H, Colin. C, «L'âge de la multitude…», op. cit, p. 85.

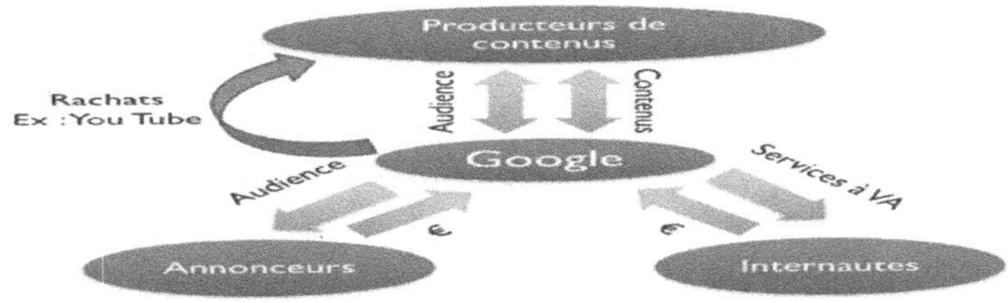

Schéma 17 : Exemple d'une monétisation des données[224]

Mais ce ne sont là que des exemples des contributions plus ou moins conscientes, les contributions moins ou peu conscientes étant les plus prisées et les plus «valorisées». Elles consistent en la collecte des données à caractère éminemment personnel.

C'est une forme de création de la valeur dont l'utilisateur n'en a pas nécessairement conscience. Les traces, c'est-à-dire les empreintes laissées, relèvent de cet «état d'esprit». Nous avons consacré un ouvrage complet à la problématique des données personnelles pour que l'on s'appesantisse ici outre mesure[225].

Rappelons seulement que l'économie des plateformes numériques repose fondamentalement sur le «marché» des données personnelles. Leurs services en sont fort demandeurs pour générer de la valeur, soit pour être revendus (aux annonceurs le plus souvent), soit pour personnaliser les services proposés aux clients selon leurs goûts et leurs habitudes.

Rappelons aussi que la revente, tout autant que la circulation des données, obéissent à la logique du Big Data, non seulement parce que les biens sont non rivaux[226], mais aussi parce qu'ils sont reproductibles à un coût marginal proche de zéro[227].

---

[224]UK Data Archive, Londres, 2019.
[225]El Yahyaoui. Y, «Ecosystème des données numériques… », op. cit.
[226]Un bien est dit non rival à partir du moment où il peut être partagé et utilisé par plusieurs, sans affecter négativement l'utilité de chacun.
[227] Cf. Rifkin. J, «La nouvelle société du coût marginal zéro… », op. cit.

Cette logique du Big Data trouve par ailleurs un terrain d'application supplémentaire, eu égard notamment à l'accès et à la valorisation des données relevant des structures de l'Etat et des collectivités qui lui sont rattachées.

En effet, l'ouverture de ces données, grâce aux politiques d'open data, est de nature «à faire naître de nouveaux services au profit d'opérateurs privés, utilisant de puissants algorithmes pour trier, valoriser et rendre plus compréhensibles les données. L'information retravaillée sera alors revendue. L'open data pourrait donc entraîner un transfert de valeur des entités publiques vers les sociétés privées»[228].

L'on estime par ailleurs, que les deux facteurs combinés, révolution numérique et mise à disposition d'une grande part des données publiques, « modifient la distribution des rôles entre public et privé... Cela permet à des acteurs privés de développer des activités qui autrefois, auraient été typiquement des activités de la puissance publique»[229].

Toutes ces sources de données n'ont de valeur que si elles sont complétées par des métadonnées qui les décrivent et en permettent l'exploitation[230].

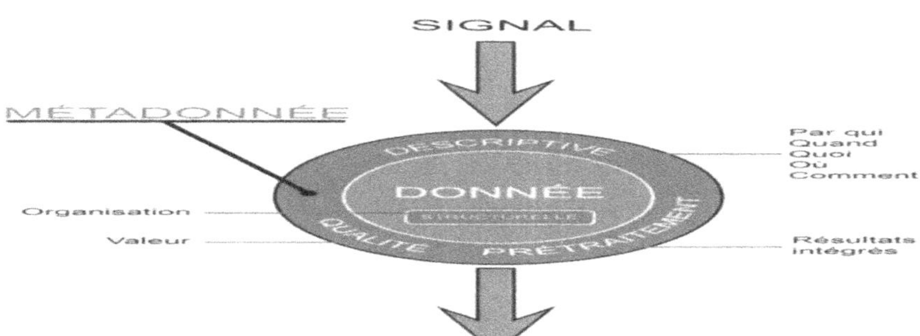

Schéma 18 : Typologie des métadonnées[231]

---

[228]Cf. Guglielni. G. J, «Numérisation des données publiques et données publiques numériques», In Tessier. B (Ss. Dir.), «La communication numérique : un droit des droits», Ed. Panthéon-Assas, janvier 2013, 18 p.

[229]Ibid.

[230]Les métadonnées sont des données structurées relatives à un objet supportant des fonctions associées à cet objet. Cf. Amir. S, «Un système d'intégration des métadonnées dédiées au multimédia», Thèse, Université Lille 1, 2011, p. 19 et suivantes.

C'est donc la combinaison des données et des métadonnées qui conditionnera la valeur produite, la qualité desdites données et métadonnées, tout autant que la modélisation dont elles font l'objet, conditionnant encore davantage la valeur extraite.

Cependant, quelle que soit la valeur produite ou extraite de ces deux sources, il demeure que «leur valeur finale pour l'entreprise résidera dans la qualité de leur utilisation dans la relation de service avec le client final»[232].

2.1.3. Plateformes numériques et structuration de la chaîne de valeur

Capter la donnée ne constitue pas en soi une source de création de la valeur pour les plateformes numériques. En même temps, créer de la valeur par l'exploitation de la donnée, dépend de plusieurs variables dont il faudrait paramétrer la portée et l'efficacité.

Il est vrai que les données n'ont de valeur que couplées et complétées par des métadonnées. Il est vrai aussi que cette valeur dépend de la qualité et de la véracité desdites données. Mais il n'est pas moins vrai non plus, qu'elle dépend de la nature des traitements dont ces données font l'objet. La valeur des données s'inscrit dans une chaîne et est par conséquent, le résultat d'un processus de production relativement complexe[233].

En effet, «la collecte de données brutes, à elle seule, ne suffit pas à créer une quelconque valeur. Ceci est d'autant plus vrai qu'une partie de la valeur ne réside pas dans la donnée elle-même, mais dans les métadonnées associées aux données. Plus encore, la valeur ne dépend pas de cette première combinaison, mais de l'extraction de la valeur par le biais de traitements algorithmiques et de processus de restitution et de valorisation aptes à créer du sens pour les utilisateurs (entreprises ou clients)»[234].

---

[231]Spark, «Métadonnées : le minimum vital ou le strict nécessaire ?», Spark Archives, juillet 2017.

[232]Cf. CapGeninin Consulting, «Privacy please : why retailers need to rethink personalization», Rapport, octobre 2015.

[233]Cf. Michaux. A, Crié. D, «From customer data to value : what is lacking in the information chaine», Database Marketing and Customer Strategy Management, Vol. 13, n° 4, 2006, pp. 288-299.

[234]Isaac. H, «Données, valeur et business models», Fondation Paris-Dauphine, Chaire «Intelligence Economique et stratégie des organisations», Les Cahiers Scientifiques, Cahier n° 21, 2016, p. 15.

Par ailleurs, il est nécessaire d'identifier les ressources que mobilisent les organisations pour concevoir et déployer les dispositifs d'extraction de la valeur et de sa restitution à l'utilisateur sous telle ou telle forme.

C'est que la nature des données a énormément changé. Il en est de même de leur mode de production. Car aux données personnelles classiques, viennent s'ajouter des données produites par de multiples dispositifs dont les objets connectés, les robots et les capteurs autonomes :

+ Une donnée personnelle ou à caractère personnel est « … toute information relative à une personne physique identifiée ou qui peut être identifiée, directement ou indirectement, par référence à un numéro d'identification ou à un ou plusieurs éléments qui lui sont propres»[235].

+ Une donnée contextuelle est une donnée d'ordre général, qui renseigne sur le contexte (caractéristiques de l'environnement, localisation), et qui peut être recueillie de sources diverses dont les dispositifs connectés. Elle est en partie du domaine de la métadonnée.

+ Une donnée d'échange est une donnée qui provient des interactions entre individus sur les différents espaces numériques (messageries, moteurs de recherche, réseaux sociaux…, etc.). Ce sont des catégories d'information qui n'ont de valeur que recoupées et/ou agrégées. Une telle donnée n'a par conséquent qu'en partie, et en partie seulement, une valeur en soi.

+ Une donnée ouverte (open data) est un type de données qui proviennent de l'Etat, des entreprises publiques, voire d'entreprises privées. C'est une source riche et différenciée de fichiers, de cartes, de monographies ou de bases de données nationales.

Le processus de production de la valeur (ou chaîne de valeur des données) doit nécessairement prendre en considération cette variété de sources, massives, hétérogènes et de volumes divers. Autrement, les données prises isolément n'ont pas sinon de valeur, du moins de grande valeur. Elles en acquièrent fondamentalement par leurs métadonnées.

---

[235]Loi Informatique et Liberté, 6 janvier 1978, Art. 2.

En effet, sans leurs métadonnées, les données «se révèlent inexploitables et leur valeur s'en trouve, dès lors, très fortement diminuée. Que vaut un fichier de musique digitale sans métadonnées ? Il ne peut être ni classé, ni ajouté à une liste de lecture digitale»[236].

Dans le même temps, pour que les données puissent avoir de la valeur, il faudrait aussi qu'elles soient de qualité ou doivent du moins, faire l'objet de retraitements pour s'assurer de leur qualité.

Une telle fiabilisation a été rendue d'autant plus possible que les progrès des algorithmes, devenus à portée de main grâce à la puissance de calcul des ordinateurs et à la volumétrie croissante des données, ont introduit de nouvelles possibilités dans l'exploitation des données. Autrement, «les algorithmes constituent d'indispensables instruments pour classer les informations (moteurs de recherche), personnaliser les affichages publicitaires (ciblage comportemental), recommander (prédictions culturelles) ou guider vers la meilleure route possible (GPS)»[237].

En effet, si l'utilisation de l'analyse des données en entreprise, et par les plateformes le plus souvent, n'est pas récente, notamment depuis le développement des technologies d'entrepôts de données (datawarehouse) et des méthodes d'analyse associées (datamining, business intelligence), les progrès récents en algorithmie ne cessent, depuis quelques années seulement, de faire pousser ces dispositifs et d'élargir encore davantage ces capacités.

Car l'avènement de «nouvelles classes d'algorithmes, comme le machine learning et le deep learning, démocratise les logiques de l'intelligence artificielle. Ce faisant, elles introduisent de nouvelles possibilités pour les entreprises de créer de la valeur à partir de ces algorithmes»[238].

C'est la raison pour laquelle, parmi les différentes méthodes algorithmiques existantes, les techniques d'apprentissage par données, issues des recherches en intelligence artificielle, marquent

---

[236]Isaac. H, «Données, valeur… », op. cit, p. 18.
[237]Cardon. D, «Le pouvoir des algorithmes», Pouvoirs, n° 164, janvier 2018, p. 64.
[238]Isaac. H, «Données, valeur… », op. cit, p. 20.

une véritable rupture. Elles marquent en fait, «le passage progressif d'une logique de programmation à une logique d'apprentissage»[239].

Par ailleurs, ce processus complexe de création et de captation de la valeur fondé sur la donnée, finit généralement par boucler la chaîne au niveau de l'utilisateur final. Ce dernier «valorisera ce service s'il satisfait au besoin ou le dépasse. La question de la restitution de la valeur à l'utilisateur dépend (donc) fondamentalement de chaque service : un service de listes de lecture musicales diffère fondamentalement d'un fil d'actualité personnalisé en temps réel d'un réseau social.

Pourtant, l'un et l'autre mobilisent des données, des métadonnées, des algorithmes, mais le mécanisme d'appropriation est propre à chaque service et dépend fondamentalement de l'interface par laquelle la valeur est restituée à l'utilisateur»[240].

Mais cette chaîne de création et de captation de la valeur à partir des données, est loin de devoir se réduire à un ensemble d'opérations techniques. Car, «la valorisation des données au sein d'une organisation, ne tient pas seulement à la collecte massive de données, à leur traitement par des algorithmes et à leur restitution sous forme de produits ou services proposés aux utilisateurs, mais qu'elle relève aussi de processus organisationnels spécifiques»[241].

Autrement et «compte tenu de la volumétrie croissante des données, il est indispensable de penser ensemble les mécanismes de création de valeur, le modèle d'affaires et les capacités techniques de l'organisation»[242].

C'est dire autrement que le déploiement des capacités liées aux traitements des données, et du Big Data spécialement, amène inévitablement à des changements organisationnels.

---

[239]Villani. C et Alii, «Donner un sens à l'intelligence artificielle. Pour une stratégie nationale européenne», Rapport, Mission parlementaire, Paris, 8 septembre 2017- 8 mars 2018, p. 26.

[240]Isaac. H, «Données, valeur… », op. cit, p. 24.

[241]Cette chaîne est une succession de quatre grandes étapes : la qualité des données, la qualité des métadonnées, l'algorithme appliqué aux données et la restitution de la valeur au travers d'interfaces utilisateurs pertinentes. Cf. Delayat. R, «Valorisation des données dans les grandes entreprises : maturité, pratiques et modèle», Cigref, Paris, novembre 2016, 53 p.

[242]Ibid.

Une comparaison rapide s'impose, pour clore ce volet, entre l'entreprise traditionnelle et l'entreprise-plateforme, car elle est significative de la nature de la chaîne de valeur dont il est question dans notre propos[243] :

+ Un : L'entreprise traditionnelle tire son avantage comparatif du niveau de contrôle dont elle jouit sur les actifs tant matériels qu'immatériels. Dans l'entreprise-plateforme, le principal actif mis au devant, est la communauté des membres, c'est-à-dire des utilisateurs qui sont eux-mêmes pourvoyeurs de ressources.

+ Deux : L'entreprise traditionnelle crée de la valeur en optimisant la chaîne de production de ses activités. L'entreprise-plateforme crée et/ou capte de la valeur à partir des interactions entre producteurs et consommateurs.

+ Trois : L'entreprise traditionnelle tend à maximiser la valeur des produits et services proposés au client final, alors que l'entreprise-plateforme cherche à optimiser la valeur totale d'un écosystème, grâce à des processus itératifs, pilotés par les retours d'expérience.

---

[243]Van Alstyne. M. W, Parker. G. G, Choudary. S. P, «Pipelines, platforms and the new rules of strategy», Harvard Business Review, april 2016, pp. 54-62.

2.2. Plateformes numériques et Business models

La collecte des données et la captation de la valeur qui leur est rattachées, est l'une des caractéristiques principales de l'économie des plateformes.

Cette opération de collecte et de captation n'est pas nouvelle. La grande nouveauté est qu'elle se fait, depuis quelques années seulement, à une échelle phénoménale, grâce aux progrès technologiques réalisés dans la capacité de collecte et de transmission, mais aussi en matière de traitement et d'analyse des données grâce à des algorithmes sophistiqués.

Si l'on admet que la donnée est, pour les plateformes numériques, une marchandise comme les autres, force serait d'admettre qu'elle a une valeur économique intermédiée par le marché.

Mais la donnée n'est, malgré cela, pas une marchandise comme les autres, du moins par certaines de ses caractéristiques. Sa valorisation ne pourrait par conséquent, s'effectuer sur le marché, non seulement de par le caractère virtuel qui la caractérise, mais aussi de par le modèle économique, de nature écosystémique, qui la régit.

2.2.1. De la valeur économique des données

Il ne suffit pas, pour les plateformes numériques, de collecter les données ou de capter la valeur en provenant. Encore faudrait-il les stocker, les traiter, les analyser, en somme les transformer en informations utiles pour une prise de décision éclairée.

Il s'ensuit une chaîne de valeur qui se développe autour de plateformes et d'entreprises, qui contribuent à la production d'informations à partir des données, notamment leur collecte, leur acquisition, leur stockage et entreposage, leur modélisation, leur analyse et leur visualisation.

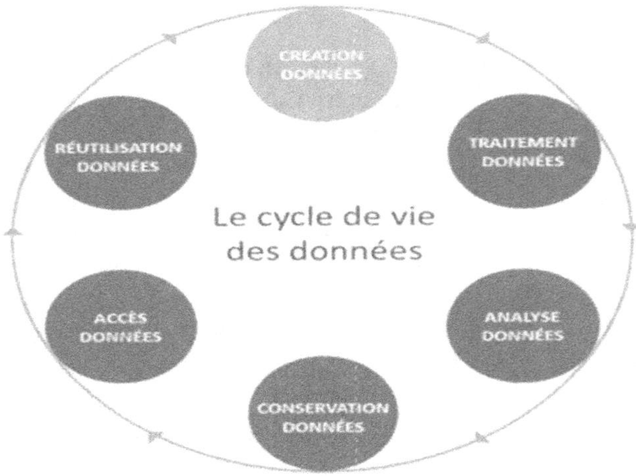

Schéma 19 : Cycle de vie des données[244]

Au niveau intérieur de la chaîne de la valeur, «le contenu informationnel est limité et par conséquent, les possibilités de création de valeur le sont aussi. La valeur augmente à mesure que le contenu en termes d'informations et de connaissances, augmente»[245].

Le produit de cette chaîne de valeur est constitué par ce que l'on appelle «l'intelligence numérique», laquelle intègre un ensemble plus large de technologies, avec des extrants d'une intelligence impressionnante fondée sur l'analyse des données et l'apport des algorithmes.

L'intelligence économique devient ici un véritable capital numérique qui repose sur quatre grandes composantes :

+ L'accès à d'importants volumes de données pertinentes,
+ Le contrôle de leur utilisation,
+La maîtrise du traitement et la transformation des données en intelligence numérique,
+ Et leur application aux processus de production[246].

[244]UK Data Archive, Londres, 2019.
[245]Unctad, «Rapport sur l'économie numérique 2019… », op. cit, p. 32.
[246]Ibid.

La valeur économique de ce capital numérique est générée par le biais des différentes formes de monétisation dont les données font l'objet.

Si la plupart des plateformes numériques offrent leurs produits, services ou contenus à titre «gratuit», les transactions qui en découlent sont génératrices de valeur pour les propriétaires de ces plateformes, pour la simple et grande raison que les utilisateurs leur fournissent différents éléments de leurs données (personnelles notamment) et les renseignent sur leur identité, leur localisation, leurs préférences ou leur comportement.

La création de la valeur intervient donc par la transformation des données en intelligence numérique, alors que la monétisation intervient via la sphère commerciale.

Le mode de monétisation et/ou de valorisation des données par les plateformes permet d'en identifier quatre grands types dont la plupart sont de nature transactionnelle[247] :

+ Les plateformes publicitaires, telles Facebook et Google, dont les revenus dépendent exclusivement du marché de la publicité. Ces plateformes ont de ce fait, grand intérêt à extraire, puis à stocker, modéliser et analyser les données personnelles de leurs utilisateurs, car elles sont sinon le déterminant, du moins le pilier de leurs activités de profilage puis de ciblage.

+ Les plateformes de commerce électronique, qui sont des places de marché en ligne qui permettent, à faibles coûts de transaction, aux acheteurs et aux vendeurs, d'échanger. Amazon, Alibaba, eBay en sont les exemples les plus représentatifs. Ces plateformes exploitent les données qu'elles collectent, pour améliorer leurs services et fiabiliser leur stratégie de ciblage, mais peuvent aussi s'en servir pour fixer le niveau de leur rémunération sur telle ou telle place de marché[248].

+ Les plateformes de produits, dont la fonction principale est de transformer un bien traditionnel en un service rentable, et notable de surcroît. Un tel procédé permet à ces plateformes de conserver le

---

[247]La classification est propre à l'Unctad. Cf. Unctad, «Rapport sur l'économie numérique 2019… », op. cit, p. 33.

[248]Apple par exemple, prélève une commission de 30% sur chaque vente d'application.

contrôle des données générées par l'utilisation des produits pour en faire un outil de marketing direct.

+ Les plateformes nuagiques, telles Amazon Web Services, Google Cloud Platform ou Alibaba Cloud, qui fournissent, en tant que services, «divers matériels, logiciels et outils de développement nécessaires dans le contexte de l'économie fondée sur les données»[249]. L'intelligence artificielle est d'un apport considérable pour ces services, tout autant que pour ces plateformes.

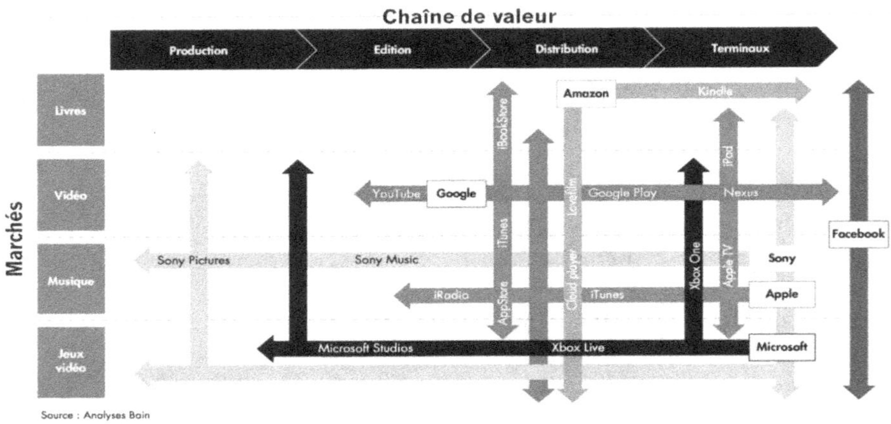

Schéma 20 : <u>Chaîne de valeur de quelques grandes plateformes</u>[250]

Il faudrait noter, pour l'un comme pour l'autre de ces types de plateformes, que les données collectées ne constituent qu'un potentiel de création de la valeur, d'autant que l'utilisation probable exacte de ces données n'est le plus souvent, pas connue à l'avance : seul l'usage qui en sera fait, définira en dernier lieu, sa «valeur finale».

Par conséquent, la valeur économique des données, sur une place de marché déterminée, ne s'établira qu'une fois que lesdites données auront été traitées et converties en informations utiles et en connaissances. C'est la raison pour laquelle l'on considère généralement que les données numériques et les plateformes, sont deux faces d'une même réalité, et ce pour une partie considérable de la création de valeur dans l'économie numérique. Les producteurs de

---

[249]Ibid.

[250]Bain&Company, october 4th, 2017.

données (brutes notamment) sont de ce fait, et les utilisateurs et les consommateurs individuels des plateformes.

Cela dit, il faudrait indiquer qu'il n'existe pas de marché spécifique auxquels les producteurs de données pourraient recourir pour générer une valeur monétaire, comme dans le cas de l'économie traditionnelle.

Dans le même temps, «si les producteurs de données et les plateformes jouent tous deux, un rôle déterminant dans le processus de création de valeur, les producteurs de données n'ont qu'un pouvoir de négociation limité face aux plateformes numériques, en bien meilleure position pour capter cette valeur»[251].

Si, dans l'économie traditionnelle, ce pouvoir, bien établi sur les marchés regroupant producteurs et consommateurs, détermine qui est le réel bénéficiaire de la valeur des biens et services, il n'en est pas de même s'agissant du «marché» des données, au sein duquel il est sinon difficile, du moins malaisé d'établir qui en est le propriétaire et par conséquent le bénéficiaire. Ceci est d'autant plus complexe que le terme de «propriété» lui-même semblerait, s'agissant des données, peu approprié, car en grande partie indéfini.

En effet, les données à caractère personnel par exemple «n'ont de valeur qu'en relation avec la personne dont les données sont recueillies et ne peuvent être vendues. Ce qui compte, c'est le contrôle, l'accès et les droits sur les données»[252].

Dans le cadre de l'économie numérique, ce sont les plateformes qui sont les extracteurs et collecteurs de données. Elles peuvent, de par ce simple fait, s'en approprier l'essentiel de la valeur.

Cela voudrait dire que les sources de données que sont les producteurs dont les données ont été recueillies, n'ont pas la possibilité, encore moins la capacité de capter la moindre partie de la valeur économique créée par leurs données. En même temps, une fois ces dernières extraites, les utilisateurs n'ont, le plus souvent, qu'un contrôle limité, pour ne pas dire nul, sur les différentes modalités de leur utilisation.

---

[251]Ibid.

[252]Cf. Léger. L (Ss. Dir.), «Mes data sont à moi. Pour une patrimonialité des données personnelles», Rapport, Génération Libre, janvier 2018, 148 p.

Ainsi, «contrairement aux ressources naturelles, aux autres sources physiques et aux diverses formes de connaissances, la valeur des données est unique, dans le sens où ces données ne peuvent jamais être totalement dissociées des personnes concernées, qu'il s'agisse d'individus ou de collectivités ou de communautés»[253].

La valeur réelle des données réside en fait, dans les informations que l'on peut en tirer de la personne considérée, c'est-à-dire la valeur qui n'a de sens qu'en rapport avec la personne ou la communauté en question.

La tâche est d'autant plus complexe que la production des données, et donc leur valeur, est fort fragmentée entre des réseaux, des chaînes d'approvisionnement ou des écosystèmes d'entreprises interconnectées.

En outre, la détermination de cette valeur reste tributaire de l'analyse des chaînes de valeur des activités traditionnelles ayant fait l'objet de numérisation, et des plateformes dont la nature et les caractéristiques sont d'essence éminemment numérique.

Mais cela n'est, dans tous les cas de figure, qu'un épiphénomène, car le Business model des plateformes numériques dépasse de loin celui des entreprises traditionnelles portées en partie seulement, par une stratégie de plateforme intégrée et cohérente.

2.2.2. Données et modèles d'affaires dans l'industrie des données

Nombreux sont ceux qui considèrent que l'un des plus importants aspects de la transformation numérique en cours, sera la création d'écosystèmes vastes et connectés. Nombreux aussi, sont ceux qui reconnaissent que cela n'a été et ne sera probablement possible que grâce aux plateformes.

Précisons, encore une fois, que les plateformes numériques sont structurées autour de modèles économiques reposant sur une infrastructure technologique étendue, dédiée à la création de la valeur, en facilitant les échanges entre individus et communautés d'individus.

En effet, les plateformes numériques regroupent des personnes, des processus, des technologies en réseau et un système de gouvernance,

---

[253] Ibid.

dont la «mission commune» est de permettre les échanges et les interactions de valeur dans un écosystème donné. Elles offrent, de ce fait, aux parties impliquées, des possibilités de collaboration et de transaction à une échelle largement étendue.

L'on a donc affaire, au sein de ces plateformes, à deux couches fonctionnelles, qui sont non seulement complémentaires, mais intimement inter-liées :

+ Les infrastructures, c'est-à-dire les technologies et les architectures informatiques sous-jacentes, qui offrent grâce au Cloud, aux API et à l'autonomisation IT, interopérabilité, sécurité, fiabilité et gestion des plateformes,

+ Et les interactions, c'est-à-dire les différents types de relations entre les producteurs, les consommateurs et les intermédiaires, en vue de la production et de la consommation de la valeur. C'est la raison pour laquelle ce qu'il est convenu d'appeler «modèles d'affaires»[254] reposent quant à eux, sur plusieurs composantes dont fondamentalement trois :

+ L'infrastructure technique de la production,
+ La structuration de la relation aux clients,
+ Et les modalités économiques de financement.

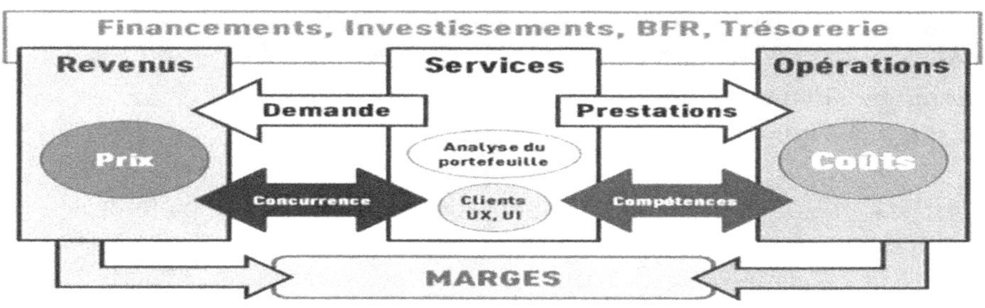

Schéma 21 : <u>Business model des plateformes numériques</u>[255]

---

[254]Cf. Poulain. A, Letor. M, «Business model d'une plateforme numérique mettant en relation des entreprises et des experts indépendants dans le domaine de l'ingénierie et de la technique», Mémoire, Louvain School of Management, UCLouvain, 2018-2019, 125 p.

[255]Rossotto. C. M, «Les plateformes numériques multi faces : opportunités et défis pour les pays émergents», LTE Magazine, 2 janvier 2019.

Or, du fait du périmètre étendu de la notion (celle des modèles d'affaires), l'on convient assez souvent pour l'employer à «expliquer et analyser différents phénomènes comme les types de modèles économiques mis en œuvre, les moyens de création et de capture de la valeur par des entreprises sur un marché, ainsi que plus largement, la manière dont la technologie participe à l'innovation dans l'architecture des revenus d'une entreprise ou d'une industrie»[256].

Il faudrait rappeler ici que l'essor des plateformes a de profondes implications tant au niveau de la nature des échanges ou des transactions dans certains secteurs, qu'au niveau de la capacité des entreprises à croître rapidement dans le temps et dans l'espace :

+ S'agissant de la nature des transactions, l'on ne cesse d'observer la tendance au passage de modèles d'interactions linéaires, en pipeline, à des formes de transactions recourant de plus en plus aux plateformes[257].

Dans les modèles de type pipeline, «les biens et services sont produits le long d'un ensemble d'activités linéaires et poussées (push) vers le client, tout au long d'une série d'étapes qui ajoutent de la valeur. Sans exclure nécessairement l'existence d'une chaîne logistique, l'essor des plateformes implique un déplacement du centre de gravité de la création de valeur vers les plateformes elles-mêmes. Grâce à elles, les entreprises et les particuliers peuvent facilement proposer une gamme plus diversifiée de produits et de services et toucher de nouveaux clients. Les modèles de types push sont remplacés par des modes d'activité de type pull, avec la fourniture d'un support et des services nécessaires aux parties, pour effectuer des transactions sur la plateforme»[258].

C'est la raison pour laquelle, dans l'économie des plateformes, la conception traditionnelle de l'offre et de la demande, puis de la

---

[256]Oukrat. A, «Le concept de modèle d'affaires : éléments de définition et état de l'art», In Benghozi. J-P (Ss. Dir.), «Entreprises culturelles et internet : contenus numériques et modèles d'affaires innovants», GIS Culture-Médias&Numérique, Paris, octobre 2012, p. 111.
[257]Van Alstyne. M. W, Parker. G. G, Choudary. S. P, «Pipelines, platforms… », op. cit, p. 9.
[258]Cf. Gawer. A, Cusumano. M, «How firms become platform leaders», MIT Sloan Management Review, Vol. 49, n° 2, 2008, pp. 28-35.

production et de la consommation, en tant que dualités nettement dissociées, ne s'applique plus[259].

Le nouveau modèle fonctionne de manière circulaire, comme une boucle de rétroaction dans laquelle les données et les interactions (c'est-à-dire le réseau) sont la principale ressource et source de valeur[260].

Autrement, dans les modèles économiques traditionnels, linéaires par leur nature, la valeur est créée en amont et transmise aux consommateurs en aval, ce qui n'est pas le cas avec les plateformes numériques.

Dans les modèles de plateformes, les intérêts d'un acteur vont bien au-delà d'une organisation unique et unifiée, pour englober les besoins de l'ensemble de l'écosystème.

La création de la valeur dans l'industrie des données prendra donc trois grands aspects :

+ «Créer des modèles de services autour des actifs existants : proposer des services périphériques augmentant le produit, comme la mise à disposition de données d'utilisation en open data, pour concevoir des applications ou de nouveaux services,

+ Partager des ressources afin d'optimiser au maximum leur utilisation : mutualiser des ressources de production et de services permet à un écosystème d'accéder à une capacité de production sans devoir investir dans des actifs,

+ Opérer des modèles de croissance non linéaire... Les infrastructures et les ressources humaines doivent être en adéquation des deux côtés de la plateforme, du client et du fournisseur»[261].

La force des modèles de plateforme réside donc dans leur capacité à permettre aux entreprises de réorienter leur stratégie, et de déplacer la logique de production de la valeur des marchés vers des places de marché.

---

[259]La production, dans cette conception, consiste en une chaîne d'approvisionnement linéaire d'entreprises intégrées, chacune ajoutant une part de valeur à une production.
[260]Ibid.
[261]World Economic Forum, «Digital transformation initiative : unlocking B2B platform value», White Paper, Davos, march 2017, 28 p.

En effet, «plutôt que d'être propriétaire de biens, de services ou de main d'œuvre spécifiques, une plateforme opère souvent en créant une nouvelle place de marché, permettant à différentes parties d'effectuer des transactions, et elle est en ce sens, légère en termes d'actifs physiques, du moins au stade initial»[262].

C'est pour dire que l'économie des plateformes met en évidence un changement considérable dans l'économie numérique dans son ensemble, dans la mesure «où la division de la valeur ne peut se comprendre sans référence à différentes plateformes, par opposition aux chaînes d'approvisionnement, aux nations, ou aux secteurs par exemple»[263].

Les secteurs étant astreints à inclure des plateformes multiples, il est fort important d'identifier leur imbrication, tout autant que les interactions dont elles sont à l'origine, pour pouvoir analyser toutes les implications économiques que cela induit ou pourrait induire.

Or, même si les propriétaires et les utilisateurs de plateformes (acheteurs et vendeurs en l'occurrence) contribuent ensemble à la production de la valeur, la manière dont celle-ci est répartie entre les différentes parties tend à être très inégale. Car, les propriétaires des plateformes peuvent non seulement imposer des coûts initiaux aberrants, mais aussi des frais supplémentaires dissuasifs aux utilisateurs de leurs services, particuliers comme entreprises.

Une telle tendance est fort accentuée dans les plateformes dédiées au commerce électronique, notamment celles à but éminemment lucratif. Ces plateformes captent en effet, une part considérable de la valeur des échanges, par le biais de frais ou de commissions, renforçant ainsi par là, l'inégalité dans la répartition de la valeur.

C'est un modèle qui pénaliserait des pans entiers de l'économie traditionnelle, mais dont les résultats peuvent être probants à moyen et long terme.

---

[262]Les plateformes dites d'auto-partage, connaissent une expansion rapide et à faible coût, car elles n'ont pas à engager d'actifs de base, ni d'actifs physiques ou humains. Cf. pour plus de développements sur ce point : Paquerot. M, Queffelec. A, Marie de Chastenay. J-P, «Les plateformes de solutions de mobilité dans l'économie collaborative, plus distributeurs que disrupteurs ?», Colloque Etienne Thi, janvier 2017, 23 p.

[263]Unctad, «Rapport sur l'économie numérique 2019… », op. cit, p. 44.

Autrement, le modèle d'affaires des plateformes peut induire la création de valeur dans les secteurs de l'économie traditionnelle, mais sans pour autant opérer un changement de structure au niveau des trois secteurs.

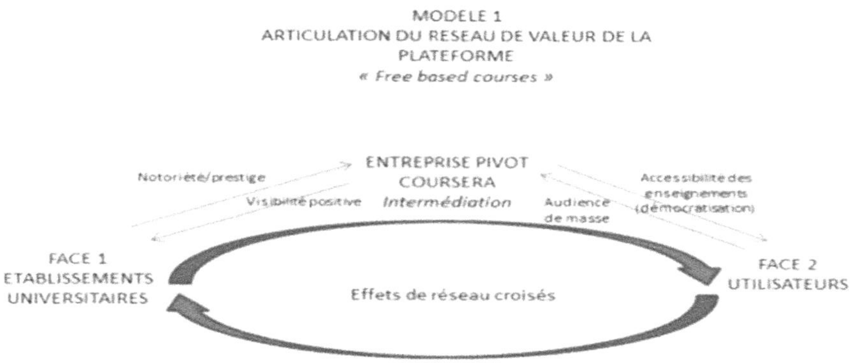

Schéma 22 : Articulation du réseau de valeur de la plateforme[264]

Par contre, «en ajoutant de la valeur par la numérisation dans tous les secteurs, la transformation structurelle peut intervenir en interne, au sein des secteurs»[265].

Mais cela exige, sans nul doute, des études fines pour pouvoir identifier et analyser la création de valeur tout au long de la chaîne de valeur des données, tous secteurs confondus.

2.2.3. Plateformes numériques et modèles d'affaires fondés sur la donnée

Le concept de «modèles d'affaires» est apparu avec l'essor de l'internet et des plateformes numériques. Il doit son succès à sa relative plasticité. Il a pour ambition de décrire le processus de création et de capture de la valeur sur un marché et/ou sur une place de marché.

---

[264] Acquatella. F, Fernandez. V, Houy. T, «Le cas Coursera ou la préfiguration des changements en cours sur les plateformes d'apprentissage en ligne», Distances et Médiations des savoirs, n° 24, 2018.

[265] Unctad, «Rapport sur l'économie numérique 2019… », op. cit, p. 49.

Si la notion de modèles d'affaires relevait initialement du marketing et des sciences de gestion, c'est parce qu'on en faisait un outil conceptuel, tout autant d'ailleurs que la notion de chaîne de valeur. Cette dernière peut être définie comme «la façon dont s'organisent et s'articulent les différents intervenants dans la chaîne de production d'un bien ou d'un service, contribuant à créer ou à ajouter une valeur économique»[266].

Le processus et les mécanismes de capture de la valeur dans ladite chaîne, sont donc des éléments centraux.

Dans le domaine des réseaux et des plateformes, les modèles d'affaires consistent en la façon de créer de la valeur et de la partager entre les différents acteurs de l'écosystème. C'est la raison pour laquelle, ces modèles sont évolutifs et provisoires.

Evolutifs parce que «chaque firme peut beaucoup évoluer du fait des stratégies d'apprentissage, des mécanismes d'essai-erreur et d'adaptation face à un environnement mouvant technologiquement, où la dématérialisation des services appelle de nouvelles relations avec les consommateurs»[267].

Provisoires, car un modèle d'affaires «est susceptible d'évoluer dans le temps et d'être remplacé par un modèle amélioré, qui prend appui sur des innovations techniques et organisationnelles plus pointues»[268].

C'est la raison pour laquelle certains modèles d'affaires, dans le domaine numérique et sur internet en général, s'affirment rapidement, alors que d'autres disparaissent tout aussi rapidement. Dans l'économie des plateformes, l'on identifie deux courants complémentaires qui tentent d'y identifier les contours des modèles d'affaires :

+ Le premier se penche sur les modèles d'affaires innovants de l'économie numérique pour en réaliser la typologie,

---

[266]Benghozi. P-J, «Relations inter-entreprises et nouveaux modèles d'affaires», Revue économique, n° 52, juillet 2001, p. 169.
[267]Benghozi. P-J (Ss. Dir.), «Entreprises culturelles et internet… », op. cit, Introduction.
[268]Teece. D. J, «Business models, business strategy and innovation», Long Range Planning, n° 43, 2010, p. 187.

+ Le second s'intéresse aux différentes composantes des modèles d'affaires pour en tenter une combinaison.

Dans la pratique, la plupart des modèles d'affaires numériques «combinent des façons innovantes d'organiser la relation entre l'offre et la demande, des stratégies de prix qui prennent en compte les effets de réseau, les spécificités de l'information en tant que bien public, ainsi que la capacité à différencier et à discriminer les utilisateurs, offerte par les technologies numériques»[269].

Il faudrait noter ici que le web 2.0 a fortement contribué à l'innovation des modèles d'affaires, par les sites de contenus auto-produits, tout autant que par les plateformes de partage des vidéos ou par les sites des réseaux sociaux.

La plupart des approches, descriptives ou analytiques, des modèles d'affaires fondés sur les données, relatent deux dimensions essentielles : l'origine des données, puis le positionnement de l'entreprise dans la chaîne de valeur.

+ La première dimension de la typologie «repose sur l'origine des données qu'utilisent les entreprises, en distinguant des entreprises qui utilisent principalement des données librement et gratuitement accessibles, des entreprises qui analysent les données fournies par leurs clients, des entreprises qui génèrent et collectent, grâce à différentes méthodes, des données»[270].

+ La seconde dimension est fondée sur «la nature des traitements qui s'appliquent aux données, et donc à l'activité principale sur les données, positionnant ainsi l'entreprise dans une chaîne de valeur de la donnée. Elle distingue ainsi une activité d'agrégation de la donnée, d'une activité d'analyse, d'une activité de génération de nouvelles données»[271].

La typologie en six versants qui en résulte est la suivante[272] :

---

[269]Brousseau. E, Pénard. T, «The economics of digital business models : a framework for analyzing the economics of platform», Review of Network Economics, n° 2, june 2007, pp. 81-114.
[270]Isaac. H, «Données, valeur… », op. cit, p. 29.
[271]Ibid.
[272]La typologie est empruntée à : Isaac. H, «Données, valeur… », op. cit, p. 29 et suivantes.

+ Le premier type d'entreprises est constitué des agrégateurs et collecteurs de données brutes, accessibles gratuitement, principalement sur les réseaux sociaux, dont essentiellement Facebook, Twitter ou encore Youtube. La valeur ajoutée qu'ils captent provient de cette opération d'agrégation et de mise à disposition de ces données. L'on recourt, pour ce faire, à des API ou à toute autre forme de visualisation,

+ Le second type d'entreprises correspond à celles qui fournissent des services d'analyse des données de leurs clients, avec un modèle de revenus fondé essentiellement sur l'abonnement,

+ Le troisième type concerne les entreprises qui collectent elles-mêmes les données, qu'elles traitent et commercialisent auprès de leurs utilisateurs,

+ Le quatrième type consiste en les entreprises qui collectent les données accessibles gratuitement, qu'elles analysent et qu'elles commercialisent directement à leurs clients,

+ Le cinquième type est représentatif des entreprises qui agrègent plusieurs sources de données, qu'elles appartiennent ou non à leurs clients,

+ Le sixième type se rapporte aux entreprises qui agrègent les données propres à leurs clients, avec d'autres sources de données externes (gratuites le plus souvent) pour les analyser et les mettre à la disposition de leur clientèle.

Cette typologie en six versants est fort instructive, car elle permet de renseigner sur la variété des différents positionnements possibles au sein de l'industrie des données.

Il serait tentant d'évoquer ici la problématique des données dans les modèles d'affaires classiques, pour entrevoir la nouveauté apportée par les modèles d'affaires des plateformes. Dans le premier cas, l'on a souvent affaire à des modèles génériques au sein desquels :

+ Les données collectées par une entreprise, sont revendues à une autre. C'est le cas des entreprises du mobile qui revendent les données de leurs abonnés aux entreprises intéressées par la mobilité de leurs clients,

+ Les données collectées initialement dans une activité, mais qui sont revendues à des entreprises opérant dans un segment proche de l'activité initiale. C'est le cas par exemple, des banques qui se diversifient dans le domaine des assurances,

+ Les données collectées par une entreprise et revendues à une autre pour améliorer son service final. C'est le cas des modèles de la chaîne logistique dans l'industrie automobile ou dans la grande distribution.

Dans la majorité de ces cas de figure, les modèles d'affaires sont fondés sur la production et la captation de la valeur entre deux ou plusieurs marchés (cf. Chapitre Premier).

En revanche, dans les modèles d'affaires des plateformes numériques (second cas), les données ne sont pas des «extra». Elles constituent la ressource centrale d'une plateforme, sa monnaie en quelque sorte. Elles sont au cœur de la logique même de ces modèles. Ces derniers s'imposeront encore davantage que «le numérique développera la connectivité des objets, généralisant ainsi le modèle de la donnée dans les plateformes qui seront associées aux objets connectés»[273].

L'on retient assez souvent, l'exemple de l'internet des objets, pour montrer le passage d'un modèle d'affaires centré sur l'objet physique, à un modèle d'affaires dans lequel «le produit n'est qu'un prétexte à des prestations de service proposées par une plateforme créée autour du produit, dont la fonction réside dans le partage des données produites par l'objet connecté et enrichies par les partenaires»[274].

Autrement, un produit quelconque peut devenir intelligent en lui ajoutant des fonctionnalités à base de composantes électroniques. Cet ajout de connectivité produit ainsi et enrichit les possibilités de création de la valeur.

---

[273]Cf. pour plus de développements : El Yahyaoui. Y, «Ecosystème des données numériques… », p. 80 et suivantes.
[274]Isaac. H, «Données, valeur… », op. cit, p. 24.

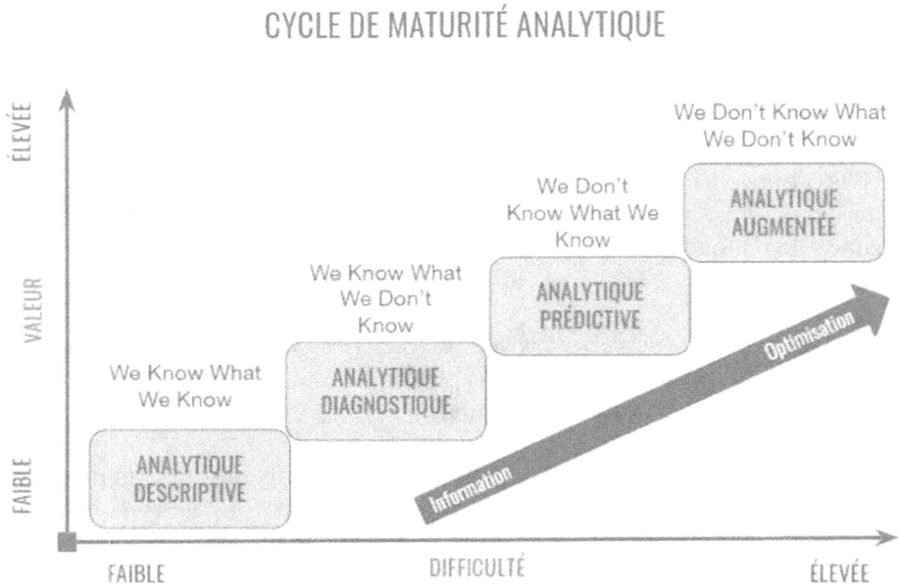

Schéma 23 : Cycle de maturité des données[275]

Il s'agit d'une sorte de migration de la valeur, son déplacement du produit vers le service. Le modèle d'affaires ne pourrait qu'en subir l'effet d'évolution, le produit étant devenu un support à des prestations de service.

En fin de parcours, la migration de la valeur finit par se compléter, «puisqu'elle n'est plus le fait du produit et de l'entreprise qui commercialise celui-ci, mais le fait d'une plateforme qui autorise et facilite la construction d'une proposition de valeur résultante d'un écosystème»[276].

Le modèle d'affaires des plateformes s'inscrit donc, dans une logique au sein de laquelle la création de valeur repose sur la production des données permise par la numérisation et la transmission des données issues du produit, puis leur valorisation directe ou indirecte, par le biais d'une logique de plateforme.

[275]Kamena. R, «Qu'est-ce qu'un lac de données (Data Lake) ?», Blog, 1er juin 2020.
[276]Ibid.

2.3. Plateformes numériques et chaînes de valeur : cas des plateformes d'innovation

Espaces collaboratifs, open labs, incubateurs, espaces de co-working, marketplaces... etc., autant de termes disponibles aujourd'hui, pour évoquer l'existence de nouveaux lieux d'innovation qui émergent partout et regroupent un nombre croissant d'acteurs économiques, dont notamment les plateformes numériques.

Ce foisonnement de nouveaux lieux s'accompagne imperceptiblement d'une approche renouvelée des modèles d'innovation, parallèlement ou de manière concomitante, à l'émergence de nouveaux modèles d'affaires centrés sur la production des données et la captation de la valeur.

Le modèle des plateformes d'innovation ne ressemble pas au modèle d'organisation traditionnel cerné par des frontières bien définies, avec une chaîne de valeur hiérarchique au centre de la gouvernance des différentes activités.

La plateforme d'innovation, outre le fait qu'il s'agit d'une infrastructure technologique, est aussi un dispositif de génération de la valeur, ne serait-ce que par la fonction d'intermédiation dont elle est à l'origine. L'exemple le plus représentatif d'une «innovation», source de valeur, parce que plateformisée, est celui de l'internet des objets.

Dire cela reviendrait à dire que l'innovation dans l'économie des plateformes, s'inscrit au cœur même du processus de la valeur, en interpellant «la science des données», tout autant que celle de l'algorithmique[277].

2.3.1. Les plateformes d'innovation : un nouveau mode de captation de la valeur

La captation de la valeur provenant de la collecte et du retraitement de la donnée, n'est pas propre, encore moins l'apanage unique des plateformes d'innovation. Elle est de la raison d'être même de l'ensemble des plateformes numériques.

---

[277]Cf. Choudary. S. P, «Platform scale : how an emerging business model... », op. cit, 336 p.

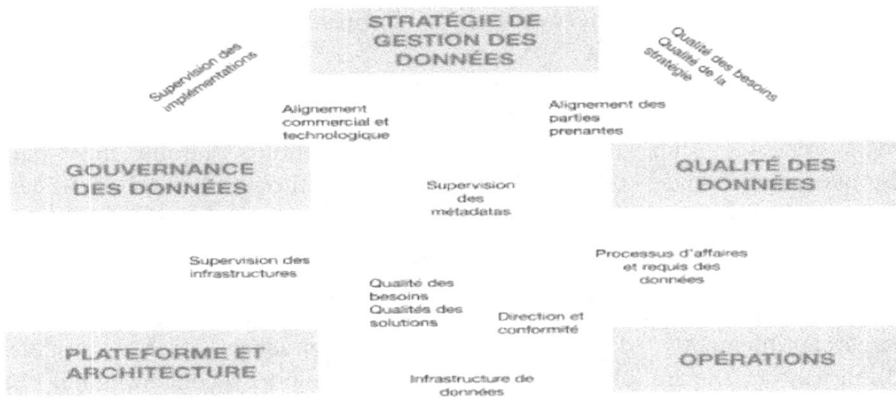

Schéma 24 : Le lac des données[278]

Nombreux sont les travaux qui mettent en évidence le processus conduisant les entreprises (dont les plateformes) à exploiter les données, à les croiser au mieux, en vue d'accélérer l'innovation et par conséquent, la mise sur le marché de nouveaux produits[279].

Plusieurs formes sont ainsi identifiées :

+ Premièrement, apparaissent des configurations dans lesquelles «le consommateur innove conjointement avec la firme, en apportant des idées nouvelles, ainsi que l'expression de besoins que la société n'aurait pas encore perçus,

+ Deuxièmement, la mise en relation des internautes entre eux, dans le but d'échanger et de travailler ensemble, a été une grande tendance de ces dernières années, et ne fait que s'amplifier. Ici, l'entreprise profite de ce travail collaboratif qui, via un mouvement bottom up, remonte vers elle pour alimenter son potentiel d'innovation»[280].

Le crowdsourcing est le plus souvent associé à la production collective de biens par la communauté des internautes, et ce à partir de trois principaux piliers :

+ Une innovation ascendante, allant de l'internaute vers la firme,

---

[278]Kamena. R, «Qu'est-ce qu'un lac de données (Data Lake) ?», Blog, 1er juin 2020.
[279]Cf. entre autres : Chesbrough. H, «The era of open innovation», MIT Sloan Management Review, Vol. 44, n° 3, 2003, pp. 34-42.
[280]Ibid.

+Un espace collaboratif dans lequel les internautes interagissent pour aboutir au «produit» final,

+Et l'externalisation de certaines fonctions de la firme, telles le marketing ou le commercial[281].

De nombreux sites font appel à la «masse» pour développer leurs contenus, s'assimilant par là à de véritables plateformes. Wikipédia, site-plateforme collaboratif, développe ainsi ses contenus grâce à l'apport et aux interactions de ses utilisateurs. La valeur captée n'est, dans ce cas précis, pas marchande, puisque le site est considéré comme relevant du bien commun, les utilisateurs-contributeurs n'étant d'office pas rémunérés[282].

+ Troisièmement, «des plateformes se sont créées pour mettre en relation firmes et internautes, dans le cadre d'un marché des idées et/ou des innovations. Ces plateformes aident les entreprises à accéder à des connaissances externes dans leur activité de conception et d'innovation auprès de la foule des anonymes»[283].

Il s'agit là, d'une nouvelle forme de sourcing des entreprises, plus large que le modèle traditionnel, car fondée sur un processus d'externalisation auprès d'acteurs économiques du réseau direct.

Mais il s'agit aussi de cas de plateformes d'intermédiation qui n'offrent pas un espace de collaboration entre internautes. L'on a plutôt affaire à un travail qui relève de l'individu pris isolément.

Aux plateformes d'innovation correspondent donc des marchés de l'innovation, au sein desquels les internautes opèrent individuellement et offrent leur «produit» selon les lois de l'offre et de la demande. Les rapports des internautes à la firme sont, de ce fait, intermédiés par les plateformes selon trois cas de figure :

---

[281]Cardon. D, «La trajectoire des innovations ascendantes : inventivité, coproduction et collectifs sur internet», In Colloque «Innovation, usages, réseaux», Montpellier, novembre 2006, 21 p.
[282]Cf. Sahut. G, «Wikipédia, une encyclopédie collaborative en quête de crédibilité : le référencement en questions», Thèse, Université Toulouse - Jean Jaurès, novembre 2015, 795 p.
[283]Liotard. I, «Les plateformes d'innovation sur internet : arrangements contractuels, intermédiation et gestion de la propriété intellectuelle», Management International, HEC Montréal-Université Paris-Dauphine, 2012, p. 131.

+ « L'intermédiation comme outil de co-conception (où) l'intelligence collaborative est mise en avant, et les sites s'appuient sur le travail collectif des internautes,

+ L'intermédiation comme sous-traitance de l'innovation à des experts externes : sur le modèle d'un concours en ligne, les entreprises attendent des internautes qu'ils apportent une solution à un problème posé (le travail est ici individuel et non collaboratif),

+ L'intermédiation comme démocratie d'opinion des consommateurs ayant pour but de proposer des productions originales de créateurs, qui seront choisies et sélectionnées par le vote des internautes eux-mêmes»[284].

Il en découle naturellement trois grands business models : celui de la plateforme intégrée, puis de la plateforme de produit et celui de la plateforme biface.

Mais ce qui est particulier aux plateformes d'intermédiation dédiées à l'innovation, c'est qu'elles sont génératrices de valeur (au sens de captation de celle-ci) à travers une nouvelle forme d'organisation liant des entreprises demandeurs de «solutions spécifiques», à des internautes prédisposés à innover individuellement pour satisfaire de telles demandes. Cela peut se constater à travers trois niveaux complémentaires :

+ Au niveau de l'externalisation d'une partie de la fonction Recherche & Développement, cœur battant des entreprises innovantes.

En effet, contrairement au modèle d'externalisation traditionnel, selon lequel l'on ne sous-traitait que les fonctions classiques (marketing, logistique, comptabilité… etc.), les firmes sont de plus en plus enclines à sous-traiter des solutions de recherche ou de développement spécifiques.

Ce qui est autrement nouveau, avec ces plateformes d'intermédiation, «c'est la demande par l'entreprise d'une solution le

---

[284]Pelissier. C, «Le crowdsourcing, une intermédiation hybride du marché. De nouvelles formes d'organisation innovante par une articulation entre logiques marchandes et dynamiques communautaires», 5èmes Doctoriales du GRD TIC&Société, Université de Rennes, 24-25 juin 2008, pp. 13-14.

plus souvent clé en main, proposée par un internaute anonyme, n'appartenant pas au réseau identifié de la firme»[285].

Dire cela reviendrait à dire que l'on est bel et bien en présence d'un marché, puis d'une demande d'innovation, puis d'une offre de solutions, puis d'un prix, les brokers étant de simples facilitateurs des transactions effectuées.

Les plateformes d'innovation sont, par conséquent, ces intermédiaires par lesquels s'opère la mise en relation, en proposant des arrangements précis, source de création de valeur.

Le partage de cette dernière, jadis soumis à la logique des brevets et des licences, prendra des formes contractuelles, flexibles et négociées au cas par cas.

L'on rappelle ici que le «marché» des brevets et licences est, le plus souvent, objet de critiques et de contestations, car incomplet et portant la marque d'une grande asymétrie de l'information[286].

En intervenant entre les demandeurs de solutions techniques et les offreurs desdites solutions, les plateformes d'innovation prennent en charge la mise en présence des deux parties qui n'auraient jamais pu être mises en relation sans leur entremise.

Autrement, «l'architecture de ces plateformes et les mécanismes à l'œuvre pour organiser les relations à tous les stades, constituent la réelle valeur ajoutée de ces structures, visant à organiser au mieux l'échange entre les deux parties»[287].

---

[285]Liotard. I, «Les plateformes d'innovation sur internet… », op. cit, p. 132.

[286]Cf. pour plus de développements : Beggs. B, «The licensing of patents under asymetric information», International Journal of Industrial Organization, n° 10, 1992, pp. 171-191.

[287]Liotard. I, «Les plateformes d'innovation sur internet … », op. cit, p. 134.

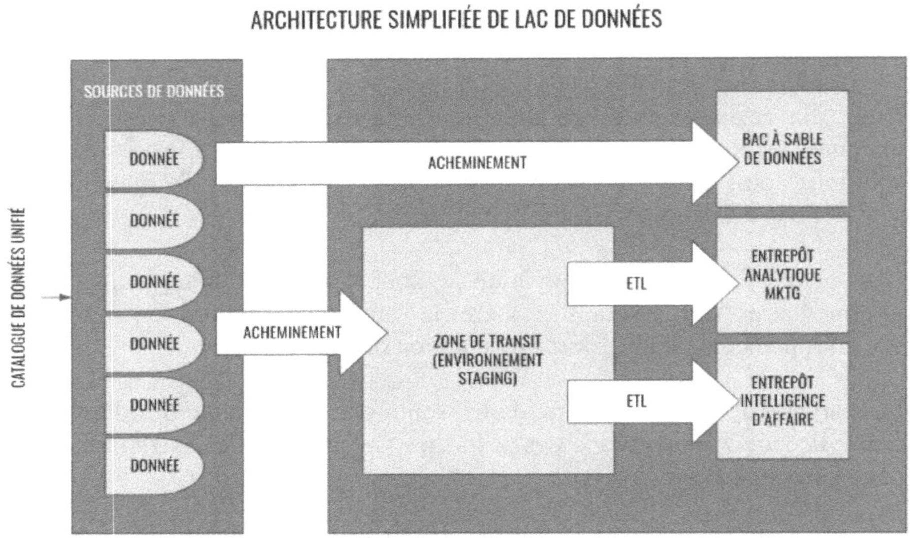

Schéma 25 : Architecture du lac des données[288]

Ces mécanismes, outre qu'ils atténuent considérablement l'effet d'asymétrie de l'information, permettent d'abord d'organiser les relations entre deux parties de poids économiques peu comparables (un internaute, vendeur de petite taille, et un acheteur, la firme, de grande envergure ou multinationale). Ils permettent ensuite de négocier un prix qu'on arrête à l'avance de manière à ne pas léser le vendeur. Ils permettent enfin, de finaliser la transaction dans l'intérêt des deux contractants. L'on assiste, de ce fait, à un processus qui ne pourrait être que générateur de valeur[289].

Cela dit, il faut noter que les travaux sur la création de valeur attachée aux plateformes d'innovation, retiennent généralement quatre dimensions principales : l'efficacité, la complémentarité, le verrouillage et la nouveauté.

+ «Le premier critère fait référence au fait que l'efficacité de la transaction s'accroît quand les coûts par transaction diminuent. Internet permet ainsi, de réduire les asymétries entre acheteurs et vendeurs par le biais d'une information à jour et claire,

---

[288]Kamena. R, «Qu'est-ce qu'un lac de données (Data Lake) ?», Blog, 1er juin 2020.

[289]Cf. Lebraty. J. F, Lobre. K, «Créer de la valeur par le crowdsourcing : la dyade Innovation-Authenticité», Systèmes d'Information et Management, Vol. 15, n° 3, 2010, pp. 9-40.

+ La complémentarité signifie que posséder collectivement un ensemble de biens procure plus de valeur, plutôt que de posséder chacun des biens séparément,

+ Le verrouillage souligne que la valeur s'accroît si les clients répètent la transaction et les partenaires poursuivent leur association,

+ La nouveauté concerne la façon dont est pensée la structure des transactions»[290].

La plupart des plateformes d'innovation sur Internet, répondent, totalement ou en grande partie, à ces critères :

+ «L'efficacité passe par la rapidité des transactions et des relations transitant par la plateforme. Elle concerne également la capacité de l'intermédiaire à réduire les coûts de recherche de l'information pour le demandeur de solutions, face aux scientifiques du monde entier,

+ Ces intermédiaires permettent aux firmes d'accéder à des ressources complémentaires aux leurs,

+ Pour fidéliser les clients, ces plateformes mettent sur pied des sites dédiés, enrichis constamment, des portails et des blogs,

+ Ces plateformes développent en permanence de nouveaux services»[291].

2.3.2. Plateformes d'innovation : l'exemple de l'Internet des objets

Les plateformes numériques sont au cœur des stratégies de croissance des entreprises. Elles se situent au fondement de nouveaux services et de nouveaux produits.

C'est la raison pour laquelle, l'un des enjeux majeurs de l'économie numérique est, pour les entreprises, de parvenir à constituer des plateformes, et pour les entreprises traditionnelles de se muer en plateformes.

---

[290]Amit. R, Zott. C, «Value creation in e-business», Strategic Management Journal, Vol. 22, 2001, pp. 493-520.
[291]Ibid.

L'application Facebook n'a pas tardé à se muer en plateforme, pour justement permettre à des développeurs de concevoir des applications accessibles depuis les profils des utilisateurs[292].

Il en est de même pour Amazon. D'application web spécialisée dans la vente en ligne initialement, elle s'est muée aujourd'hui en plateforme, permettant ainsi à des particuliers et à des entreprises de commercialiser leurs biens et services, en bénéficiant des ressources de la firme en termes de logistique et de réputation[293].

Dans la foulée, le développement du numérique et l'augmentation exponentielle des ordinateurs, des tablettes et des smartphones, ont engendré des quantités inédites de données, dont il faudrait collecter, traiter et analyser pour en générer de la valeur.

L'internet des objets, fondement du Big Data, n'est de ce fait, plus réservé aux entreprises technologiques, pour lesquelles ces objets étaient au cœur de leur fonction de production. Il a envahi l'ensemble du tissu productif, induisant par là une véritable structuration de l'offre des entreprises. Cette dernière se structure, elle aussi, et de plus en plus, autour d'acteurs traditionnels et autour de nouveaux acteurs à la recherche de parts de marché.

L'on est presque ici en face d'un écosystème des objets connectés dont les acteurs constituent ce que l'on pourrait appeler «la nébuleuse de l'internet des objets». Y sont dénombrés ainsi :

+Les concepteurs et fabricants d'objets à connecter,

+Les fabricants des composants de modules, qui apportent de la connectivité aux objets, via des composants matériels et logiciels embarqués…,

+Les opérateurs et équipementiers de réseaux permettant de connecter les objets et les services du Cloud…,

---

[292]Cf. El Yahyaoui. Y, «Ecosystème des données numériques… », op. cit, p. 57 et suivantes.

[293]Cf. Fombrun. C, «Reputation: realizing value from the corporate image», Harvard Business School Press, 1996, 456 p. Alloing. C, «Processus de veille par infomédiation sociale pour construire l'e-réputation d'une organisation», Thèse, Université de Poitiers, 2013, 571 p.

+Les opérateurs du Cloud assurant principalement le stockage et le traitement des données brutes…,

+Les fournisseurs d'interfaces logicielles, ou de middleware, permettant de faire communiquer les différents objets…,

+Les intégrateurs qui orchestrent l'ensemble des briques précédentes, en assemblant d'abord les différentes couches physiques, objets et capteurs, pour concevoir le produit final, puis peuvent le relier via les réseaux au Cloud, d'où il est géré et où ses données sont stockées et analysées pour être ensuite exploitées en vue de futurs services…,

+Les fournisseurs de services et agrégateurs, qui exploitent les données des utilisateurs générées par les objets, pour répondre à leurs besoins. Les éditions classiques des plateformes numériques se sont, elles aussi, positionnées sur ce segment,

+En parallèle, les acteurs de la sécurité, présents à tous les niveaux de la chaîne, depuis la conception de l'objet jusqu'aux services. Dans le meilleur des cas, ces acteurs issus du monde de la sécurité informatique, travaillent en étroite collaboration avec tous les acteurs de la chaîne de valeur[294].

Ce nouvel écosystème de l'Internet des objets concentre une création de valeur très importante et en hausse régulière. Car les objets connectés sont porteurs de considérables gains de productivité et d'économies.

«Ils améliorent, grâce aux données collectées, la relation à leur clientèle (retours d'expérience, fidélisation, personnalisation de l'offre). L'étendue de la création de valeur des objets connectés pour les entreprises est encore à explorer, mais de nombreuses nouvelles façons de travailler, de produire ou de servir sont déjà identifiées»[295].

Si le Cloud est au cœur de l'architecture de l'Internet des objets, c'est parce qu'il permet justement l'intermédiation et l'interconnexion des services des entreprises sur une plateforme, ainsi qu'une gestion dynamique des données récoltées par les objets connectés.

---

[294]Erhel. C, De la Raudière. L, «L'internet des objets. Le numérique à l'ère de la prédiction», Projet de rapport d'information, Sénat, Paris, juillet 2016, pp. 30-31.

[295] Erhel. C, De la Raudière. L, «L'internet des objets… », op. cit, p. 32.

L'identification des caractéristiques de l'Internet des objets est, de ce fait, fort importante pour «mettre le doigt» sur les niveaux à partir desquels il y a lieu de création de valeur.

L'Union Internationale des Télécommunications en retient cinq :

+ « L'interconnectivité : les objets peuvent être connectés entre eux et à l'ensemble de l'infrastructure internet,

+ Les services propres : les objets fournissent des services de façon intrinsèque,

+ L'hétérogénéité : les dispositifs utilisés pour le fonctionnement des objets, sont hétérogènes (logiciels, réseaux, caractéristiques physiques),

+ Les changements dynamiques : les objets évoluent dans un environnement qui évolue (emplacement, vitesse) et le nombre de dispositifs évolue également, avec l'apparition de nouvelles vagues technologiques,

+ La très grande échelle : les dispositifs qui devront être gérés et qui communiquent entre eux, seront sensiblement plus nombreux que ceux connectés à internet aujourd'hui»[296].

Il s'agit donc, en partie du moins, d'une innovation de rupture, c'est-à-dire d'un changement de volume quant à l'impact des objets connectés sur les modes de production et de consommation.

Car il est de plus en plus plausible de partir de n'importe quel produit, de raisonner sur sa connectivité et de déduire le modèle d'affaires qui lui est propre, autrement, de lui adjoindre une fonctionnalité supplémentaire, grâce à des composants électroniques, et de le rendre ainsi intelligent.

L'exemple de la chaudière est, à ce niveau, fort illustratif.

En effet, «une chaudière peut être améliorée, en lui incorporant une carte électronique qui régule la température. On passe du produit au produit intelligent doté d'une fonctionnalité supplémentaire. En ajoutant une connectivité à ce produit, on enrichit les possibilités de

[296] UIT, «Présentation générale de l'internet des objets», Recommandation Y.2060, Genève, juin 2012.

création de valeur… Notre chaudière, devenue connectée, peut transmettre les données à un serveur qui propose des interventions en cas d'arrêt anormal de celle-ci. On assiste ici à une première migration de la valeur, qui se déplace du produit vers un service, du fait de l'ajout d'une connectivité qui autorise un traitement des données produites par l'objet. Le modèle d'affaires évolue donc, le produit devenant un support à des prestations de service»[297].

Dans une étape ultérieure, les données de la chaudière pourraient être analysées et versées dans une base de données centrale, qui pourrait analyser les pannes éventuelles et établir un modèle de maintenance prédictive de la chaudière.

Ainsi, «la combinaison des données de la chaudière avec d'autres services, permet d'accroître les services proposés et d'enrichir la proposition de valeur. La valeur continue de se déplacer vers des services, la chaudière devenant un composant dans un système de valeur»[298].

En dernier lieu, les partenaires pourraient accéder à une plateforme sur laquelle «ils peuvent accéder à des données produites par l'ensemble des chaudières d'un constructeur, y proposer différents services complémentaires que la plateforme autorise et contrôle par le biais de différents mécanismes : homologation, certification, contrôle d'accès aux données par l'intermédiaire d'une API…etc.»[299].

L'on aboutit donc inévitablement à une logique de plateforme, puis d'écosystème, puisque la migration de la valeur est quasi-complète à partir du moment où cette dernière n'est plus le fait du produit, encore moins de l'entreprise qui le commercialise, mais plutôt le fait de la plateforme qui intermédie et facilite la construction d'une proposition de valeur résultante d'un écosystème.

C'est pour dire que l'analyse des caractéristiques de l'Internet des objets, pris dans leur complémentarité, permet d'identifier les principales «étapes» de la transformation de la donnée en valeur. Ainsi, la dotation d'un objet de capteurs, rendue possible grâce à la miniaturisation, ne produit pas de valeur réelle, car les données collectées «ne font pas l'objet d'un traitement algorithmique

[297]Isaac. H, «Valeur, données… », op. cit, p. 34.
[298]Ibid.
[299]Ibid.

spécifique, et ne sont pas combinées à d'autres données, ni partagées avec des partenaires»[300].

Lorsque les données sont utilisées pour surveiller le bon fonctionnement du produit, celles-ci ne font l'objet que d'un traitement limité à l'objet lui-même. Ce dernier est rendu ici intelligent, mais sans qu'il soit connecté pour générer de la valeur.

Par contre, quand les données sont collectées, transmises et agrégées via des algorithmes, elles permettent la production de nouveaux services, de la valeur ajoutée et donc de la valeur. C'est à ce niveau qu'intervient la plateforme d'innovation, car elle devient en mesure de donner l'accès à des tiers qui viennent, par un processus de rétroaction, enrichir la plateforme et accroître la valeur de l'objet initialement connecté.

2.3.3. Plateformes d'innovation, pouvoir des algorithmes et valeur

Tant qu'elle n'est pas mise en contexte et interprétée, la donnée demeure un simple fait brut.

Les données tirent leur force et leur valeur, des opérations de production, de circulation, d'agrégation et de mise en forme dont elles font l'objet. Leur transformation en information et en connaissance (en sens, diraient d'aucuns) nécessite un traitement et un retraitement selon une grille prédéterminée, et grâce à des outils prédéfinis, dont fondamentalement l'algorithme. Ce dernier est une suite infinie d'opérations et d'instructions, déterminée de manière précise, pour résoudre un problème ou obtenir un résultat.

Ainsi, «l'algorithme reçoit des données en entrée, par exemple la liste des objets à trier, la description des ressources à assigner, celle des besoins à satisfaire, les informations à transmettre et l'adresse du destinataire... et il produit en sortie, d'autres données, par exemple la liste des objets triés, les associations ressources-besoins, un compte rendu de transmission, la traduction du texte soumis en entrée... etc.»[301].

---

[300]Isaac. H, «Valeur, données... », op. cit, p. 35.
[301]CSA Lab, «Les mutations de la mise à disposition de contenus audiovisuels à l'ère du numérique : conséquences et enjeux. Rapport 1 : Le rôle des données et des algorithmes dans l'accès aux contenus», CSA, Paris, janvier 2017, p. 7.

Les algorithmes sont, de ce fait, les compléments nécessaires des données, leur fonction première étant «de trier, d'organiser, de traiter et de présenter les données, de transformer celles-ci de matière première brute en produit élaboré, afin qu'elles puissent répondre aux besoins des utilisateurs»[302].

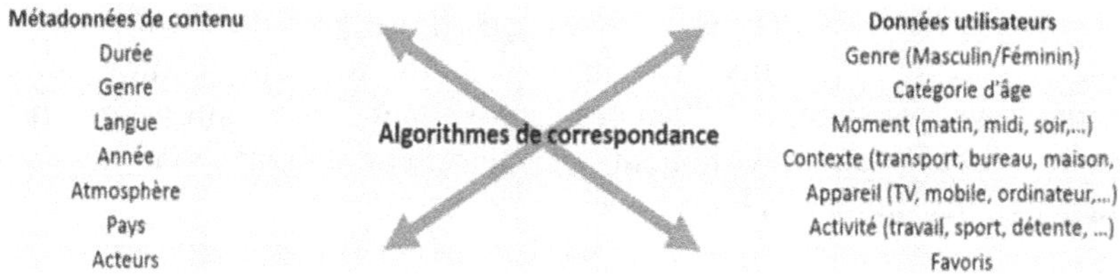

Schéma 26 : <u>Données, métadonnées et algorithmes de correspondance</u>[303]

Ils sont la manifestation phare de l'intelligence artificielle dont on ne cessera d'affirmer qu'elle sera le temps fort de l'économie des plateformes, et de l'économie numérique en général. Cette mutation est le fruit de la confluence de trois grandes dynamiques technologiques de plus en plus à l'œuvre aujourd'hui :

+ L'évolution exponentielle des moyens de collecte, de stockage, de reproduction et d'analyse des données,

+ L'explosion vertigineuse du volume des données qui empruntent ces infrastructures (mégadonnées ou Big data),

+ Et l'essor sans précédent de l'Internet des objets et de l'intelligence artificielle.

D'un point de vue strictement économique, les entreprises et plus particulièrement les plateformes numériques, recentrent de plus en plus leurs modèles d'affaires vers une logique de valorisation intensive des données de masse disponibles ou en cours d'émergence.

---

[302]Ibid.
[303]Bon. H, «Les métadonnées, un enjeu crucial pour la vidéo», La Revue des médias, INA, Paris, 24 février 2016.

Cela leur permettrait d'une part, un ciblage fin des consommateurs et, d'autre part, la production de services personnalisés, encore plus novateurs et plus performants, relayés par des objets communiquant entre eux de façon autonome.

Toutes les données en circulation font donc l'objet d'une collecte massive, d'un tri et d'un traitement par le biais d'algorithmes dédiés à une telle tâche : données mises en ligne par les utilisateurs eux-mêmes, sur les réseaux sociaux ou via leur navigation dans les moteurs de recherche, données provenant des sites de partage, données recueillies directement et automatiquement via des cookies ou des signaux de localisation…etc.

C'est pour cela que l'expression Big Data désigne cette collecte massive de données, puis l'ensemble des instruments algorithmiques qui sont utilisés pour transformer la donnée en information, en connaissance et en sens.

Mais cette collecte massive des données, sous toutes leurs facettes, n'est pas un but en soi. Elles ne le sont qu'une fois valorisées et donc monétisées.

La valeur des données collectées dépend ainsi de deux facteurs : «la fraicheur, puisqu'une donnée déjà utilisée peut perdre de son intérêt pour un utilisateur tiers, (et) l'exclusivité, puisqu'une donnée non partagée peut présenter un caractère stratégique pour son détenteur»[304].

Dans l'économie des plateformes, cette opération de collecte ne consiste pas uniquement en une valorisation en soi, mais aussi et davantage pour en faire un outil de recommandation et de prédiction.

En effet les dispositifs de recommandation, tout autant que ceux de prédiction, sont un ensemble de «systèmes techniques de mesure et de calcul, mais aussi des dispositifs socio-techniques porteurs de valeur. La plupart des systèmes de recommandation, fondés sur le Big Data et les algorithmes, reposent sur deux logiques :

+ Celle dite de collaborative filtering, où les recommandations sont fondées sur des probabilités de goûts similaires entre des individus. Dans l'exemple de Spotify, les catégories d'individus ne sont

[304]CSA Lab, «Les mutations de la mise à disposition… », op. cit, p. 10.

fondées que sur des pratiques musicales communes et non sur des similitudes sociologiques»[305].

+ Et celle du «content-based filtering», où la construction des catégories de contenus se base sur les commentaires dont ils font l'objet sur tous les supports retenus (moteurs de recherche, sites, réseaux sociaux... etc.).

C'est la raison pour laquelle, les systèmes de recommandation sont au cœur de la dynamique des plateformes et de leur valorisation, les algorithmes qui leur sont liés, pouvant être un des éléments majeurs dans la promotion de l'offre, tout autant que dans la différentiation dans les contextes concurrentiels.

Dans le domaine des contenus par exemple (audiovisuels ou autres), lorsque les plateformes sont en mesure d'obtenir l'exclusivité des droits, «des cercles vertueux entre qualité des contenus, nombre d'utilisateurs et ressources peuvent alors s'enclencher au bénéfice des opérateurs de plateformes les plus puissants, mais au détriment de la concurrence, celle entre plateformes comme celle entre plateformes et fournisseurs»[306].

Il y a là lieu d'une grande dissymétrie qui tient certes à la toute-puissance des algorithmes, mais aussi à la toute-puissance des opérateurs de plateformes, face à certains fournisseurs de contenus et/ou opérateurs de plateformes de taille modeste ou d'ampleur seulement nationale.

Les modèles algorithmiques tendent à devenir de plus en plus sophistiqués. Les techniques d'apprentissage, ou machine learning, leur permettent de concevoir encore davantage de déclinaisons. Bien plus encore, «en apprenant depuis les données, les techniques de calcul peuvent très bien produire des résultats inattendus, curieux ou choquants, sans que ceux-ci aient été anticipés par ceux qui les ont programmés»[307].

En même temps, avec le traitement massif des données usant des techniques d'apprentissage, «il est de plus en plus probable que les algorithmes produisent des représentations indésirables sans qu'elles

---

[305]Bouquillion. P, «Les stratégies de visibilité, le rôle des plateformes», Enjeux numériques, n° 10, Annales des Mines, juin 2020, p. 22.
[306]Ibid.
[307]Cardon. D, «Le pouvoir des algorithmes », op. cit, p. 69.

aient été anticipées ou qu'elles soient visibles par les utilisateurs. Ces déformations structurelles sont en réalité, inscrites dans la structure des données qui servent au mécanisme d'apprentissage»[308].

En outre, les plateformes conçoivent leurs modèles algorithmiques à partir des données que les utilisateurs leur fournissent, et de ce fait les prédictions des calculateurs ne pourraient être que l'image de la réalité que de telles données décrivent.

Mais la force des algorithmes prédictifs ne tient pas seulement à ce niveau, elle tient davantage aux corrélations qu'ils permettent d'établir entre les différentes sources de données. C'est justement à ce niveau que se situent les enjeux de la valeur. Car les algorithmes couplés au Big Data et à l'intelligence artificielle, permettent un vaste champ d'applications et une sorte d'empathie avec tous les acteurs de la chaîne de valeur, qu'ils soient partenaires, clients ou fournisseurs.

D'aucuns parlent, suite à cela, d'un véritable changement de paradigme. Une telle assertion n'est pas totalement dénuée de fondement. Car si «la valeur de l'informatique était de créer des outils pour manipuler les données, puis dans la création des process qui manipulent ces outils, maintenant, on se rend compte que la valeur se trouve dans la donnée elle-même»[309]. Et j'ajouterai : par l'entremise des «multinationales de la donnée».

---

[308]Cardon. D, «Le pouvoir des algorithmes », op. cit, p. 71.

[309]Renaissance numérique, Institut G9 +, «Big Data : l'accélérateur d'innovation», Livre Blanc de l'Institut G9+, décembre 2014, p. 17.

Chapitre Troisième

Les plateformes numériques «globales» : puissance et abus de position

Les plateformes numériques produisent, collectent, accumulent, traitent, retraitent et gèrent un énorme volume de données. Elles utilisent des algorithmes puissants et complexes pour les transformer en informations exploitables qu'elles commercialisent directement, ou qu'elles raffinent pour concevoir de nouveaux biens et services novateurs, performants et conformes aux profils des utilisateurs identifiés.

Ce sont donc des plateformes qui font des données leur matière première et de la monétisation de ces dernières une source de valeur et de compétitivité.

Mais ce qui relevait des simples caractéristiques de ces plateformes en ligne (moteurs de recherche, réseaux sociaux, plateformes de commerce électronique, boutiques d'applications, comparateurs de prix...etc.) constituent aussi et dans le même temps, leur force et leur puissance.

Car, «en fonction de leur type et de leur puissance sur le marché, certaines plateformes ont autorité sur l'accès aux marchés, et peuvent exercer une influence significative sur le mode de rémunération des acteurs»[310].

En effet, qu'elle soit définie par ses infrastructures, par les services qu'elle fournit, par les modèles d'affaires qu'elle supporte ou par les écosystèmes qu'elle structure, la plateforme numérique se mue inévitablement, et assez rapidement vers une situation de domination.

Cela pourrait se vérifier tant par les types d'externalités qu'elle induit ou dont elle fait l'objet, que par le pouvoir de marché réel qu'elle détient.

Une telle position, qualifiée par ailleurs, d'abus de position, dénote de l'avènement d'une forme de capitalisme au sein duquel le partage de la valeur est aux antipodes des formes de capitalisme traditionnelles[311].

C'est que la concurrence ne se joue plus au niveau des prix, mais par la course à l'extraction quantitative de données. L'investissement

[310]Pénard. T, Maxwell. W, «La régulation des plateformes en Europe. Livre Blanc», Bruxelles, décembre 2015, p. 6.
[311]Cf. Srnicek. N, «Le capitalisme de plateforme. L'hégémonie de l'économie numérique», Lux, Montréal, 2018, 154 p.

porte ici sur les outils de captation de ces données (avec notamment l'internet des objets), et de leur analyse grâce aux serveurs et aux procédés de l'intelligence artificielle.

Le pouvoir de marché ne s'acquiert par conséquent, pas par concentration de firmes, mais plutôt par «connexions rhizomatiques»[312].

[312]Srnicek. N, «Le capitalisme de plateforme… », op. cit, p. 108.

3.1. Plateformes numériques, barrières à l'entrée et abus de position

La dynamique «naturelle» du marché des plateformes numériques est une dynamique de concentration par excellence. La domination qu'elles exercent sur ce marché est liée intrinsèquement à une tendance monopolistique générée par la nature des modèles économiques, par les spécificités de la «matière première» sur laquelle est fondé ce marché, tout autant que sur les mesures prises par les plateformes elles-mêmes pour y renforcer leur position.

Cette tendance vers la concentration rime donc avec celle de la domination et par conséquent, avec la consécration d'un pouvoir de marché fort, incontournable, avec à la marge, une mince frange concurrentielle.

3.1.1. Les plateformes numériques : une tendance de concentration «naturelle»

L'une des caractéristiques majeures des plateformes numériques est leur capacité de conquête assez rapide des marchés.

En effet, les marchés sur lesquelles elles opèrent, présentent certaines caractéristiques qui sont de nature sinon à mener vers un «état» de concentration, du moins vers une situation de forte domination. Car, «en fonction de leur type et de leur puissance sur le marché, certaines plateformes ont autorité sur l'accès aux marchés en ligne et peuvent exercer une influence significative sur le mode de rémunération des acteurs» [313] :

°- Premièrement : une structure tarifaire caractérisée par des coûts fixes extrêmement élevés, et des coûts marginaux relativement bas, génère des économies d'échelle automatiques, induisant inévitablement une concentration de l'offre.

Une telle caractéristique pourrait être aisément observée en matière de production ou de distribution des services et des contenus numériques[314].

---

[313]Pénard. T, Maxwell. W, «La régulation des plateformes en Europe… », op. cit, p. 6.

[314]Cf. pour le cas de l'industrie du logiciel : Genthon. C, «De quelques problèmes d'économie industrielle appliqués à l'industrie du logiciel», Economies et finances, Université Pierre Mendès-France-Grenoble II, 2006, 53 p.

°- Deuxièmement : l'existence d'importants effets de réseau directs et indirects : «l'utilité ou le bénéfice d'un service est directement et/ou indirectement influencé par le nombre (actuel ou potentiel) d'utilisateurs de service. Ces effets de réseau sont plus importants sur les plateformes fournissant des services de communication (sites de réseaux sociaux tels que Facebook ou Snapchat), que pour les moteurs de recherche ou les plateformes médias»[315].

°- Troisièmement : des effets de rétroactions positives considérables. En effet, les économies d'échelle et les effets de réseau combinés, «génèrent des rétroactions positives qui influencent la diffusion des services. Ces rétroactions positives impliquent que les plateformes dominantes deviennent de plus en plus dominantes, et que les plateformes dominées ont de plus en plus de mal à survivre.

Le succès et la domination d'une plateforme dépendent (donc) de sa capacité à atteindre une masse critique d'utilisateurs (seuil critique). Cette propriété rend les activités pratiquées sur les plateformes très risquées, mais aussi très attractives»[316].

Une telle conclusion est valable pour l'économie des réseaux et de l'information, mais l'est encore davantage pour l'économie des plateformes.

En effet, «l'apparition de la numérisation dans les services liés aux activités de réseau, a renforcé le degré des économies d'échelle. Les services ou les applications qui utilisent l'information (numérisée) bénéficient de rendements d'échelle croissants. Les coûts de développement sont très élevés, mais la numérisation réduit substantiellement les coûts de reproduction qui deviennent alors quasiment nuls. Il en résulte que le coût moyen de production de ces services informationnels offerts en réseau, est décroissant avec le nombre d'utilisateurs. L'objectif des opérateurs de réseau est alors de multiplier les exemplaires, ou d'offrir leurs services au plus grand nombre de clients dans la limite des capacités de réseau»[317].

---

[315]Pénard. T, Maxwell. W, «Quelle régulation pour les plateformes numériques en Europe ?», Annales des Mines, Réalités industrielles, n° 3, août 2016, p. 43.
[316]Cf. pour davantage de développements : Shapiro. C, Katz. M. L, «Systems competition and network effects», Journal of Economic Perspectives, Vol. 8, n° 2, 1994, pp. 93-115.
[317]Cf. Lequeux. F, «Concurrence et effets de dominance économique dans l'industrie des médias», Thèse, Université Paris I Panthéon Sorbonne, décembre 2002.

On en déduit que l'existence des économies d'échelle et des effets de réseau, conjointement avec le développement des logiques de plateforme, conduisent à des structures de marché de type monopolistique, au sein desquelles le «winner takes all»[318].

Selon ce principe, le mécanisme des effets de réseau induit le triomphe d'un seul qui «rafle la mise» en totalité, ou en grande partie (winner takes most).

°- Quatrièmement : les marchés numériques sont caractérisés par un rythme soutenu de l'innovation, «pouvant rapidement redistribuer les pouvoirs de marché et faciliter les entrées. Une entreprise dominante ne peut jamais se sentir réellement protégée et doit, de façon permanente, innover afin de préserver sa position et empêcher l'autre entreprise d'innover plus rapidement»[319].

°- Cinquièmement : du fait de leur position d'intermédiaire, les plateformes accumulent d'énormes quantités de données à l'occasion de chaque transaction effectuée. Les propriétaires desdites plateformes bénéficient par conséquent, d'un avantage majeur par rapport aux autres plateformes, et par rapport aux entreprises qui ne sont pas organisées en plateforme.

En effet, «plus le volume des données collectées et transformées en intelligence économique, est important, plus l'entreprise peut réduire ses coûts, satisfaire ses clients et améliorer ses produits par rapport à ses concurrents, moins efficaces en matière de données»[320].

Comme pour les effets de réseau et les autres externalités positives, un cycle vertueux se dessine ainsi : moins de concurrents signifie plus d'utilisateurs, donc plus de données et par voie de conséquence, une élimination plus facile des rivaux, réels ou potentiels.

°- Sixièmement : La dynamique de ce que l'on pourrait appeler «le poids des habitudes». En effet, une fois que la plateforme commence à prendre place sur le marché, «les coûts supportés par les utilisateurs pour passer à une autre plateforme, commencent à augmenter»[321].

---

[318]Cf. Noe. T. H, Parker. G, «Winner Take All: Competition, Strategy, and the Structure of Returns in the Internet Economy», Journal of Economics&Management Strategy, n° 14, march 2005, pp. 141-164.
[319]Pénard. T, Maxwell. W, «Quelle régulation… », op.cit, p. 41.
[320]Unctad, «Rapport sur l'économie numérique 2019… », op. cit, p. 95.
[321]Cf. Klemperer. P, «Markets with consumer switching costs», The Quarterly Journal of Economics, Vol. 102, Issue 2, 1987, pp. 375-394.

Ainsi, les utilisateurs des réseaux sociaux qui investissent en temps et divulguent des données considérables pour créer leur profil et personnaliser leurs services, ne sont pas prédisposés à changer facilement de plateforme.

«Quitter une plateforme peut signifier d'abandonner des années de messages et de photos, une perspective qui décourage les utilisateurs de changer de plateforme. De même, les écosystèmes de développeurs apprennent le code et les nuances d'une plateforme d'innovation particulière, afin de créer des applications et des fonctionnalités sur mesure pour elles. Le passage à une nouvelle plateforme risque d'engendrer un nouvel apprentissage complet. Les entreprises concentrent généralement leurs activités sur et avec des plateformes spécifiques»[322].

C'est la raison pour laquelle l'on considère que Facebook par exemple, ou Apple, ont réellement «enchaîné» les utilisateurs, via son application pour la première, et via son matériel et ses logiciels propriétaires pour la seconde.

Acheter un produit exige l'achat de ses accessoires, les utilisateurs devenant par là, moins enclins à changer de fournisseur, encore moins à se tourner vers un concurrent.

L'enseignement majeur de cela, c'est l'échec par exemple, des entreprises ayant voulu concurrencer Facebook, et le désistement probable de nombreuses autres qui ont voulu rivaliser avec la firme.

C'est pour dire que les externalités, dont fondamentalement les effets de réseau, sont difficiles à contrer, encore moins en contrecarrer les implications. Car, les entreprises des plateformes ont développé des systèmes de défense difficiles à attaquer ou à miner de l'extérieur.

De tels systèmes ne tablent pas uniquement sur les données en tant que telles. Ils tablent aussi sur le matériel et sur la qualification des travailleurs.

Ainsi, «l'ouverture de ses données à d'autres entreprises, ne menacerait probablement pas la position dominante de Google en tant que moteur de recherche, car la transformation des données

[322]Unctad, «Rapport sur l'économie numérique 2019… », op. cit, pp. 95-96.

brutes en intelligence numérique et en opportunités commerciales, nécessite une puissance de calcul énorme et beaucoup de talent»[323].

S'il n'est pas facile, cela dit en passant, de s'attaquer au monopole naturel des plus grandes plateformes numériques, par des concurrents, dont certains sont tenaces et fort courageux, comment pourrait-on alors le faire avec des politiques minimalistes visant à démonopoliser le marché pour favoriser la concurrence ? (Cf. chapitre quatrième).

C'est pour dire qu'en l'absence de changements technologiques radicaux, susceptibles de bouleverser de fond en comble la donne, déstabiliser les modèles économiques et remettre en question les règles du jeu, ces entreprises de plateformes continueront à tirer un grand avantage des cycles vertueux des effets de réseau et des autres formes d'externalités.

Pour consolider encore davantage leur position, les plateformes ne cessent par ailleurs, d'agir sur deux autres fronts :

°- Etendre leur infrastructure d'extraction de données, en les extrayant de manière encore plus intensive, tout en confinant leurs utilisateurs dans les services qu'elles proposent,

°- Et consolider encore davantage leur position dominante par les barrières et les diverses mesures qu'elles adoptent pour renforcer leur position sur le marché.

3.1.2. Plateformes numériques et stratégies de verrouillage du marché

Le succès rencontré par une plateforme numérique quelconque peut être rapide, mais son déclin peut se faire sur un laps de temps assez court.

Les effets de réseau, source essentielle d'extraction et de valorisation des données, contribuent à générer une situation de concentration du marché et à créer des barrières à l'entrée face à d'éventuels nouveaux

[323]Cf. pour plus de développements : Helberger. N, Pierson. J, Poell. T, «Governing online platforms : from contested to cooperative responsability», The Information Society, n° 34, janvier 2018, pp. 1-14.

concurrents[324]. En témoigne la fonction «search» de Google, la principale plateforme du «search» dans le monde, assise pour l'essentiel sur les effets de réseau et diverses autres externalités.

Si les plateformes numériques usent de ces effets pour asseoir leur domination «naturelle» sur le marché, elles ne lésinent pas sur les moyens pour l'asseoir encore davantage grâce à des dispositifs artificiels multiples.

Parmi ces dispositifs, l'on pourrait évoquer les barrières à l'entrée et les effets de verrouillage.

En effet, si les coûts d'entrée sont généralement faibles sur les marchés numériques, il faut souligner que les perspectives de développement d'un nouvel entrant peuvent être sinon biaisées, du moins limitées dans des places de marché dominées par les plateformes installées.

Dans le même temps, les consommateurs peuvent être dissuadés ou réticents à utiliser les services de la plateforme entrante, en raison notamment des coûts de changement de plateforme pouvant résulter de la perte de personnalisation des services.

Une telle réticence est d'autant plus justifiée que les contraintes techniques de portabilité des données, faute d'interopérabilité des réseaux, laissent craindre une perte de données ou du réseau d'utilisateurs avec lequel le consommateur interagissait[325].

Les données sont donc source d'un avantage concurrentiel incontournable, mais à double tranchant toutefois, diraient d'aucuns.

Ainsi, «une firme en place qui aurait un accès exclusif à certaines données essentielles, pourrait parvenir à maintenir sa position dominante, même si elle faisait face à un nouvel entrant plus efficace»[326].

---

[324]Cf. Wauthy. X, «Concurrence et régulation sur les marchés de plateforme: une introduction», CEREC, Working Paper, mai 2007, 15 p.

[325]Cf. Benhamou. Y, Tran. L, «Circulation des biens numériques: de la commercialisation à la portabilité», Université de Genève, Sic !, n° 11, 2016, p. 571-591.

[326]Perrot. A, Bourreau. M, «Plateformes numériques… », op. cit, p. 6.

Autrement, l'avantage concurrentiel conféré par les données rendrait la concurrence pour le marché pratiquement inopérante[327].

Les données sont donc un élément de barrière directe ou indirecte entre les mains de la plateforme dominante, tout autant d'ailleurs que les effets de verrouillage.

L'effet de verrouillage est une situation dans laquelle les coûts de changement sont si élevés que le consommateur ne change ou n'osera pas changer de produits.

Ces effets de verrouillage, ainsi que les coûts de changement induits, peuvent avoir plusieurs origines :

«+Complémentarité des biens/services et donc importance des effets de réseau indirects,
+Contractuelle : contrat pluriannuel, clauses de renouvellement, frais de résiliation, date de résiliation...etc.,
+Coûts de recherche d'une solution alternative,
+Formation à l'utilisation à la marque et à ses produits/services, qui représentent de véritables coûts d'apprentissage en cas de changement,
+Stratégies de fidélisation à la marque»[328].

C'est pour dire que de tels effets sont intimement liés à la stratégie technologique initiale de la plateforme, tout autant qu'à sa stratégie commerciale.

La notion de générativité[329] est la caractéristique principale desdites stratégies. Elle renvoie à «la capacité plus ou moins grande d'une architecture technique à permettre le développement de la plateforme et donc l'étendue de celle-ci : la générativité s'apprécie au travers de plusieurs dimensions :

°- Architecture des ressources informatiques (ouverte, fermée, semi-ouverte),

---

[327]Cf. Hagiu. A, Wright. J, «Data-embled learning, network effects and competitive advantage», Economics of Platforms Seminar, Boston, april 21, 2020.
[328]Renaissance numérique, «Plateformes et dynamiques concurrentielles», op. cit, pp. 11-12.
[329]Cf. Youngjing. Y, «The tables have turned : how can the information systems field contribute to technology and innovation management research ?», Journal of the Association for Information Systems, n° 14, may 2013, pp. 227-236.

°- Capacité à faciliter l'accès à celles-ci par un ou plusieurs API,

°- Capacité à mobiliser une communauté de développeurs,

°- Capacité à impliquer le client (open innovation))»[330].

Dire cela reviendrait à dire que les effets de verrouillage ont une dimension technique dont il faudrait cadrer la portée.

En effet, la mise en place de standards techniques, via des formats propriétaires libres par exemple, permet l'internalisation des effets de réseau et facilite leur diffusion à l'ensemble du marché.

Dans les cas où il y a domination d'une ou de quelques firmes seulement, ces effets peuvent se propager sur l'ensemble du marché, favorisant par là une dynamique globale, quoi que limitée, de celui-ci. Par contre, lorsqu'ils sont capturés par un seul acteur du marché, ils pourraient être de nature à restreindre le domaine de la concurrence, l'acteur en question rendant son produit attractif au plus grand nombre, mais incompatible avec les caractéristiques des produits concurrents.

Ainsi, la position dominante des plateformes de données, quoi que n'induisant pas une situation de monopole absolu, n'est pas loin de porter le signe profond d'une hégémonie que l'on pourrait facilement identifier au niveau des structures de tel ou tel marché[331] :

°- D'abord, les coûts de transfert (monétaires et psychologiques) d'une plateforme à une autre, sont dissuasifs,

°- Ensuite, même si les plateformes recourent assez souvent à une segmentation par types d'utilisateurs, par catégories de services ou par zones géographiques, les utilisateurs demeurent fidèles aux sites généralistes, et sont souvent attirés par la logique affinitaire propre aux sites spécialisés,

°- Enfin, «la plateforme n'est pas confrontée à la concurrence d'entrants, avec une promesse de valeur et/ou une technologie

---

[330]Renaissance numérique, «Plateformes et dynamiques concurrentielles», op. cit, p. 15.
[331]Ibid.

supérieure à la sienne, dans des proportions telles que ses utilisateurs soient prêts à migrer»[332].

Par ailleurs, et même sans être en position d'hégémonie sur un marché, les plateformes ont des particularités qui peuvent donner lieu à des pratiques déloyales envers les consommateurs ou leurs potentiels concurrents.

Elles peuvent introduire plusieurs biais d'intermédiation, influençant à leur profit les choix des utilisateurs, tout autant que la capacité des mécanismes de la concurrence à pouvoir réguler le fonctionnement du marché.

Dans le même temps, les plateformes capitalisant sur la collecte des données des utilisateurs, monnaient celles-ci par la gratuité assurée à ces derniers.

Or, le modèle de gratuité induit lui-même une forme de domination, réelle ou potentielle, non seulement parce qu'il est source d'innovation pour les grandes plateformes[333], mais aussi parce qu'il est source de pratiques de prédation manifestes[334].

A côté des pratiques de prédation, il y a lieu aussi de signaler la tendance à l'intégration verticale à laquelle les grandes plateformes numériques recourent assez souvent.

C'est que ces plateformes, via de multiples formes d'intégration verticale, s'orientent inévitablement vers un modèle d'opérateur universel, en mesure de répondre à l'ensemble des besoins des consommateurs.

Pour ce faire, elles privilégient des stratégies de convergence entre différents marchés, par le biais d'opérations de diversification, de concentration et de partenariat. La collecte et le traitement des

---

[332]Ibid.

[333]Cf. pour ce lien de causalité : Lenoir. N, «Le droit de la concurrence confronté à l'économie du Big Data», AJ Contrats d'Affaires-concurrence-distribution, 2016, p. 66.

[334]Le cas d'espèce d'une pratique de prédation est l'affaire de Google France&Google Inc, selon laquelle la plateforme était accusée de prédation, car elle permettait d'intégrer gratuitement sur le site internet d'une entreprise des cartes GPS, alors que la société Bottin Cartographe proposait le même service à titre onéreux.

données apparaissent ici, comme un passage nécessaire pour le développement de marchés connexes.

En effet, «une plateforme va collecter des données dans le but de fournir un certain service sur un marché, puis traiter ces données pour rivaliser dans le cadre de la prestation d'un autre service sur un marché distinct. Ces pratiques peuvent mener à des restrictions de concurrence»[335].

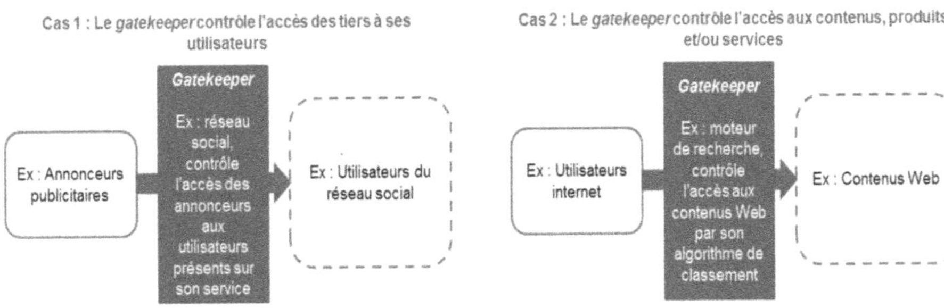

Schéma 27 : Le contrôle du gatekeeper[336]

Mais l'intégration à laquelle recourent les plateformes numériques ne se limite pas à l'aspect de diversification des marchés. Elle pourrait aller jusqu'à être à l'origine d'écosystèmes fermés, qui sont de nature à renforcer davantage leur position dominante[337].

3.1.3. Plateformes numériques et abus de position dominante

La question de l'abus de position dominante dans le secteur des données, renvoie à la question des pratiques abusives des plateformes en position dominante dans le secteur du numérique.

Nous avons évoqué les effets de réseau et de verrouillage qui constituent des barrières à l'entrée «naturelles», mais il y en a d'autres qui relèvent des pratiques des plateformes elles-mêmes :

[335]Gaillard. L, Danal. A, «Le droit de la concurrence face au défi du traitement des données. Réflexions autour de la définition de l'abus de position dominante», Mémoire de Master 2 Business, Tax an d Financial Market Law, 2016, p. 11.
[336]Panfili. M «Plateformes numériques et concurrence», op. cit, p.6.
[337]Cf. Autorité de la concurrence & Competition Markets Authority, «Analyse économique des systèmes ouverts et fermés», Paris, 10 décembre 2014, p. 7.

°- Premièrement : une fois la position dominante acquise, une plateforme a accès à de nouvelles possibilités stratégiques qui lui permettent de mettre en œuvre des comportements abusifs.

De ces stratégies, l'on relève fréquemment : les abus d'exploitation et les abus d'éviction ou d'exclusion.

Les premiers permettent à l'entreprise dominante «d'élever ses prix et d'accroitre ses profits par l'incapacité des consommateurs de se tourner vers d'autres produits»[338].

C'est en fait, un abus de position qui se traduit naturellement par un abus d'exclusion, par lequel l'entreprise dominante empêche ses concurrents de pénétrer le marché, en élevant les barrières d'entrée devant eux : prix prédateurs, forclusion verticale[339], ventes liées...etc.

Les abus d'exploitation permettent ainsi à l'opérateur dominant d'éviter toute forme de concurrence, et d'empêcher l'arrivée de nouveaux entrants pouvant proposer des prix plus bas, ne serait-ce que pour mettre pied sur le marché.

°- Deuxièmement : les abus de position dominante peuvent survenir aussi du fait de la présence des plateformes sur plusieurs marchés au même niveau horizontal.

C'est une configuration de marché qui permet à l'opérateur dominant de développer des stratégies prédatrices, dont fondamentalement les ventes liées.

Ces stratégies induisent de facto, deux types de pouvoir de marché :

«+Un pouvoir d'exploitation du surplus des consommateurs : chaque panier de biens peut être proposé de façon individualisée, en

---

[338]Perrot. A, Bourreau. M, «Plateformes numériques... », op. cit, p. 7.

[339]La forclusion verticale traduit la motivation et la capacité d'une plateforme, d'augmenter les tarifs qu'elle impose aux nouveaux venus. Ces augmentations de prix accroissent les coûts des rivales en aval et poussent les consommateurs de détail à quitter ces nouveaux venus, au profit des activités de détail des entreprises titulaires. Cf. Marty. F, «Convergence numérique et risques de forclusion des marchés : Quel partage des rôles entre politiques de concurrence et régulation sectorielle ?», Concurrences, n° 3, 2011, pp.28-34.

exploitant au mieux la connaissance des consommateurs et leurs disponibilités à payer,

+Un pouvoir d'exclusion par la possibilité de faire levier à partir d'un marché A dominé sur un marché B dont l'entreprise souhaite évincer les concurrents»[340].

Ce type de pratiques est d'ailleurs au cœur de la stratégie développée par Amazon, qui permet aux souscripteurs à un service de bénéficier d'offres à prix préférentiels portant sur les biens autres que ceux commandés initialement.

C'est une pratique abusive dans le sens d'une vente liée bénéficiant d'un éventuel avantage tarifaire.

°- Troisièmement : une plateforme numérique, notamment lorsqu'elle est structurante, est dite «place de marché»[341], et en tant que telle, elle propose des services à des commerçants qui sont ses clients, mais leur livre concurrence en tant que distributeur de produits. Ces commerçants sont alors ses «clients/concurrents».

En effet, la plateforme-place de marché, dispose «d'une position privilégiée en amont, pour observer quels sont les produits les plus demandés, et devenir ensuite elle-même distributeur de ces produits en aval et évincer certains vendeurs»[342].

Ces structures verticales induisent inévitablement une forme de concurrence dite «en silo», menée entre opérateurs verticalement intégrés, et qui sont en mesure de proposer autant des smartphones, des systèmes d'exploitation, des contenus ou des magasins d'applications.

---

[340]Ibid.

[341]Dite marketplace. Il s'agit d'une plateforme en ligne où les vendeurs présentent leurs biens et services pour les mettre à la disposition des acheteurs de ce mégasite, avec prélèvement d'une commission sur les ventes. Cf. Filser. M, «Les places de marché électroniques. De la recherche de l'optimisation des achats à la mise en réseau des membres du canal de distribution», 5ème Colloque Etienne THIL, Université de Bourgogne, 26-27 septembre 2002, 16 p. Pensel. J-L, «Les places de marché virtuelles, l'accès à de nouveaux outils transactionnels», Actes du 6ème Colloque de l'AIM, Nantes, Juin 2001, pp.97-110. Sarkar. M, Brian. B, Steinfield. C, «Cybermediaries in Electronic Marketspace: Toward Theory Building», Journal of Business Research, Vol.41, 1998, pp.215-221.

[342]Ibid.

Cette configuration «verrouille les consommateurs dans un écosystème et les empêche de faire jouer la concurrence en amont de leurs achats. La mise en concurrence est bien sûr, possible au moment de l'achat initial du smartphone, mais il n'est pas certain que toutes les conséquences du choix soient parfaitement anticipées par les acheteurs»[343].

°- Quatrièmement : le comportement de domination et de prédation de la part des grandes plateformes numériques peut par ailleurs, prendre la forme d'acquisitions qualifiées assez souvent d' «acquisitions tueuses»[344].

Il est assez courant de dire que les acquisitions, quand elles portent sur des start-ups spécialisées, renforcent le potentiel d'innovation des plateformes qui les ont initiées. Or, il est aussi admis que nombre de start-ups sont absorbées sans que l'innovation qu'elles amènent, soit effectivement incorporée dans l'écosystème de la plateforme.

Il est même plus ou moins admis que «lorsque, dans un domaine d'innovation, une start-up a été achetée par une plateforme dominante, l'investissement dans ce domaine décroit rapidement, et aucun marché concurrentiel ne se développe réellement...Et (même) après le rachat de leur start-up, il est rare que leurs créateurs soient durablement investis dans le développement de la plateforme»[345].

Il est vrai que le domaine du numérique ne semble pas, à première vue, avoir des barrières à l'entrée. Libre aux petits opérateurs en son sein d'innover. Or, comme le marché y afférent est fondé sur la collecte et l'exploitation des données, ils se voient privés pour la simple et grande raison que l'accessibilité à ces données, et par conséquent au marché s'y rapportant, n'est pas universelle. L'innovation est quasiment détenue par les grandes plateformes structurantes[346].

L'entreprise peut choisir de faire allégeance ou non à la plateforme dominante. «Lorsque l'entreprise choisit de ne pas faire allégeance, alors sa plateforme business entre en conflit frontal avec la

---

[343]Ibid.

[344]Killer acquisitions

[345]Cf. Beuve. J, Bourreau. M, Péron. M, Perrot. A, «Plateformes numériques et pratiques anticoncurrentielles et déloyales», Focus du CAE, n° 50, octobre 2020.

[346]Bruno Lasserre parle à ce propos, de «monopole de l'innovation». Cf. Lasserre. B, «Nous sommes confrontés à des monopoles qui se revendiquent libertaires», L'Opinion, 16 mars 2015.

plateforme dominante. Il s’agit souvent d’entreprises qui ont déjà des plateformes. Dans la guerre des plateformes, il n’y a de la place que pour 2 à 3 acteurs en frontal. C-Discount, filiale du groupe Casino qui est un acteur majeur de la vente sur internet, a choisi le conflit frontal face à Amazon»[347].

Quand l’entreprise choisit de faire allégeance, trois positionnements possibles s’ouvrent à elle :

«°- L’évitement : l’idée consiste à picorer les morceaux. Webedia, entreprise française spécialisée dans les médias en ligne, est un bon exemple de la stratégie d’évitement par rapport à la plateforme Google. Webedia assure la connexion des marques avec leurs audiences, en produisant des contenus dont la finalité est de les placer en tête des résultats de recherche notamment sur Google. Webedia est cependant dépendant de Google, qui modifie ses algorithmes de classement des sites tous les 18 mois pour rebattre les cartes,

°- Le partage : cela consiste à devenir partenaire. Par exemple, Monoprix, en gérant le dernier kilomètre lors de la livraison, suit cette stratégie dans son contrat avec Amazon,

°- La protection : l’entreprise traditionnelle garde un lien fort (elle est cliente) avec l’entreprise plateforme auprès de laquelle elle a fait allégeance»[348].

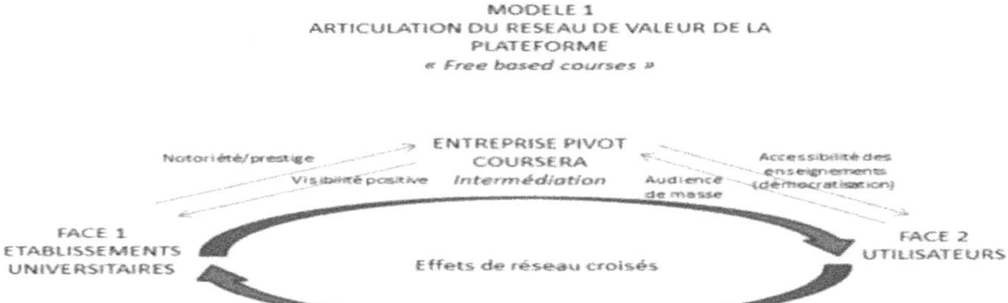

Schéma 28 : <u>Les quatre positionnements possibles face aux plateformes</u>[349]

---

[347]Deshayes. C, «Quatre stratégies d’entreprises face aux plateformes numériques triomphantes», Annales des Mines, Gérer et Comprendre n° 137, septembre 2019, p. 22.

[348]Ibid.

°- Cinquièmement : Le déploiement de la position dominante et de la toute-puissance de l'innovation, peuvent générer des abus de position relatifs au favoritisme qui frôle par plusieurs de ses aspects, la discrimination.

Il est souvent évoqué le cas des plateformes qui favorisent la visibilité de leurs biens et services au détriment de ceux de leurs concurrents.

L'exemple le plus significatif à cet égard, est celui du moteur de recherche Google qui semblerait avoir favorisé son système mobile Android, ce qui a conduit à verrouiller les utilisateurs au sein d'un système d' «Android bouclé»[350].

Le second exemple est fourni par «l'affaire Adwords» de Google, selon laquelle le moteur de recherche et fournisseur d'accès à Internet, n'était pas partie prenante sur le marché affecté, mais «son comportement a contribué à évincer certains fournisseurs de contenus»[351].

°- Sixièmement : au-delà de ces pratiques de discrimination, sur lesquelles nous reviendrons ci-après, les alliances stratégiques entre les plateformes numériques peuvent favoriser l'apparition de configurations écosystémiques, autrement des formes de concurrence qui regroupent «un ensemble de services fonctionnant de manière combinée et complémentaire»[352].

En effet, «les écosystèmes, dits fermés, seraient susceptibles de porter atteinte à la libre concurrence. Ils renvoient par exemple, à des contrats d'exclusivité entre deux compagnies qui conduisent à rendre l'accès plus difficile pour les consommateurs»[353].

---

[349]Ibid.

[350]Rapp. L, «Numérique et concurrence», RFDA, n° 5, septembre-octobre 2014, p. 896.

[351]Google Ads a été sanctionné en 2012, puis en 2019, pour les mêmes motifs : ses règles peu explicites et leur application discriminatoire. L'Autorité de la concurrence française a astreint Google à «définir les règles de fonctionnement de sa plateforme publicitaire de manière objective, transparente et non discriminatoire». Cf. Autorité de la concurrence, «L'Autorité sanctionne Google à hauteur de 150 millions d'euros pour abus de position dominante», Communiqué de presse, 20 décembre 2019.

[352]Ibid.

[353]C'est le cas de l'entreprise VirginMega qui accusait Apple d'avoir construit un écosystème, en intégrant son matériel Ipod à son magasin de contenus iTunes, ce qui entrainait une incompatibilité expresse avec d'autres systèmes.

°- Septièmement : les réseaux sociaux, dont fondamentalement Facebook, ne sont pas non plus en marge de cette question d'abus de position dominante. Car cette dernière leur permet d'édicter des conditions d'utilisation applicables aux données des utilisateurs, les avantageant en termes d'accessibilité aux données personnelles de ces derniers, réduisant par la même occasion, l'accès aux marchés à leurs concurrents[354].

De surcroît, Facebook subordonne la collecte de certaines données apparaissant sur les profils publics desdits utilisateurs, à son consentement.

En même temps, certains dispositifs institutionnels et/ou réglementaires peuvent aussi être à l'origine sinon d'abus de position, du moins de restriction du champ de la concurrence.

En effet, «si les informations détenues par une entreprise dominante ne sont ni accessibles à ses concurrents, ni reproductibles, elles constituent des informations privilégiées dont l'exploitation est susceptible de produire des effets restrictifs de concurrence : l'utilisation croisée de telles informations peut alors avoir pour objet ou effet d'ériger des barrières à l'entrée sur l'un ou l'autre des marchés concernés»[355].

---

[354]Cf. Nils. M, «L'abus de domination sur le marché numérique : Pour une lecture juridique du déséquilibre économique à l'aune des oligopoles», Concurrences, n° 3, 2019, pp. 67-75.
[355]Ibid.

3.2. Plateformes numériques et pouvoir de marché

Dire que l'accès à un large volume ou à une importante variété de données (Big Data) est générateur de position dominante, c'est dire autrement que leur collecte peut constituer une barrière à l'entrée, si de nouveaux entrants n'ont pas la capacité de collecter ou d'exploiter le même type de données, en termes de volume et/ou de variété que les entreprises en place.

Le développement de la collecte, de l'exploitation, de l'analyse et de l'utilisation des données sur tel ou tel marché est sinon à l'origine, du moins un facteur clef de renforcement du pouvoir de marché des entreprises déjà installées et fort présentes.

Les données confèrent donc des avantages concurrentiels considérables à leurs propriétaires, et plus particulièrement aux plateformes numériques dans notre cas d'espèce.

Les pratiques qui en découlent ne peuvent, de ce fait, que porter la marque de comportements anticoncurrentiels sur les marchés en question, comme sur les marchés adjacents. L'on considère ici que les données peuvent être un vecteur de discrimination.

Les sources dudit pouvoir de marché ne viennent pas uniquement de la capacité à collecter les données, mais aussi de la capacité à les traiter pour en faire un outil d'intelligence économique.

Le pouvoir de marché rime, de ce point de vue, avec le pouvoir des algorithmes dont la conception pourrait elle aussi, être source d'abus de position.

Données, pouvoir des algorithmes, intelligence économique sont, en somme, les trois grands versants du pouvoir de marché.

3.2.1. Plateformes numériques et pratiques anticoncurrentielles

La collecte, tout autant que l'utilisation croissante des données numériques sont, le plus souvent, associées à la fluidité des marchés, tout autant qu'à leur niveau de transparence.

C'est que les pratiques visant à priver certains concurrents de l'accès aux données, sont de nature non seulement à impacter la concurrence, mais aussi à entrainer l'exclusion de concurrents ou dissuader les entrants potentiels.

Le refus d'accès ou l'accès discriminatoire aux données, sont considérés ainsi comme des pratiques anticoncurrentielles. Les plateformes-place de marché qui agissent comme vendeuses en ligne, peuvent avoir accès à des informations portant sur les ventes, tout comme sur le comportement des clients de leurs concurrents.

En effet, «en identifiant la gamme de produits la plus demandée, une plateforme intégrée pourrait alors être en mesure d'ajuster plus efficacement son offre et ses prix. Un effet similaire pourrait être obtenu si une plateforme limitait les informations que ses concurrents opérant sur la place de marché, obtiennent sur les transactions dans lesquelles ils sont impliqués.

Cette circulation de l'information, et les limitations susceptibles de l'entraver, pourraient alors conférer à l'opérateur de la plateforme intégrée, un avantage concurrentiel sur ses concurrents»[356].

Refus d'accès, accès discriminatoire aux données, mais aussi contrats exclusifs, par lesquels les stratégies anticoncurrentielles des plateformes peuvent «empêcher des rivaux d'accéder aux données de tierces parties, au moyen d'exclusivités avec les prestataires les fournissant, ou en rendent plus difficile l'adoption par les consommateurs de leurs technologies ou l'accès à leurs plateformes»[357].

Ces contrats, dits exclusifs, ne sont pas uniquement manifestement anticoncurrentiels, mais peuvent évincer des concurrents, plus spécialement lorsqu'ils sont conclus par des plateformes dominantes.

Par ailleurs, et pour pouvoir accroître encore davantage son pouvoir de marché, les données collectées par les plateformes peuvent servir et être utilisées pour agir sur un autre marché.

C'est le cas notamment des ventes liées, par lesquelles une plateforme «détenant des données de valeur, lie l'accès à sa base de données, à l'utilisation de ses propres services d'analyse des données. De telles ventes peuvent alors produire des gains d'efficacité dans certains cas, mais elles peuvent également

---

[356]Autorité de la concurrence-Bundeskastellant, «Droit de la concurrence et données», 10 mai 2016, p. 22.
[357]Grunes. A. P, Stucke. M. E, «No mistake about it : the important role of antitrust in the era of Big Data», University of Tennessee Legal Studies, Research Paper, n° 269, 23 octobre 2015, p. 3.

impliquer des effets restrictifs de concurrence, en conférant à l'entreprise détentrice des données en question, un avantage sur ses concurrents»[358].

Bien plus encore, l'utilisation croisée de données, c'est-à-dire l'utilisation sur un marché de données collectées sur un autre marché, peut engendrer ce qu'il est convenu d'appeler des «effets de forclusion»[359].

Il en est ainsi des monopoles historiques qui, bénéficiant d'un accès privilégié aux données du fait de leur mission de service public, peuvent exploiter ces données en vue de proposer des services personnalisés aux consommateurs des marchés adjacents, «obtenant ainsi un avantage concurrentiel que leurs concurrents ne peuvent répliquer»[360].

Ces pratiques anticoncurrentielles peuvent aussi être doublées d'autres pratiques, renforçant encore davantage le pouvoir de marché des plateformes numériques structurantes, à partir de la collecte et de l'utilisation des données auxquelles elles procèdent :

°- Au niveau de la définition des prix, les plateformes en situation de position dominante sont, assez souvent, accusées de se livrer à une discrimination tarifaire.

Cette dernière, qui consiste à faire payer aux consommateurs le prix le plus proche possible de leur disposition à payer, n'est pas une pratique nouvelle. La spécificité des plateformes numériques est «qu'elles disposent de nouveaux outils permettant de faire basculer ces anciennes pratiques dans une nouvelle dimension, par la mise en œuvre d'outils techniques de profilage des internautes»[361].

Si une plateforme en position dominante exerce un certain pouvoir de marché, elle est de ce fait, en mesure d'utiliser les données dont elle dispose pour fixer des prix différents selon tel ou tel groupe de clients, qu'elle aura bel et bien identifié grâce aux données qu'elle aura collectées.

358Ibid.

359Cf. pour plus de développements : Pénard. T, «Faut-il repenser la politique de la concurrence sur les marchés internet ?», Revue Internationale de droit économique, T. 20, janvier 2006, pp. 57-88.

360Ibid.

361Beuve. J, Bourreau. M, Péron. M, Perrot. A, «Plateformes numériques... », op. cit, p. 2.

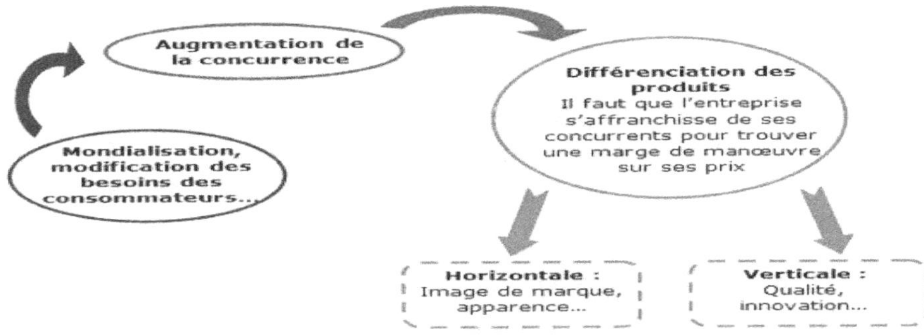

Schéma 29 : Plateforme, monopole et concurrence[362]

Ce que l'on appelle «price steering» est justement un instrument parmi tant d'autres, qui permet de proposer des prix différents selon le profil socio-démographique et économique des consommateurs que l'on définit à partir de leurs données.

Mais les plateformes numériques peuvent aussi pister l'adresse IP des internautes, pour prévoir leur comportement et leur intérêt pour tel ou tel bien ou service, et adapter leur stratégie commerciale en conséquence.

Il est vrai que les informations pouvant être retirées des adresses IP, relèvent des données personnelles strictement réglementées, mais l'hétérogénéité des réglementations, tout autant que le caractère planétaire de la circulation des données, pourraient déjouer de telles contraintes.

Par ailleurs, si les consommateurs optent pour d'autres alternatives à même de passer outre la discrimination tarifaire dont ils pourraient être l'objet, les coûts de recherche des informations et leur comparaison peuvent réduire sensiblement les possibilités de substitution offertes.

La plateforme en situation de position dominante détient le pouvoir de fixer le prix, mais aussi la mise en place d'un dispositif de discrimination par les prix.

Le pouvoir de marché étant la capacité d'augmenter le prix au-delà du coût marginal, cette capacité peut être acquise, renforcée,

---

[362]Ibid.

protégée et exploitée. D'où la distinction de taille entre un comportement qui consiste à exploiter un pouvoir de marché, et celui qui contribue à acquérir, renforcer ou protéger un pouvoir de marché.

C'est pour dire que le pouvoir de marché dont dispose une plateforme numérique, peut lui permettre de fixer les prix de manière à maximiser ses profits, mais lui donne aussi «le pouvoir» de modifier les prix pour maximiser davantage ses profits.

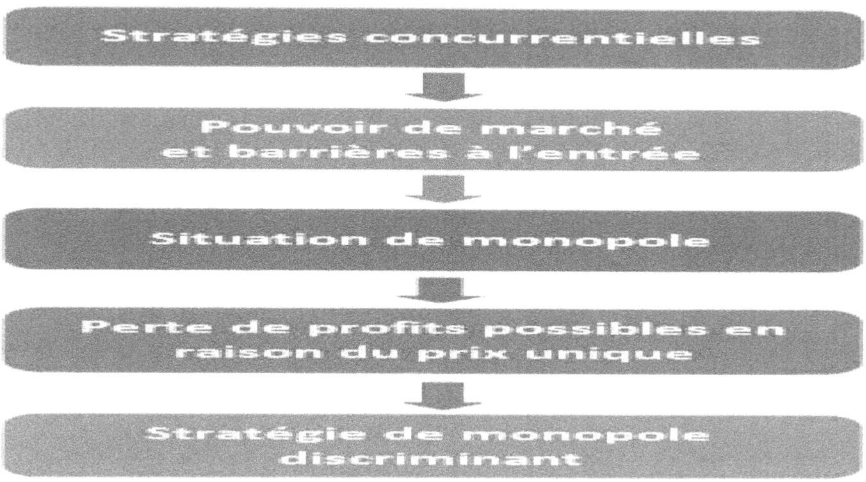

Schéma 30 : Pouvoir de marché et monopole discriminant[363]

Les dispositifs de discrimination par les prix permettent ainsi à la plateforme d'augmenter sa marge, renforçant par là, le pouvoir de marché et contribuant par conséquent, à créer un monopole encore plus puissant[364].

Il y a donc lieu, dans cette forme de discrimination tarifaire, de «faire la part» entre fixation des prix pour maximiser les profits, et investissement stratégique dans le cloisonnement, dans le but de modifier les prix, maximiser encore les profits et acquérir ou consolider un pouvoir de marché.

---

[363]Maxicours, «Pouvoir de marché et monopole discriminant», Cours SES, Sans référence.

[364]Cf. pour de plus larges développements : Nalebuff. B, «Price discrimination and welfare : a comment on tying, bundled discounts and the death of the single monopoly profit», Competition Policy International, Vol. 5, n° 2, 2009.

Ces stratégies de cloisonnement peuvent prendre la forme de «dispositifs visant à empêcher l'arbitrage ou à établir une distinction entre les clients avertis et les clients naïfs, ou encore à recueillir et analyser des données permettant de déterminer les prix qu'un consommateur spécifique est disposé à payer pour un produit»[365].

Il faudrait noter, d'un autre côté, que les plateformes numériques n'acquièrent ou consolident leur pouvoir de marché en recourant uniquement aux pratiques de discrimination tarifaire et aux stratégies pouvant y mener. Elles peuvent aussi procéder à une manipulation implicite des choix des consommateurs.

C'est une pratique non tarifaire qui identifie la manière dont un groupe d'utilisateurs va interagir avec les autres groupes, mais aussi sinon davantage, avec la plateforme elle-même (design du site ou de l'application, emplacement et disposition des panneaux publicitaires, fonctionnement des outils de recherche…etc.).

Il s'agit en somme, de pratiques qui s'assimilent à des interfaces trompeuses dont l'objectif est sinon de conditionner, du moins d'orienter les choix des consommateurs (obstruction de produits, impression d'une rareté ou d'une urgence à acheter…etc.).

Une autre variante de cette pratique est celle qui fait entrer les utilisateurs dans une logique de silo : «plutôt que de mettre en concurrence plusieurs fournisseurs d'un même service, le consommateur-utilisateur est fortement incité à utiliser les produits et services de la plateforme ou de l'entreprise qui y est rattachée, y compris pour des services ou des produits éloignés»[366].

En même temps, les recommandations que la plateforme effectue, via de nombreux dispositifs de profilage algorithmique, risquent de réduire d'autant plus les possibilités pour le consommateur de comparer les biens et services offerts.

---

[365]Ibid.

[366]Beuve. J, Bourreau. M, Péron. M, Perrot. A, «Plateformes numériques… », op. cit, p. 4.

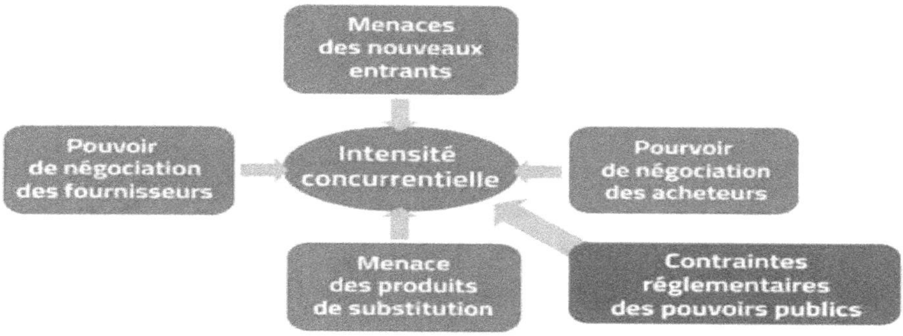

Schéma 31 : Le modèle des cinq forces de Porter[367]

3.2.2. Plateformes numériques : pouvoir de marché v/s pouvoir des algorithmes

La contribution des données au pouvoir de marché des plateformes numériques est probablement la plus intéressante du point de vue de l'analyse concurrentielle.

Cet aspect est d'autant plus intéressant qu'il interpelle les dimensions «non traditionnelles» à considérer dans l'évolution du pouvoir de marché des entreprises, sa création, sa consolidation, tout autant que sa préservation.

L'une des caractéristiques fondamentales des plateformes numériques en situation de position dominante, est le fait d'être un «pur» intermédiaire dont le rôle est de créer/capter de la valeur, par la facilitation des transactions au moyen de plusieurs dispositifs, dont notamment les algorithmes de recherche d'appariement et de paiement dont elles détiennent le secret.

La performance des algorithmes réside dans leur capacité à générer, à collecter et à traiter des flux considérables de données (Big Data).

[367]Techni-Contact, «Le modèle des cinq forces de Porter», Sans date.

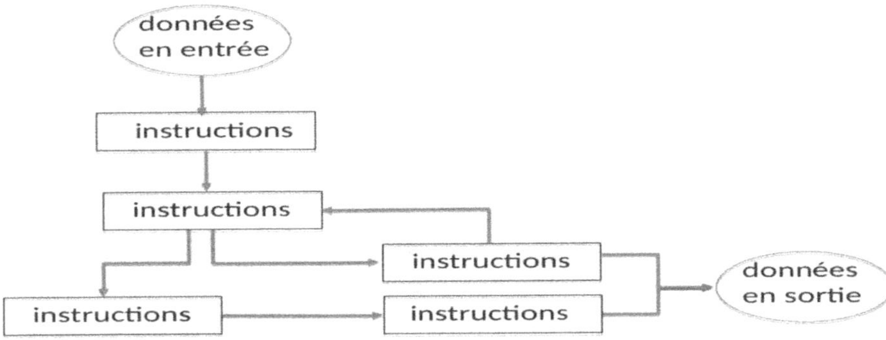

Schéma 32 : Données et algorithmes[368]

Ces données et l'intelligence économique qui en est déduite, accroissent la capacité de ces plateformes à identifier en amont, les besoins des consommateurs et à évaluer très finement leur capacité de paiement.

En effet, «alors que les marchés en ligne étaient initialement vus comme porteurs d'un double phénomène de convergence et de réduction des prix, ils se caractérisent aujourd'hui, par leur multiplicité et par leur différenciation en fonction des segments de clientèle»[369].

Les prix sur les marchés en ligne sont opaques, les plateformes pouvant les ajuster en temps réel, comme elles peuvent les personnaliser en fonction de telle ou telle catégorie d'utilisateurs accédant à leurs biens, services ou applications.

La première conséquence, déjà évoquée, est celle qui se rapporte à la discrimination tarifaire. Cette dernière pourrait résulter d'une dispersion des prix, d'une intensité de la concurrence, comme elle peut résulter de stratégies reposant sur les algorithmes.

Une seconde conséquence pourrait consister en l'augmentation de risques de manipulation algorithmique des consommateurs.

Ceux-ci «peuvent notamment obéir à des stratégies de prix partitionnés, consistant à ne révéler le prix effectif de la prestation

---

[368]Amer-Yahia. S, Favreau. A, Sénéchal. J, «D'où vient le risque ? Des données et des algorithmes», Blog Binaire du Monde, 5 février 2020.

[369]Ellison. G, Ellson. S. A, «Match quality, search and the internet market for used books», Massachusetts Institute of Technology, september 2014, 57 p.

qu'au fil du processus d'achat sur le site, limitant ainsi les capacités à comparer les prix et créant progressivement des irréversibilités dans le processus d'achat»[370].

Il faudrait noter ici que les stratégies de discrimination des plateformes numériques reposent sur différents types d'algorithmes : des algorithmes de prix, des algorithmes de personnalisation des pages d'accueil et de résultats et des algorithmes de recommandation ou d'appariement.

Le pouvoir de marché d'une plateforme numérique en situation de position dominante, peut être créé et/ou consolidé au travers des algorithmes, selon deux cas de figure : une domination provenant des abus d'exploitation et une domination à base d'abus d'éviction, par le biais des manipulations des résultats sur des moteurs de recherche en ligne ou sur des places de marché.

°- Les abus d'exploitation traduisent les situations caractérisées par des prix discriminatoires ou par des conditions commerciales déséquilibrées.

Les algorithmes permettant de rattacher chaque consommateur à une catégorie de clients finement définie, rendent possible «une approximation de la capacité maximale à payer, déduite du micro-segment auquel chaque consommateur est rattaché[371].

Cette identification repose «sur des techniques d'exploitation de données (data mining), sur des différenciations en fonction de l'historique des achats, de la localisation des connexions ou encore de l'analyse des parcours internet»[372].

Les algorithmes ici n'ont pas besoin d'informations individuelles sur le comportement d'un consommateur quelconque. Il leur suffit «d'observer certaines de ses caractéristiques disponibles sans identification personnelle, pour pouvoir prédire à quel segment de clientèle le rattacher. Ceci permet un ciblage fin des comportements d'achat. La plateforme offre à chaque segment des conditions

---

[370]Marwitz. V et Alii, «Divide and prosper : consumers reactions to partitioned prices», Journal of Marketing Research, Vol. 35, n° 4, 1998, pp. 453-463.
[371]Marty. F, «Plateformes numériques, algorithmes et discrimination », op. cit, p. 53.
[372]Cf. pour plus de détails : Kramer. A, Kalka. R, «How digital disruption changes pricing strategies and price models», In Khar. A (Ss. Dir.), «Phantom ex machina digital disruption's role in business model transformation», 2016, pp. 87-103.

tarifaires spécifiques permettant a priori de maximiser la consommation de ses membres»[373].

Car les algorithmes, dont notamment les algorithmes capables d'apprentissage autonome, peuvent analyser et rendre intelligible une grande quantité de données, en déduire des prédictions sur le comportement des consommateurs et les raffiner au fil des observations.

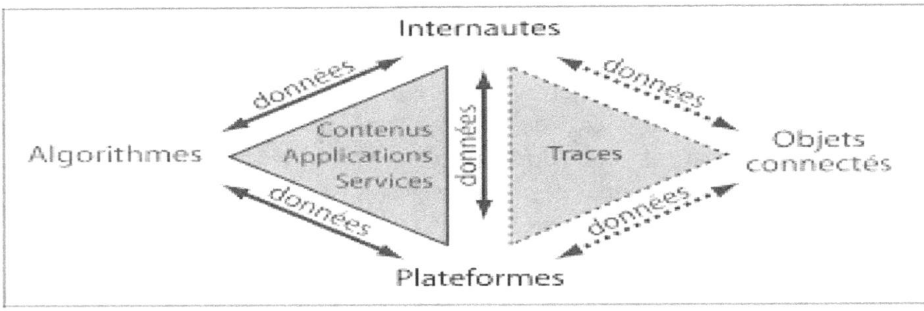

Schéma 33 : <u>Internautes, plateformes et algorithmes</u>[374]

La discrimination tarifaire ne passe donc pas toujours et uniquement par les prix. Elle peut passer aussi par le canal de la manipulation algorithmique.

En effet, les résultats souvent présentés par les algorithmes, sont fort personnalisés en vue d'orienter les choix du consommateur vers l'offre la plus coûteuse.

Le consommateur est ici d'autant plus manipulable «qu'il fait face à de très nombreux choix possibles et que ses coûts de recherche et son inconfort sont fonction croissante de l'éventail des choix qui lui est ouvert. La plateforme peut abuser de cette situation en présentant en premier des choix plus onéreux.

Elle peut également mettre en œuvre des stratégies d'éviction de certaines entreprises, en altérant le classement naturel des offres,

---

[373]Ibid.

[374]Pavel. I, Serris. J, «Modalités de régulation des algorithmes de traitement des contenus», Rapport, Conseil Général de l'économie, de l'industrie, de l'énergie et des technologies, Paris, 13 mai 2016, p. 10.

pour les rendre plus difficilement accessibles pour les consommateurs»[375].

Dans le cas des vendeurs sur la plateforme-place de marché, c'est-à-dire les entreprises, celles-ci sont contraintes de surseoir à paiement d'une commission pour pouvoir améliorer leur classement. Elles sont de ce fait, l'objet d'une véritable asymétrie de l'information non seulement parce qu'elles ne peuvent pas savoir comment l'algorithme classe naturellement les propositions, mais aussi parce que «le secret des affaires»[376] qui protège l'algorithme, empêche de détecter d'éventuelles manipulations.

L'algorithme étant une boite noire, il s'avère qu'il est impossible d'évaluer ses choix tant ex ante qu'ex post.

°- Quant aux effets d'éviction, il faudrait noter que les stratégies de manipulation algorithmique peuvent se manifester à travers les résultats de recherche en ligne par la plateforme en situation de position dominante, pour avantager en aval un service intégré par rapport à des offres concurrentes.

En effet, des résultats de recherche manipulés «peuvent canaliser, sinon déterminer les choix des consommateurs en ligne et, irrémédiablement, exclure certains opérateurs du marché actuel. Il s'agit du search engine manipulation effect»[377].

Sur Google Shopping, les internautes se contentent ainsi par exemple, et dans leur immense majorité, des trois premiers résultats.

Les pratiques de manipulation algorithmique sont donc réelles et dénotent du peu de transparence dans les règles de fonctionnement des plateformes, qui peuvent être à l'origine de l'éviction de consommateurs tout autant que de marchands/clients.

De telles pratiques sont d'autant plus discriminatoires que les plateformes-place de marché contrôlent généralement les données relatives aux clients des vendeurs indépendants. Si ces derniers veulent y accéder, «il leur est nécessaire de souscrire des services de

---

[375] Marty. F, «Plateformes numériques…», op. cit, p. 61.
[376]Cf. pour plus de développements : Marty. F, «La protection des algorithmes par le secret des affaires : entre risques de faux négatifs et risques de faux positifs», Revue internationale de droit économique, T. 33, février 2019, pp. 211-237.
[377]Marty. F, «Plateformes numériques… », op. cit, p. 63.

data analytics payants, la plateforme détenant sur celles-ci une position de monopole…(Ainsi), non seulement les marchands n'ont qu'une connaissance imparfaite de leurs propres clients, mais ils ne peuvent accéder aux données relatives à leurs concurrents et aux clients des produits et services directement vendus par la plateforme»[378].

Ceci au moment où la plateforme dominante a la capacité (et le pouvoir) d'accéder aux informations relatives à l'ensemble des participants de sa place de marché.

La plateforme-place de marché est en somme, en position d'acquérir une indépendance stratégique vis-à-vis de ses clients, tout autant que de ses concurrents.

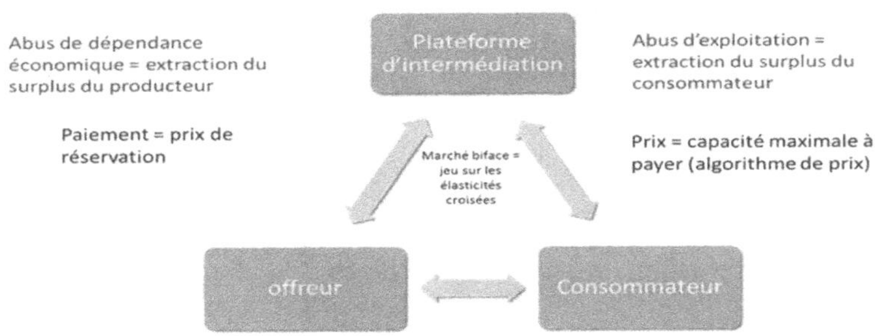

Schéma 34 : <u>Plateformes numériques et abus de position</u>[379]

3.2.3. Plateformes numériques, Big Data et pouvoir de marché : le marché pertinent

Plusieurs pratiques liées aux données massives, et relevant de stratégies d'exploitation, de discrimination ou d'éviction, puisent leur force (leur légitimité, diraient d'aucuns) d'un certain abus de position dominante.

---

[378]Ibid.

[379]Hagiu A, Wright J, «Multi-sided platforms», International Journal of International Organization, Vol. 43, november 2015, pp.162-174.

Or, les reproches généralement faits à l'encontre de cette «structure de marché» ne portent pas sur la position dominante en tant que telle, mais plutôt sur le comportement abusif de la plateforme en situation de position dominante.

Cette position s'apprécie en principe, sur un marché ordinaire, défini comme un lieu de rencontre de l'offre et de la demande, et partant sur un produit ou un service donné.

Mais la différence de taille qu'il faudrait relever est que l'opération «d'échange» des données n'est pas ici de même nature, encore moins de même référentiel, les données n'ayant de valeur économique, fruit de l'échange, qu'une fois traitées et rendues intelligibles.

Autrement, la création de la valeur résulte d'un «effort de l'entreprise elle-même sur les données qu'elle collecte, et non de la rencontre entre l'offre et la demande»[380].

Ceci est d'autant plus vrai que nombreuses sont les organisations qui collectent et utilisent les données qu'elles collectent en interne, mais n'en font pas toujours matière à échange avec des tiers.

Il s'avère ainsi qu'il est difficile de définir les contours d'un éventuel marché des données, d'autant que même les données générées par les utilisateurs ne font pas l'objet d'une quelconque contrepartie monétaire, la gratuité n'ayant pas de marchés spécifiques, encore moins pertinents[381].

Il est vrai qu'il est possible de reconnaitre la place des données dans un marché de produits, puisque le traitement contribue à l'amélioration du produit final. Il n'est pas moins vrai cependant, que

[380]Gaillard. L, Danel. A, «Le droit de la concurrence... », op. cit, p. 23.

[381]La notion de marché pertinent permet d'identifier et de définir le périmètre à l'intérieur duquel s'exerce la concurrence entre entreprises. Elle permet aussi d'établir le cadre dans lequel la politique de la concurrence pourrait s'appliquer. Son objet principal est d'identifier de manière systématique, les contraintes que la concurrence fait peser sur les entreprises concernées. La définition du marché permet, entre autres, de calculer les parts de marché, qui apportent des informations utiles concernant le pouvoir de marché afin d'apprécier une position dominante. Le marché en cause est délimité tant au niveau des produits que dans sa dimension géographique. Cf. Commission européenne, «Communication de la Commission sur la définition du marché en cause aux fins du droit communautaire de la concurrence», J.O., C.372, 9 décembre 1997, p. 5.

le traitement lui-même des données ne constitue pas un marché en soi, d'autant que les critères retenus pour la délimitation du marché pertinent, ont du mal à s'adapter au cas spécifique de traitement des données.

Dans le même temps, l'avènement du Big Data, la nature tout autant que les sources et les applications des données, se sont tellement multipliées que la définition des frontières entre catégories de données semble difficile à établir. En témoignent les données provenant des réseaux sociaux, riches et diversifiées, et celles émanant des moteurs de recherche, collectées pêle-mêle et de manière automatique.

Dans le cas des plateformes numériques, il convient de noter que les situations d'abus de position dominante affectent les consommateurs en dernier ressort, comme dans la logique de la taxe sur la valeur ajoutée.

Il est ainsi souvent noté que le Big Data peut avoir «de lourdes incidences sur la protection des intérêts des consommateurs, car le caractère évolué des méthodes d'analyse des données, des outils de programmation et des systèmes d'intelligence artificielle, conjugué au renforcement de la transparence et de l'aptitude à comparer les prix induits par internet, risquent de favoriser considérablement la coordination du marché»[382].

Les entreprises de plateforme et les plateformes numériques recourent ainsi à des formes d'alliance et/ou d'entente, qui s'avèrent plus faciles, et payantes de surcroît, que de se livrer à des batailles acharnées pour renforcer seules leur position. Cela se fait naturellement à l'insu des consommateurs, et probablement même contre leur propre gré.

Par le biais de ces ententes, «les entreprises vont pouvoir décider d'augmenter ou stabiliser les prix, dans l'optique d'augmenter leurs profits ou d'avoir chacune une zone géographique définie dans laquelle elle opérera de manière exclusive»[383].
Ces pratiques collusoires sont fréquentes dans le monde des plateformes numériques et peuvent prendre des formes complexes,

---

[382]OCDE, «Données massives : adapter la politique de la concurrence à l'ère du numérique», OECD Publishing, Paris, 30 novembre 2016, p. 26.
[383]Erzachi. A, Stucke. M, «Virtual competition : the promise and perils of the algorithm-driven economy», Harvard University Press, Londres, 2016, p. 16.

découlant de la relation entre l'internet des objets, le Big Data, les Big Analytics à base d'algorithmes de profilage et de tarification, et l'intelligence artificielle[384].

Quatre scénarios sont généralement retenus dans lesquels les algorithmes peuvent favoriser des pratiques collusoires, sans que les consommateurs en soient partie prenante :

°- Le premier scénario est celui où les entreprises conviennent ensemble d'une même méthode de tarification. Pour s'assurer que l'accord convenu est bel et bien respecté, elles utiliseraient les Big Data conjuguées à une analyse massive en temps réel (les Big Analytics). Les algorithmes sont ici «les messages par lesquels les membres de l'entente programment de rendre efficace l'entente, et de surveiller et punir toute déviation à l'accord»[385].

Les algorithmes utilisant les données massives sont, de ce fait, l'apanage exclusif de ces entreprises. Les consommateurs n'ont le moindre regard ni sur leur nature, ni sur leurs retombées, encore moins sur leur configuration architecturale.

°- Le second scénario est celui de l'algorithme partagé entre plusieurs entreprises, avec une plateforme principale qui permet de coordonner les prix et les activités des différents concurrents, en fonction des données entrantes sur le marché : «le comportement de marché des différents concurrents pourrait être pure magie, aligné dès lors qu'ils utilisent le même cerveau pour déterminer une stratégie des prix»[386].

Là aussi, l'avis des consommateurs n'est pas recueilli, encore moins pris en considération.

°- Le troisième scénario est celui d'une entente directe entre entreprises, par l'usage qu'elles font des Big Data et de l'amélioration de la transparence des marchés qui pourrait en découler. Or, «l'implication de ces entreprises dans l'utilisation de ces algorithmes de tarification, n'est pas clair ou n'implique pas d'accord entre humains»[387].

---

[384]El Yahyaoui. Y, «Ecosystème des données numériques... », op. cit, p. 66 et suivantes.
[385]Erzachi. A, Stucke. M, «Virtual competition... », op. cit, pp. 39-45.
[386]Ibid.
[387]Ibid.

Les consommateurs subissent là encore, l'impact des tarifs générés automatiquement par des algorithmes reposant sur des données massives uniquement, et un paramétrage des prix opaque.

°- Le quatrième scénario se rapporte à l'intelligence artificielle. Ce scénario repose sur les masses considérables en matière de stockage et de traitement des Big Data en temps réel, mais aussi sur la sophistication croissante des algorithmes, qui sont en mesure de prendre des décisions sans la moindre intervention humaine.

Il est par conséquent, fort malaisé d'empêcher dans ce cas, les pratiques anticoncurrentielles, ne serait-ce que parce que le facteur humain est quasiment dénué de «pouvoir», face à des machines dotées d'une grande teneur d'intelligence artificielle.

Parameter (market characteristic)	Potential effect of an increase in this parameter on the stability of collusion	Impact of algorithms on the stability of collusion *via* this parameter
Number of companies	Decreasing	Positive
Barriers to entry	Increasing	Ambiguous, depending on the market
Frequency of interactions	Increasing	Positive
Market transparency for companies	Increasing	Positive
Market transparency for consumers	Ambiguous, depending on the market	Ambiguous, depending on the market
Asymmetry between companies	Decreasing	Ambiguous, depending on the market
Product differentiation	Decreasing	Ambiguous, depending on the market
Innovation	Decreasing	Negative or ambiguous, depending on the market

Table: Effects of various market characteristics on stability of collusion and resulting impact of algorithms on collusion stability[75]

Schéma 35 : <u>Effets et contre effets collusifs des algorithmes</u>[388]

[388]Sont ainsi identifiés huit facteurs influençant la mise en application et/ou la stabilité de la situation collusive : le nombre d'entreprises, les barrières à l'entrée, la fréquence des interactions entre les entreprises, la transparence du marché pour les concurrents et celle pour les consommateurs, l'asymétrie d'information entre les concurrents, la différenciation des produits et l'innovation. Cf. Rassafi-Guibal. H, «Algorithmes et concurrence. Regards croisés de l'Autorité de la concurrence et du Bundeskartellamt», Revue générale du droit on line, n° 49825, 2019.

Tous ces scénarii vont dans le sens d'un amenuisement de la concurrence et d'une consolidation du pouvoir de marché des entreprises géantes, ou de celles en cours de se muer en méga-groupes.

Appliquées au cas des firmes/plateformes, la perspective demeure inchangée et le pouvoir de marché établi ne pourrait être profondément déstabilisé.

Mais la particularité de ces firmes/plateformes, c'est que dans leur contexte spécifique, le marché n'est pas une entité séparée de l'organisation. Ils peuvent être appréhendés en une sorte de forme d'organisation hybride «Firme-Marché».

En effet, «grâce à leurs algorithmes, les plateformes internalisent en quelque sorte le marché à l'intérieur de l'entreprise, en en faisant une activité lucrative, source de rente d'intermédiation et de monopole»[389].

Ce qu'il est par ailleurs, véhiculé sous l'expression de «gratuité marchande», pour justifier une quelconque règle de la concurrence, ne pourrait toutefois résister à l'analyse. Car, «dans l'organisation des plateformes bifaces (ou multi versants), cette gratuité n'est en réalité, qu'instrument au service d'une logique propriétaire , et lucrative…Autrement dit, des services, en apparence gratuits, sont offerts sur un versant de la plateforme aux internautes de manière à les attirer, à en extraire le maximum de données et de contenus, et cela afin de vendre sur l'autre versant, des espaces publicitaires ciblés, à des annonceurs qui s'adressent à ces mêmes usagers»[390] : les plateformes dévorent tout, diraient d'aucuns.

---

[389]Vercellone. C, «Les plateformes de la gratuité marchande et la controverse autour du free digital labor : une nouvelle forme d'exploitation ?», Open Journal in Information Systems Engineering, Vol. 1, n° 2, avril 2020, p. 4.

[390]Vercellone. C, «Les plateformes de la gratuité marchande… », op. cit, p. 5.

Schéma 36 : Les plateformes dévorent le monde[391]

Le modèle de profit des plateformes de la «gratuité marchande» fait émerger aussi la question non seulement des données gratuites collectées et utilisées, mais aussi la question du travail gratuit des usagers de ces plateformes.

[391]Célisse. D, «Les plateformes dévorent le monde», Blog, 28 août 2020.

3.3. Plateformes numériques, pouvoir de marché et phénomène d'ubérisation

Les plateformes sont des acteurs qui organisent, grâce à des outils numériques, des marchés multifaces. Elles mettent en relation ainsi, plusieurs groupes d'utilisateurs, distincts mais complémentaires.

La nouveauté ne réside pas évidemment dans cette opération de mise en relation, rendue possible grâce aux avancées technologiques et aux innovations organisationnelles. «Ce qui est radicalement neuf avec le numérique, est à la fois l'élargissement quasiment sans limite du nombre d'acteurs qui peuvent être mis en relation en temps réel, et la réduction drastique des coûts de production de cette mise en relation et de ces services»[392].

Cette intermédiation en temps réel qu'assurent les plateformes numériques, porte aussi bien sur les biens tangibles que sur les biens intangibles, sur l'information comme sur le temps, sur l'argent comme sur les biens immobiliers.

S'il est vrai que la combinaison du Big Data, des algorithmes et de l'intelligence artificielle, a été utilisée pour assurer la mise en relation et l'intermédiation des échanges, il n'est pas moins vrai qu'elle a été utilisée aussi pour structurer les transactions dans une logique d'optimisation, devenue au centre des modèles économiques des plateformes numériques. L'ubérisation semblerait à première vue, l'une des dimensions clefs de cette structuration.

Mais ces plateformes «ubérisantes», tout autant que les modèles d'affaires qu'elles ont réussi à forger, n'ont pas uniquement déclenché un processus de réorganisation généralisée, mais ont aussi initié une dynamique de concentration qui s'est, à son tour, traduite par un pouvoir de marché et des situations d'abus de position dominante.

3.3.1. Du phénomène d'ubérisation

Une distinction puis une définition s'imposent préalablement à toute réflexion sur le phénomène d'ubérisation :

---

[392]Forester. F, Bonot. F, Chagny. O, Dufour. M, «Désubériser, reprendre le contrôle», Ed. du Faubourg, 2020, pp. 16-17.

°- Premièrement : la terminologie «ubérisation» se distingue nettement de deux autres expressions qui lui sont proches : l'économie de partage et l'économie collaborative.

Le terme «économie de partage», assez souvent associé à «l'économie collaborative», est couramment et spontanément associé à des plateformes numériques (et donc virtuelles) comme Uber ou Airbnb, alors qu'aucun partage (même s'il peut y avoir une certaine collaboration) n'entre en ligne de compte dans l'activité de celles-ci. Il s'agit en fait, d'une activité commerciale exécutée en vue de permettre au prestataire d'obtenir un revenu.

°- Deuxièmement : le néologisme d'ubérisation est généralement utilisé pour désigner «le phénomène par lequel une start-up ou un nouveau modèle économique, lié à l'économie digitale, peut menacer et remettre en cause rapidement un vieux modèle de l'économie dite traditionnelle»[393].

L'émergence de ce versant fort de la «nouvelle économie» s'exprime avec évidence par l'irruption de plateformes numériques dans la plupart des secteurs de l'économie et de la société : dans le transport, la location immobilière de courte durée, la location de parkings, les services de livraison, les services à la personne, les services financiers, les micro-tâches, l'économie sociale et solidaire et même dans les secteurs de l'éducation et de la formation à distance[394].

Concrètement, l'ubérisation tire son nom de l'entreprise Uber, qui développe des applications mobiles dans le secteur du transport de personnes en VTC (Voiture de Transport avec Chauffeur).

Par extension, on qualifie d'ubérisation le phénomène économique de désintermédiation, de numérisation et de facilitation administrative qui s'est développé ces dernières années, autour de start-ups spécifiques.

---

[393]Bouayachi. N, «L'ubérisation. Comment s'adapter à l'ubérisation en tant qu'entreprise traditionnelle ? A quelles conditions le travail dans l'économie collaborative peut-il avoir un sens pour les travailleurs ?», Master en sciences du travail, Université Catholique de Louvain, 2017, p. 6.

[394]Cf. Teboul. B, «L'Ubérisation, l'automatisation. Le travail, les emplois de la seconde vague du numérique», In Boutang. Y. M (Ss. Dir.), «Big data et emploi : Principaux enjeux et conséquences en matière d'emploi», Séminaire GE 90, Université de Technologie Compiègne, février 2017, 24 p.

Elle repose sur «l'usage d'une plateforme numérique, d'une quasi immédiateté des échanges entre le client et le prestataire, la mutualisation des ressources et la limitation des infrastructures et des démarches administratives»[395].

A partir d'une telle définition, l'on pourrait déduire les critères suivants :

°- La disruption, car non seulement les modèles traditionnels sont de plus en plus remis en cause, mais aussi parce que même les grandes entreprises sont menacées par de simples particuliers qui pourraient bouleverser le marché en un temps record[396],

°- L'échange, à travers la connexion des gens qui recherchent un produit ou un service, avec ceux qui ont un produit ou un service à offrir. Cet échange peut prendre la forme d'un troc, d'un partage, d'une location ou d'une vente,

°- La plateforme numérique, car ledit échange emprunte naturellement son infrastructure, celle-ci pouvant prendre forme sur internet, sur une application mobile, sur une tablette ou sur un système de paiement.

°- Les prix : ils sont ajustés en temps réel en fonction de l'offre et de la demande, l'accès se faisant à la demande, au moment et à l'endroit convenus avec l'utilisateur,

°- Et l'usage, car la consommation d'un bien ou d'un service donné, prédomine sur la possession de ce même bien ou service»[397].

Tout ce dispositif prend pied sur trois grands piliers :

+ Une révolution numérique portée par l'internet haut débit, les objets connectés, les algorithmes et l'intelligence artificielle, milieu au sein duquel la valeur provient pour l'essentiel, de la collecte et du traitement des données numériques[398],

---

[395]Russel. G, «Ce que cache exactement le nouveau mot ubérisation», Le Figaro, 9 novembre 2015.
[396]Cf. Dudley. G, Banister. D, Schwanen. T, «The Rise of Uber and Regulating the Disruptive Innovator», The Political Quarterly, 2017, 9 p.
[397]De Fooz. A, «Ubérisation…Tout le monde en parle, Deloitte définit le terme», Digital Energy Solutions, 2015.
[398]Cf. Bonnard. C (Ss. Dir.), «Le Cloud, combiné à l'IoT, le Big Data et l'IA, révolutionne l'économie», Dossier, Capgemini, 2018, 16 p.

+ Une révolution de la consommation, avec l'émergence de nouvelles manières de consommer par le partage, dans le cadre de communautés créées au sein d'internet, des réseaux sociaux et des plateformes numériques,

+ Et une révolution des modes de travail, comme c'est précisément le cas avec les entreprises Uber ou Airbnb.

A l'origine (2009), Uber est une start-up ordinaire. En quelques années seulement, elle a marqué sa présence dans presque 600 villes dans le monde. Mais elle est aussi une simple application informatique de prestation de services qui a déstabilisé, en un laps de temps très court, l'économie d'un secteur tout entier (le transport)[399].

C'est la raison pour laquelle, lorsqu'on évoque le terme ubérisation, l'on évoque dans son sillage, le terme disruption.

Il est vrai qu'Uber tire sa force d'une innovation technologique et donc d'une plateforme réticulaire. Mais il n'est pas moins vrai qu'elle la tire aussi du modèle économique qu'elle a mis en place, et fondé sur la trilogie : prix-fiabilité-réputation.

Le phénomène de disruption dont la firme est à l'origine, ne se distingue pas beaucoup de celui observé dans l'économie traditionnelle, du moins pour ce qui est de l'impact de l'innovation[400].

Il s'agit d'une proposition d'innovation dans la chaîne de valeur qui «attaque un marché aux situations établies et le bouleverse avec une

[399]Pour devenir utilisateur d'Uber, il suffit d'avoir un smartphone et disposer d'une carte de crédit. A partir de son compte, on pourrait visualiser le temps d'attente, le type de véhicule et le prix. Un algorithme sophistiqué assure la mise en relation avec la voiture (avec chauffeur) la plus proche. Au bout du trajet choisi, le montant de la course est automatiquement débité et l'utilisateur peut ainsi, noter le chauffeur. Ce dernier procédera aussi à l'évaluation de son passager à la fin de la course. Une sorte de confiance s'établit ainsi entre les deux parties. Cf. Lesteven. G, Godillon. S, «Les plateformes numériques révolutionnent-elles la mobilité urbaine ?», Netcom, Vol. 31, n° 3-4, 2017, pp. 375-402.

[400]Le cas d'Uber illustre pour d'aucuns, la «destruction créatrice» schumpétérienne à l'ère du numérique. Le nouvel entrant finit par bouleverser rapidement les équilibres de marché établis, crée peu d'emplois directs, mais beaucoup d'emplois indirects (de chauffeurs pour le cas d'Uber) et permet des gains de productivité considérables.

proposition de valeur inédite, attendue par le consommateur, souvent déçu par l'offre existante»[401].

Le phénomène d'Uber est donc parti d'un processus rapide et inattendu de «destruction créatrice», dont les conséquences sont considérables.

Ainsi, «un entrepreneur (Travis Kalanick) se saisit d'une innovation numérique (le smartphone et sa géolocalisation) pour lancer une nouvelle offre (l'application Uber) avec un meilleur rapport qualité-prix que les offres préexistantes. Le processus débouche sur des gains de productivité et une réallocation des facteurs de production»[402].

L'innovation Uber repose ainsi sur une plateforme numérique qui met en relation des travailleurs indépendants (les chauffeurs) et des consommateurs. Sa capacité tient à la vitesse surprenante de ses innovations technologiques et organisationnelles :

« + Une fois la plateforme mise en ligne, ce sont les producteurs de service (ici les chauffeurs) qui investissent (ici dans les véhicules et la formation) pour développer l'activité. Le déploiement sur un nouveau marché nécessite seulement quelques mois, car il repose sur une multitude d'acteurs.

+ Dans le monde numérique, le coût du changement pour l'utilisateur est facile, et il est aisé de comparer les offres. Une nouvelle offre compétitive va aisément conquérir des parts de marché et voir croître sa base d'utilisateurs,

+ L'industrie des plateformes a tendance à se constituer en position dominante : les producteurs et les consommateurs ont intérêt à se rassembler sur la même application, car les rendements sont croissants. Une position de leader bénéficie rapidement d'un phénomène de winner takes all»[403].

Plusieurs entreprises sont issues de l'ubérisation et ont réussi, à leur manière, à déstabiliser les équilibres des marchés auxquelles elles se

---

[401]Jacquet. D, Leclercq. G, «Ubérisation : un ennemi qui veut du bien ?», Ed. Dunod, Paris, 2016, pp. 1-6.
[402]Schwerer. C. A, «Uber : une innovation au service de la croissance. Réguler les VTC pour répondre aux défis économiques, sociaux et territoriaux», Asterès, janvier 2016, p. 9.
[403]Airbnb, «Our story», 10 avril 2017.

rapportent. Le cas emblématique ici est celui de l'entreprise Airbnb, fondée en 2008 par Brian Chesky et Joe Gebbia.

Il s'agit d'une plateforme d'hébergement par le biais de laquelle des particuliers peuvent louer une chambre d'hôtel, un appartement, une maison, une villa ou encore un château.

Le site d'Airbnb nous explique que les hôtes déterminent le tarif eux-mêmes, ou «laissent l'algorithme d'Airbnb décider pour eux, en fonction d'une série de critères (demande, localisation, descriptif du bien...etc.). Cela se fait en ligne, également via un smartphone et l'application conçue pour ce faire»[404].

Deliveroo est aussi de ces plateformes numériques qui épousent le modèle économique d'Uber. Fondée en 2013 en Grande Bretagne par William Shu et Greg Orlowski, cette start-up est spécialisée dans la livraison des repas des restaurateurs à vélo.

Son service consiste à choisir un repas dans un restaurant situé au maximum 2,2 km de l'internaute, le restaurant reçoit la commande, le livreur le plus proche du restaurant étant assigné pour chercher les plats et livrer en trente minutes.

Deliveroo a ainsi deux types de clients : les internautes et les restaurants qui acceptent de travailler avec la plateforme[405].

3.3.2. Plateformes numériques v/s plateformes de travail

Les plateformes numériques, dont la plupart sont nées à la fin des années 2000, combinent des attributs modernes, voire révolutionnaires, avec d'autres plus anciens, pour ne pas dire élémentaires :

«+ D'un côté, elles inventent de nouvelles façons d'organiser la production de biens et de services. Elles permettent d'optimiser d'une manière inédite, la rencontre entre l'offre et la demande de services. Elles libèrent aussi des énergies entrepreneuriales dans des sociétés qui valorisent de plus en plus l'autonomie et la liberté,

---

[404]Ibid.

[405]Cf. pour une vue d'ensemble : Cabrespines. J-L, Wargnier. R, «Tourisme et numérique», Rapport, Conseil économique, social et environnemental, Paris, 22 décembre 2017, 242 p.

+ De l'autre, elles contribuent aussi à recréer des formes anciennes de travail à la tâche, qui avaient peu à peu disparu dans nos Etats-providence ou qui restaient cantonnées dans l'économie grise»[406].

C'est qu'à la différence des entreprises de services traditionnelles, les plateformes ont la capacité de jouer sur les externalités de réseau et sur les coûts marginaux fort décroissants, pour conclure des transactions et des prestations à haute valeur ajoutée, sans grande intervention humaine, si ce n'est au niveau des algorithmes et des applications informatiques.

La plupart des grandes plateformes numériques se sont toutes inscrites dans cette dynamique nouvelle, dont certaines à but non lucratif, mais «dont la majorité à partir d'un modèle économique fondé sur la maximisation des bénéfices»[407].

C'est la raison pour laquelle elles n'interviennent que dans des secteurs à haut potentiel de rentabilité.

Dire cela reviendrait à dire que les plateformes «n'ubérisent» et ne désintermédient, puis ne réintermédient, que les secteurs où la fonction d'intermédiation est déjà centrale[408].

Dans le même temps, le modèle économique des plateformes amène celles-ci à faire des levées de fonds massives, alors que leurs investissements en «capital productif» sont très faibles par rapport aux modèles de l'entreprise traditionnelle. Il leur faut se développer rapidement (et d'emblée à une échelle internationale), en jouant sur les différentes faces de leurs marchés, sans chercher la rentabilité, mais la croissance. Car, quand «le marché arrive à maturité (comme c'est actuellement le cas par exemple, pour les moteurs de recherche ou les réseaux sociaux), il reste un ou deux acteurs qui se partagent l'essentiel du marché et les autres disparaissent : le gagnant emporte tout»[409].

---

[406]Matinot. B, Vitaud. L (Ss. Dir.), «Travailleurs des plateformes : liberté oui, protection aussi», Rapport, Institut Montaigne, avril 2019, p. 4.
[407]L'ambigüité des origines autour de la nature de ces plateformes (de partage ou prélude à un nouveau modèle capitaliste) a progressivement disparu, au vu des stratégies et des intentions des plateformes leaders. Les visées lucratives de ces opérateurs ne laissent présager désormais le moindre doute.
[408]Chemla. B, «Et si l'ubérisation n'avait pas attendu l'émergence des plateformes digitales ?», Les Echos, 15 septembre 2016.
[409]Nicot. A. M, «Le modèle économique des plateformes : économie collaborative ou réorganisation des chaînes de valeur ?», ANACT, La Revue des conditions de travail, n° 6, septembre 2017, p. 48.

C'est à ce moment là que les plateformes deviennent plus rentables et acquièrent le poids financier pour racheter, dans l'écosystème numérique, toutes les start-ups en mesure de compléter ou d'améliorer leurs services.

Mais ces plateformes numériques n'apportent pas uniquement de l'ubérisation et de la disruption au cœur des activités traditionnelles. Elles en modifient aussi les règles de fonctionnement, tout autant que celles des marchés s'y rapportant.

D'autant que ces plateformes, de par leur statut ambigu (opérateur effectif ou simple intermédiaire), et le caractère ubiquitaire et délocalisé de leurs activités, pourfendent les contraintes juridiques et réglementaires dans leur quête pour un maximum de profit.

Par ailleurs, et sous l'apparence de l'indépendance, les travailleurs des plateformes, dits collaborateurs ou entrepreneurs indépendants, subissent assez souvent les effets de fluctuation des marchés, notamment du côté de la demande. C'est aux plateformes de déterminer ce que ces travailleurs auront à faire, quand et à quels tarifs.

En même temps, «si les plateformes ont décidé de classer les travailleurs comme entrepreneurs indépendants, c'est d'abord pour se dégager des principales obligations de la relation d'emploi, comme le salaire minimum ou les heures supplémentaires, la sécurité sociale ou la sécurité d'un environnement de travail sain et sécurisé»[410].

Par conséquent, les travailleurs des plateformes sont les seuls qui supportent l'ensemble des coûts (outils de travail, charges sociales, formation) et des risques (accidents de travail ou arrêts pour des raisons médicales), sans parler des risques relatifs aux défaillances éventuelles des clients, ou ceux liés aux difficultés économiques pouvant provenir d'une demande insuffisante ou d'une concurrence intense[411].

La valorisation de l'activité est un risque supplémentaire qui pourrait peser sur les revenus de ces travailleurs, les prix étant par ailleurs fixés par les demandeurs ou «négociés» avec les algorithmes des plateformes.

---

[410]Nicot. A. M, «Le modèle économique des plateformes… », op. cit, p. 50.
[411]Cf. Dallaire-Fortier. C, Hébert. G, «Le travail sous le capitalisme de plateforme», IRIS, Note socioéconomique, Paris, janvier 2020, 12 p.

Ainsi, pour le cas d'Uber par exemple, l'utilisation d'algorithmes de tarification opaque, est une preuve de plus, que les plateformes sont la partie qui impose ses conditions.

Il est ainsi question, par ces algorithmes, d'un «ensemble d'instruments de surveillance qui remplacent l'encadrement direct, et créent des asymétries de puissance entre la plateforme et les conducteurs. Les piliers de ce système sont : les algorithmes d'affectation, les algorithmes des prix de période de pointe et l'évaluation semi automatisée (qui combine le taux d'acceptation des conducteurs et les notes reçues par les passagers). Ceux-ci correspondent à trois aspects typiques de la gestion des ressources humaines : répartition du travail (affectation des passagers et planification prédictive), information (tarification dynamique des périodes de pointe) et évaluation»[412].

Autrement, le droit que s'est arrogé Uber de contrôler et de modifier unilatéralement le prix des courses et la commission qu'il prend sur celle-ci, «lui donne un contrôle disproportionné sur la rémunération de ses chauffeurs»[413].

La subordination induite par le remplacement de la relation salariale par une relation marchande, n'est à plusieurs égards, que la contrepartie des phénomènes de flexibilité qu'imposent les plateformes et qui trouve sa justification dans l'indépendance apparente des travailleurs des plateformes.

Car, ce que développent en fait, ces plateformes, c'est un marché de l'emploi parallèle ultra flexible, une forme a-contractuelle d'emploi. Dans cette forme d'emploi, «n'existent plus ni contrat de travail, ni normes salariales, ni aucune réglementation en termes de temps de travail, d'horaires, de lieux de travail, de formation, d'accès aux organisations syndicales, à l'action collective. Le travailleur...se débrouille, avec un statut d'indépendant, pour sa propre protection sociale (chômage, pension, maladie professionnelle), la protection de sa santé et de sa sécurité au travail...Si, pour une raison ou pour une autre, la plateforme ne convient plus, les gestionnaires de la plateforme désactiveront son compte, sans autre forme de procès

---

[412]Codagnone. C, Abadie. F, Biagi. F, «The futur of work in the sharing economy. Market efficiency and equitable opportunities or unfair precarisation ?», JRC Science of Policy Reports, 2016, p. 33.
[413]Ibid.

(sans le moindre encadrement législatif ou réglementaire visant à défendre le travailleur)»[414].

Il est même question à ce propos, de ce que d'aucuns appellent «le risque de la servification», c'est-à-dire cette série de fonctions occupées par ceux qui dépendent des données des plateformes. Les travailleurs ne sont ici autres que de simples exécutants au service des algorithmes : «les plateformes informatiques s'insèrent entre le client final et le producteur de biens ou de services, rendant ce dernier extrêmement dépendant des plateformes qui les emploient»[415].

Ce qui est vrai pour ces plateformes, l'est aussi sinon davantage, pour les secteurs qui font l'objet d'une disruption, car la numérisation a des effets spécifiques extraordinaires :

« + Elle concerne le pouvoir et la richesse le long de la chaîne de valeur sur la plateforme du marché numérique ou le propriétaire de la norme de communication, en privant ainsi toutes les autres entreprises de la capacité d'investir, d'innover et de fournir des salaires et des conditions de travail correctes,

+ Elle remet en cause les fondations de la relation d'emploi (permanent, à temps plein), parce que toutes les fonctions de cette relation (y compris le contrôle de la tâche) peuvent être exécutées à distance…,

+ Elle ouvre de nouvelles possibilités de contrôle exercé sur les travailleurs, mais aussi de coopération entre eux»[416].

3.3.3. Ubérisation et plateformes «ubérisées» : un nouveau mode d'organisation

La plupart des modèles économiques des plateformes numériques (à but éminemment marchand ou à but non lucratif), reposent sur l'agrégation de la multitude, une masse d'individus connectés via des dispositifs et des applications informatiques.

---

[414]Degryse. C, «Impacts sociaux de la digitalisation de l'économie», European Trade Union Institute, Working Paper, février 2016, p. 37.
[415]Degryse. C, «Impacts sociaux de la digitalisation… », op. cit, p.40.
[416]Cf. IndustriAll, «Digitalising manufacturing whilst ensuring equality, participation and cooperation», Policy Brief, juillet 2015, 36 p.

La première application, probablement la plus visible et la plus «populaire», concerne le mode de consommation, car rares étaient dans le passé, les cas où de simples particuliers se louent les uns aux autres, voitures, appartements et même des biens de consommation courante. De telles formes d'échange, de mutualisation et de prêt, existaient auparavant, mais dans des dimensions réduites, marginales et peu «institutionnalisées» de surcroît.

L'on relève ensuite, les expériences de financement participatif qui permet aux particuliers de financer collectivement des projets qui ne peuvent accéder aux formes de financement traditionnelles : «au départ, cantonné aux dons aux contreparties en nature, le secteur s'est par la suite, élargi au prêt rémunéré et à l'equity crowdfunding»[417].

Plus émergent, mais également largement médiatisé, «le phénomène de la production distribuée (mouvements des makers, fab labs et ateliers de fabrication numérique) se pose comme une alternative au modèle de production de masse»[418].

C'est que ces nouveaux modèles (dits communément «collaboratifs») se caractérisent par «une extrême décentralisation dans leur émergence et une forte individualisation de la création d'activité, profitant ainsi de la désintermédiation rendue possible par le numérique. Cette désintermédiation permet l'éclosion d'une économie en apparence faiblement capitalistique, et modifie les frontières classiques entre les acteurs économiques»[419].

L'on assiste aussi, et dans le même sillage, à «une revitalisation profonde de l'entreprise telle qu'elle a été conçue depuis le XIXème siècle, autour du tryptique biens à vendre/outils pour produire/ financements à obtenir»[420].

---

[417]C'est une formule de financement participatif qui permet à des particuliers de se regrouper pour investir via internet, dans des start-ups et en devenir actionnaires. Cf. pour plus de développements : Belleflamme. P, Peitz. M, Omarani. N, «The economics of crowdsourcing platforms», Center for operations Research and Econometrica, Discussion Paper, n° 15, 2015, 62 p.

[418]Ibid.

[419]De Grave. A, Joly. C, Zarader. R, «L'économie du partage pour partager l'économie», Foundation for European Progessive Studies-Fondation Jean Jaurès, juillet 2017, p. 16.

[420]Ibid.

Ceci est d'autant plus affirmé que «les données intelligentes remettent en cause les processus commerciaux, l'organisation des entreprises et des industries, mais aussi dans des domaines aussi variés que la santé, l'agriculture, l'environnement, l'énergie, les transports, les villes, bref tous les types d'organisation»[421].

Certains auteurs vont même, en parlant de ces nouveaux modes d'organisation des entreprises, jusqu'à promettre «des usines intelligentes, une organisation du travail intelligente, un management intelligent, ainsi que des villes intelligentes, des magasins intelligents, des systèmes de production d'énergie intelligents, des infrastructures de transport intelligentes»[422].

Mais d'un autre côté, «l'ouvrier, le salarié, le prestataire de services, ne sont-ils plus que des exécutants de tâches décidées par les algorithmes ?»[423].

Ils pensent ainsi que l'on est passé d'une économie où c'était le maître des infrastructures qui créait et captait de la valeur, à une économie où c'est celui qui collecte, traite et utilise les données qui crée et capte la valeur.

Et de ce fait, la voiture d'aujourd'hui par exemple, est en train de «devenir le prolongement de l'ordinateur sur roues. Ceci aura un impact sur l'organisation des entreprises et de leur mode de production»[424].

L'on aura donc, à terme, affaire à un management par le data, qui «nécessite l'effacement des modes d'organisation en silo, au profit d'un mode d'organisation transversal et ouvert, au sein duquel circulent les flux d'informations»[425].

Ces plateformes deviennent une sorte «d'usines du XXIème siècle dont les enjeux sur les modes d'organisation de l'entreprise sont énormes :

°- En termes de surveillance, de contrôle, d'évaluation des performances des travailleurs,

---

421Degryse. C, «Impacts sociaux de la digitalisation… », op. cit, p.12.
422Ibid.
423Head. S, «Mindless : why smarter machines are making dumber humans ?», Hardcover, 2014, 240 p.
424Degryse. C, «Impacts sociaux de la digitalisation… », op. cit, p.14.
425Ibid.

°- En termes du sort des travailleurs qui ne maîtrisent pas le travail sur les données,

°- En termes de normalisation de secteurs entiers gérés par les data et les algorithmes de l'intelligence artificielle,

°- Et en termes d'utilisation des données personnelles, hébergées dans des clouds situés physiquement à des milliers de kilomètres»[426].

L'autre face de la médaille de ces enjeux pour les entreprises, sont la taille et la puissance de ces plateformes, qui sont relativement petites en termes de nombre de salariés, mais immenses en termes de capitalisation et globales en termes d'utilisateurs.

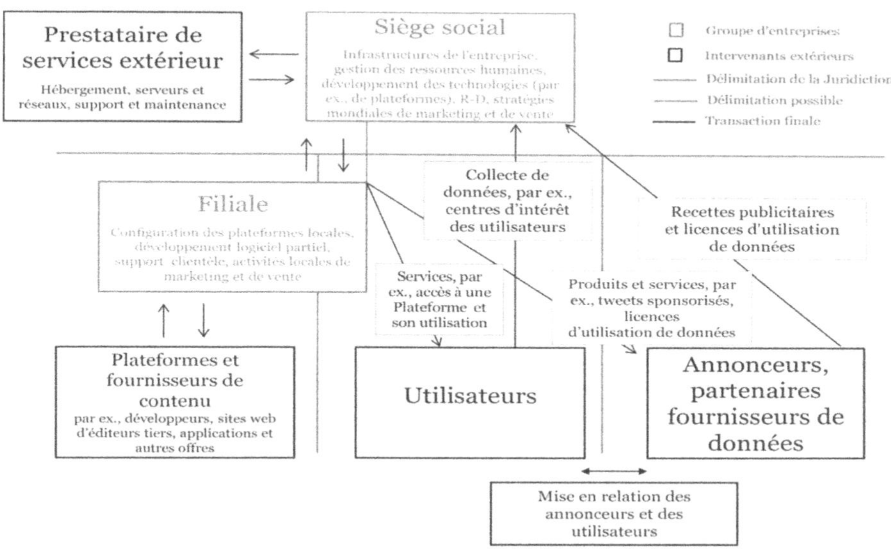

Schéma 37 : <u>le modèle d'affaires général d'une entreprise d'informatique en nuage complète</u>[427]

En effet, ces plateformes «ont choisi d'abord de croître et de se poser plus tard les questions du respect des règles, et jusqu'à présent, cette stratégie a fonctionné. L'impressionnant trésor de guerre qu'elles ont accumulé, leur a valu beaucoup de lobbying, de litiges et de pouvoir en termes de relations publiques…Ces stratégies du fait accompli,

---

[426]Ibid.

[427]OCDE, «Numérisation, modèles d'affaires et création de valeur», Rapport intérimaire, OCDE Library, Paris, 2018.

sont susceptibles d'avoir un impact majeur sur les modèles de régulation et de rétribution traditionnelles qui touchent directement les travailleurs»[428].

Mais les grands enjeux en termes de mode d'organisation ne concernent pas uniquement les entreprises traditionnelles «disruptées», et qui cherchent à s'adapter avec plus ou moins de succès, auxdits modes apportés par les technologies numériques.

Ils ne concernent pas non plus uniquement les entreprises «digital natives». Ils concernent aussi, davantage et directement, le marché de l'emploi en termes d'impact différencié selon des activités et selon les secteurs.

Ces enjeux portent sur le différentiel de création d'emplois, et sur la transformation de l'emploi lui-même, sous l'angle de la digitalisation, de l'interface hommes-machines intelligentes et sur les nouvelles formes de management.

Ces impacts sont traversés d'autres enjeux macro-économiques de taille : «évolutions des marchés du travail, des salaires, des inégalités sociales, de la qualité des emplois créés, transformés ou déplacés»[429].

Pour ne prendre que le cas des services, fort affectés par ces dynamiques, il est de plus en plus admis que sont concernés des services de transport, de livraison, de ventes et de commerce, de logement et d'hébergement, de location d'outils, mais aussi de financement, d'édition, d'immobilier, de comptabilité, de traduction, d'éducation, d'assistance personnelle, de secrétariat, de soins de santé…etc.

Ce sont pratiquement les prestations auxquelles l'on pourrait accéder via son ordinateur ou son smartphone, à travers des applications dédiées à cela.

Ce sont en fait les entreprises traditionnelles qui développent ces services, les outils numériques n'étant que des moyens pour élargir leurs offres, faciliter l'accès et simplifier les modes de consommation des utilisateurs. Les enjeux pour l'emploi sont ici fort identifiés et

---

[428]Ibid.

[429]Il n'est pas de l'objet de ce travail de s'appesantir sur ces aspects. Nous en présenterons ici uniquement les grandes lignes pour en faire l'objet d'un travail ultérieur.

centrés sur la réalité de remplacement des travailleurs par ces services numériques.

S'agissant des plateformes, par nature numériques, il convient de noter que leur «core business» exclusif consiste en la mise en connexion d'une demande avec une offre. Elles déclinent ainsi tout autre type d'engagement ou de responsabilité.

Elles emploient des millions de travailleurs à travers le monde, mais refusent de se considérer comme des employeurs.

En même temps, les firmes Airbnb ou Uber «sont devenues l'un des plus grands services de logement et de transport mondiaux, sans posséder en propre le moindre logement ou la moindre flotte de véhicules, sans exercer la moindre responsabilité contractuelle, juridique ou pénale… »[430].

C'est que dans cette économie des plateformes, qui fait «disparaître» les frontières et boucler les équilibres et les cadres réglementaires établis, les enjeux dépassent de loin les marchés de l'emploi. Ils interpellent d'abord et essentiellement, l'Etat, pour mettre presque face à face, pouvoir de marché et pouvoir d'Etat.

---

[430]Degryse. C, «Impacts sociaux de la digitalisation… », op. cit, p.36.

Chapitre Quatrième

De la régulation des plateformes numériques : pouvoir de marché, concurrence et communs

Les plateformes numériques ont un rôle structurant. Mais elles ont aussi un rôle disruptif dans de nombreux secteurs.

Si ces plateformes, comme Google et Facebook, tout comme Uber et Airbnb, ont connu un succès extraordinaire, leurs effets, aussi bien structurants que disruptifs, ne cessent de susciter craintes, inquiétudes et préoccupations.

Les principales préoccupations exprimées portent sur leur puissance économique et les risques afférents de comportements anticoncurrentiels (discrimination, exclusivité, clauses contractuelles abusives...etc.) envers les entreprises clientes de ces plateformes, comme envers les autres fournisseurs de biens, de services ou de contenus.

Une autre préoccupation a trait à la collecte massive des données (dont une grande partie sont à caractère personnel) et l'usage que les plateformes en font dans le cadre de leur stratégie de profilage, de recommandation, et donc de commercialisation.

Les pratiques anticoncurrentielles qui en découlent, portent manifestement la marque d'un abus de position dominante, qui dénote d'un pouvoir de marché manifeste.

Bien plus encore, certaines plateformes numériques, de par leur puissance et leur position dominante, ont une forte autorité sur l'accès aux marchés en ligne, pouvant exercer par là, une influence significative sur le mode de rémunération des acteurs du marché, dont fondamentalement les concurrents et une masse considérable de travailleurs.

Si la première vague digitale a amené les GAFAMs et les BATX[431], et a accouché des géants du web qui ont généralisé la numérisation

[431]Acronyme pour désigner : Google, Apple, Facebook, Amazon et Microsoft, puis Baidu, Alibaba, Tencent et Xiaomi. Les USA et la Chine détiennent à eux seuls, 90% de la valeur de la capitalisation boursière mondiale des 70 premières plateformes numériques au monde. Ces entreprises ont parfois à peine 20 ans (Facebook a été créé en 2004 et Google en 1998) et pourtant la capitalisation de chacune d'elles, à l'exception de Facebook, dépasse les 1 000 milliards de dollars, l'équivalent du PIB d'un pays comme les Pays-Bas, qui émarge à la 17ème place du classement des pays les plus riches du monde. A eux cinq, les GAFAMs sont davantage valorisés que le montant du PIB du Japon, de l'Allemagne ou de la France. Ils ont vu leur valorisation boursière multipliée par 2 entre janvier 2019 et juillet 2020.

des contenus à tous les niveaux, la seconde vague a propulsé les NATU[432], qui n'ont fait que confirmer les positions dominantes de la première vague, et généraliser la concurrence jusqu'aux travailleurs et particuliers[433].

Or, ces plateformes, de première comme de deuxième génération, opèrent sur des marchés numériques contestables et instables. Les positions dominantes qu'elles acquièrent rapidement, peuvent s'évanouir tout aussi rapidement.

Ce n'est donc pas leur position dominante qui est critiquée et fort contestée, mais plutôt les pratiques anticoncurrentielles qui en découlent du fait de l'abus de position qu'elles exercent.

C'est la raison pour laquelle, les niveaux de régulation veillent pour l'essentiel, à ce que ces marchés numériques demeurent contestables, non seulement pour garantir l'accès et la transparence desdits marchés, mais aussi pour faire en sorte que les données numériques, matière première desdits marchés, s'inscrivent, ne serait-ce que partiellement, dans une logique de communs.

Avec une capitalisation boursière combinée qui a franchi en janvier 2020, les 5000 milliards de dollars (soit à eux seuls près de 2,4 fois l'intégralité du CAC 40) et une croissance de 1.631 milliards de dollars sur un an, les GAFAM n'ont en tout cas jamais été aussi puissants que maintenant.

[432]Acronyme pour désigner : Netflix, Airbnb, Tesla, Uber. En termes de poids financier et technologique, les NATU se classent encore loin derrière les GAFAM, même si elles se développent très vite, comme Tesla et Netflix, qui valent aujourd'hui plus de 100 milliards de dollars chacune. La capitalisation boursière de Tesla dépasse, en février 2020, les 130 milliards de dollars permettant à l'entreprise de valoir plus que General Motors, Ford, Fiat Chrysler, Renault et PSA réunis. Cf. Tarnaud. N, «Les NATU vont-elles rejoindre les GAFAM ?», Forbes, 22 février 2020.

[433]Cf. pour une présentation générale de ces opérateurs : Babinet. G, «Transformation digitale : l'avènement des plateformes… », op. cit.

4.1. Les plateformes numériques : oligopole, contestabilité et concurrence

La première, comme la seconde vague de l'économie numérique, ont accouché d'une armée de positions dominantes. Le marché s'articule autour d'un ou de peu d'acteurs principaux, dont les coûts marginaux sont nuls et les rendements fort croissants.

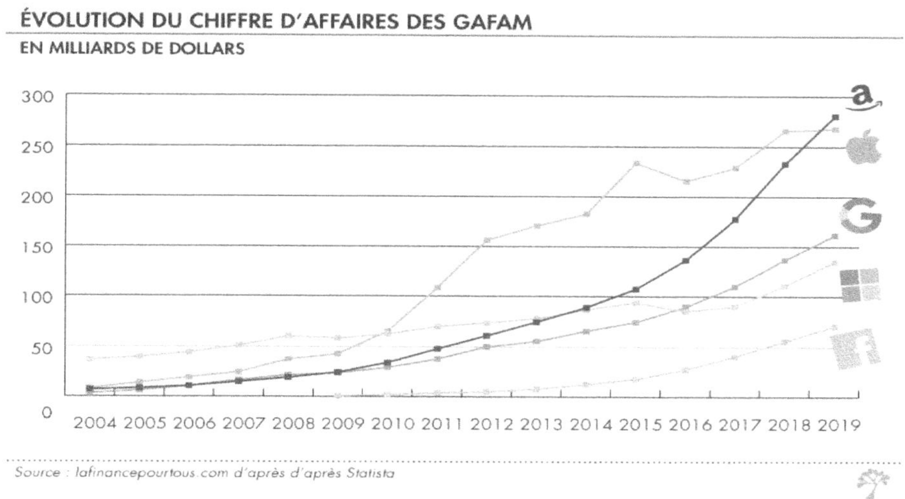

Schéma 38 : <u>GAFA, GAFAM ou NATU : les nouveaux maitres du monde</u>[434]

Mais le marché des plateformes numériques est un marché éminemment contestable, l'intervention d'une force qui lui est externe, étant présentée comme peu justifiée, sinon déplacée.

Une telle situation se retrouve traditionnellement dans les secteurs organisés en réseau, et se retrouve encore davantage dans l'économie des plateformes.

4.1.1. Marché des plateformes numériques et contestabilité

La position d'interface et d'intermédiation, en lien avec les considérables avancées technologiques, a permis l'essor des plateformes numériques jusqu'à détenir de véritables quasi-monopoles.

[434]La finance pour tous, 1er décembre 2020.

Le monopole du leader jugule par conséquent, toute velléité concurrentielle de la part des nouveaux entrants, «sauf à ce que ceux-ci puissent proposer un service différent sur un ou plusieurs aspects (qualité, prix, fonctionnalité, ergonomie...etc.)»[435].

La concurrence s'exerçant pour le marché et non sur le marché, les plateformes investissent une grande part de leurs revenus dans la Recherche&Développement, dans le but d'améliorer encore davantage la qualité et la diversité de leurs services, mais aussi pour ouvrir de nouveaux marchés, rendus accessibles de par la situation même de position dominante.

Cette nuance de taille entre position dominante et position de monopole, est affirmée ici de manière discrétionnaire, car le monopole qu'on associe à la situation des plateformes numériques sur le marché, est non seulement instable, mais contestable aussi.

Instable parce que ce que craignent les plateformes, «ce n'est pas la concurrence d'un acteur établi sur un marché voisin qui chercherait à se diversifier, mais plutôt le business model novateur d'une nouvelle start-up qui révolutionnerait le marché»[436].

C'est à ce niveau que la théorie des marchés contestables trouve sa concrétisation et probablement même sa justification.

Les défenseurs de ladite théorie invoquent trois grandes raisons qui motivent son développement :

«°- Fournir les bases d'une interprétation plus riche et plus scientifique de la relation entre concurrence et marché (l'intensité de la rivalité concurrentielle existant sur un marché ne serait plus liée à l'importance du nombre de ses participants),

°- Elaborer une nouvelle théorie de l'oligopole qui n'intègre pas les variations des firmes établies,

°- Généraliser le domaine d'applicabilité de la notion d'efficacité»[437].

---

[435]Philippe. J, «Que sont les plateformes, quelle est leur valeur ajoutée ?», Séminaire «La concurrence des plateformes du numérique», 22 juin 2016, p. 2.
[436]Malvert. N, «Le droit de la concurrence à l'épreuve de l'économie numérique», Mémoire de Master, Université Paris 1 Panthéon-Sorbonne, 2016-2017, p. 11.
[437]Baumol. W. J, «An uprising in the theory of industry structure», The American Economic Review, Vol. 72, n° 1, march 1982, p. 2.

Un marché est ainsi considéré comme parfaitement contestable, c'est-à-dire soumis au jeu normal de la concurrence, dès lors que :

«+ L'entrée sur celui-ci s'avère totalement libre...c'est-à-dire lorsque les entreprises tentées d'y opérer, ne souffrent par rapport aux firmes en place, d'aucun désavantage sur le plan des techniques de production ou de la qualité des produits (les entrants potentiels peuvent évaluer la profitabilité de l'entrée, à partir des prix de pré-entrée de la firme déjà installée),

+ La sortie en est totalement libre au sens de peu coûteuse»[438].

La contestabilité parfaite se substitue, par plusieurs de ses aspects, au concept de la concurrence pure et parfaite, propre à la théorie néo-classique. Or, si un marché de concurrence parfaite constitue nécessairement un marché contestable, la réciproque n'est pas vraie, car un marché contestable ne se limite pas au cas du marché de concurrence parfaite.

Cela signifie qu' «une situation de concurrence ne serait pas nécessairement liée à l'existence d'un nombre important d'offreurs sur le marché concerné»[439]. L'hypothèse d'atomicité de l'offre n'est de ce fait, pas une condition nécessaire pour obtenir des prix concurrentiels.

Autrement, dans l'approche des marchés contestables, l'on ne se rapproche nullement graduellement de l'optimum lorsque le nombre d'offreurs augmente. L'existence de deux entreprises suffira pour garantir que le prix de marché puisse se situer au niveau du coût marginal de production.

Mais le point central de l'hypothèse fondamentale du marché contestable réside dans la liberté de sortie. C'est à ce niveau que l'on pourrait situer l'apport essentiel de la théorie des marchés contestables.

---

[438]Baumol. W. J, Panzar. J. C, Bailey. E. E, Willig. R. D, «Contestable markets and the theory of industry structure», Hardcourt College Pub, june 1982, p. 3.
[439]Ibid.

La liberté de sortie signifie que, sur un marché contestable, «une entreprise peut cesser sa production et quitter le secteur sans supporter des coûts irrécupérables»[440].

Cela signifie, en d'autres termes, qu'un offreur peut renoncer à produire sans subir, lors de sa sortie du secteur, d'autres coûts que ceux liés à la dépréciation normale du capital engagé, la quasi gratuité de la sortie conditionnant d'ailleurs la liberté d'entrée.

C'est la raison pour laquelle, il pourrait être fort risqué de pénétrer sur un marché où une entreprise pourrait produire aussi efficacement que les entreprises en place, car en cas d'échec, le prix à payer pourrait s'avérer trop élevé.

Cela voudrait dire, pour les théoriciens des marchés contestables, que l'allocation optimale des ressources pourrait se réaliser même dans les cas où il n'y a qu'un petit nombre d'offreurs sur le marché.

Ainsi, disent ces théoriciens, le marché «sera contestable et fonctionnera dans des conditions proches de l'optimum, car il est à la merci d'une guerre commerciale que pourraient mener des concurrents potentiels en mesure de pénétrer rapidement sur ce marché, d'y réaliser des profits si les prix sont plus élevés que les coûts marginaux, et de se retirer tout aussi rapidement, sans pertes, dès que les prix baissent ou les firmes en place, agacées par cette concurrence, commencent à attaquer»[441].

L'éventualité d'une telle guerre pourrait suffire à inciter les entreprises en place «à se comporter comme des entreprises en situation de concurrence, et à ne pas fixer un prix plus élevé que le coût marginal»[442].

Bien plus encore, «sur un marché parfaitement contestable, les phénomènes d'inefficience, si souvent évoqués pour justifier l'intervention des autorités concurrentielles sur les marchés concentrés et dominés par quelques firmes de grande taille, ne peuvent être présents que dans le très court terme. De telles situations constituent en effet, une invitation à l'entrée sur le marché et ne

---

440Sunk Costs. C'est le coût supporté par un spectateur d'une séance de cinéma qui, malgré son faible intérêt pour le film, va rester dans la salle (par aversion à la perte) au prétexte qu'il a payé son billet.

441Baumol. W. J, «An uprising in the theory… », op. cit, p. 3 et suivantes.

442Ibid.

peuvent donc se pérenniser dans le long terme, seule période de référence lorsqu'il s'agit de la réalité et des effets du processus concurrentiel»[443].

Dès lors, «l'absence d'entrée sur un marché ou l'existence d'un taux de concentration élevé, peuvent alors constituer plutôt des signes de bons que de mauvais fonctionnements du processus concurrentiel. Il en sera ainsi si les coûts d'entrée sur ce marché sont négligeables. Dans ces conditions, tout effet pour changer la structure du marché, peut s'avérer totalement inapproprié»[444].

Appliqué aux cas du marché des plateformes numériques, de première comme de deuxième génération, l'on pourrait faire prévaloir les observations suivantes :

°- Un : l'entrée sur ce marché est libre quoi qu'elle ne soit sans coût. En effet, de par les évolutions technologiques et l'émergence de nouveaux modes d'organisation flexibles, quoi qu'hybrides, les barrières à l'entrée ne sont généralement pas importantes, notamment pour ce qui est des coûts de changement de plateforme[445].

°- Deux : Les firmes sont multi-produits, auquel cas, les utilisateurs ont la possibilité de consulter plusieurs plateformes et comparer ainsi les différentes offres d'un même produit[446].

°- Trois : L'existence d'une symétrie dans les dotations technologiques, la firme installée et l'entrant nouveau ayant en principe, les mêmes fonctions de coût.

°- Quatre : Les plateformes installées, tout comme les entrants nouveaux, sont pleinement conscients de la sous-additivité des coûts, c'est-à-dire qu'il est plus coûteux pour deux ou plusieurs firmes, de produire une quantité d'un bien quelconque, que pour une seule firme (hypothèse de la théorie du monopole naturel, célèbre dans l'économie des réseaux)[447].

---

[443]Ibid.

[444]Ibid.

[445]Switching cost.

[446]Multihoming.

[447]Cf. pour la notion de sous additivité des coûts : Panza. J, Rose. J, «Testing for monopoly equilibrium», The Journal of Industrial Economics, Vol. 35, 1987, pp. 443-456.

°- Cinq : La sortie du marché se fait sans coût. Cela permet de rendre crédible l'entrée transitoire de concurrents potentiels.

4.1.2. Plateformes numériques et configurations de marché

Une fois les fonctions de coût et de demande déterminées et connues, la théorie des marchés contestables s'attèle à déterminer le type de structure de marché qui devrait émerger du libre jeu de la concurrence et des formes de marché.

En effet, «la taille des firmes étant déterminée par la position de la fonction de coût, le nombre de celles qui évolueront sur le marché, sera fonction de la position de la fonction de demande de marché»[448].

C'est ce que la théorie des marchés contestables appelle «les configurations d'industrie»[449]. Cette dernière renvoie aux structures de marché beaucoup plus qu'à un quelconque découpage sectoriel des activités économiques.

Une configuration d'industrie se définit d'abord par le nombre de firmes, ensuite par les vecteurs de production (c'est-à-dire les niveaux de production des différentes firmes) et enfin par le vecteur des prix.

Ainsi, sur un marché parfaitement contestable, seule une configuration dite soutenable[450], peut induire et constituer un équilibre. Il s'agirait par conséquent, d'un équilibre soutenable.

Ce dernier appelle ainsi deux états principaux :

°- La notion de configuration usitée à cet égard, traite des situations de marché où l'équilibre entre l'offre et la demande est assuré en longue période.

Le caractère réalisable[451] de cette configuration implique que chaque firme obtienne des profits non négatifs.

---

[448]Cf. Coase. R. H, Xavier. G, Bourreau. M, «La nature de la firme», Revue française d'économie, Vol. 2, n° 1, 1987, pp. 133- 163.
[449]Cf. Jacquemin. A, «Les enjeux de la nouvelle économie industrielle», Organisation industrielle, Vol. 65, n° 1, mars 1989, pp. 8-20.
[450]Bellandi. M, Labory. S, Longhi. C, Rochhia. S, «Trente ans d'économie industrielle : réalisations et perspectives», Revue d'économie industrielle, n° 129-130, 1er-2ème trimestres 2010, pp. 21-30.

Dans le même temps, cette configuration ne pourrait être efficiente que «si la somme des coûts totaux supportés par l'ensemble des firmes en place sur le marché, est égale au minimum du coût de production de l'industrie concernée»[452].

°- La configuration d'industrie doit être par ailleurs, soutenable. Pour ce faire, elle doit s'inscrire dans le cadre d'une situation d'équilibre sur un marché contestable.

Elle doit traduire l'inexistence de situations d'inefficience ou de gaspillage et doit être synonyme d'efficacité.

Ladite configuration doit aussi entraîner l'absence de prix de prédation, auquel cas, le prix doit au moins être égal au coût marginal.

En effet, «si une firme installée réalisait des profits non négatifs, tout en ayant un niveau de production tel que son coût marginal excède le prix du marché, un nouvel entrant pourrait réaliser des profits en opérant de la même façon que la firme installée, mais en réduisant son niveau de production légèrement en dessous de son concurrent. Dans ce cas, la configuration initiale ne serait plus soutenable»[453].

Ladite configuration n'est pas soutenable non plus, si les prix ou les profits sont excessifs. Autrement, «sur des marchés parfaitement contestables, même une situation de duopole peut satisfaire la règle fondamentale de tarification prévalant en concurrence parfaite»[454].

En outre, les théoriciens des marchés contestables affirment qu'il y a «une différence importante entre la situation de monopole et de duopole sur des marchés contestables (dès lors qu'il y a au moins deux firmes sur le marché, le prix d'équilibre doit être égal au coût marginal). Pour que la production réalisée par une seule entreprise soit compatible avec une configuration soutenable, il faudrait que l'entreprise concernée offre une quantité correspondant à une

---

[451]Une configuration d'industrie est réalisable lorsque l'ensemble des entreprises évoluant sur un marché, peuvent couvrir leurs coûts à prix d'équilibre.

[452]Ibid.

[453]Cf. pour la relation entre les marchés contestables et les prix : Siroen. J. M, «Marchés contestables, différenciation des produits et discrimination des prix», Revue économique, Vol. 44, n° 3, 1993, pp. 569-592.

[454]Cf. pour cette problématique : Stigler. G, «The organization of industry», The University of Chicago Press Books, 1983, 346 p.

situation de monopole naturel (coûts sous additifs) et fixe son prix égal au coût moyen de production»[455].

En somme, appliquée aux plateformes numériques, l'on déduit que la théorie des marchés contestables estime qu'un petit nombre d'opérateurs sur un marché, n'est pas forcément un obstacle sinon à une forte, du moins à une forme de concurrence raisonnable, et sans la moindre intervention externe de surcroît.

Elle estime aussi qu'une firme seule sur un marché, peut se retrouver en situation de concurrence, et adopter «naturellement» un comportement conséquent, si elle est sous la menace de l'entrée de nouveaux concurrents.

En même temps, une stratégie de prix élevés ou de forts profits, risquerait d'attirer de nouvelles entreprises sur le marché, le déstabiliserait et menacerait inévitablement la position dominante de la firme initiale.

Cette domination des grandes plateformes est donc contestable, car les barrières à l'entrée étant en principe inexistantes, tout éventuel abus de position pourrait être compensé par de nouveaux entrants en mesure de relancer la concurrence.

Ainsi, un leader comme Google, n'a «aucune vraie protection sur son cœur de métier de la recherche en ligne, et un algorithme plus performant peut très bien être développé quelque part dans le monde, et parvenir en quelques années, à léguer les moteurs actuels»[456].

En même temps, sur un marché biface (ou multiface), une firme en situation de position dominante sur la face gratuite de la recherche en ligne, peut affronter une concurrence intense sur l'autre face. Il en est ainsi de Facebook sur le marché du placement publicitaire en ligne.

Cette distinction, loin de remettre en question les postulats de la théorie des marchés contestables, n'est pas sans remettre en cause les notions conventionnelles d'identification des situations de domination, dont notamment le chiffre d'affaires, les parts de marché

[455]Baumol. W. J, Panzar. J. C, Bailey. E. E, Willig. R. D, «Contestable markets... », op. cit, p. 3.

[456]Bien que Google détienne 92% des recherches dans le monde, Bing pourtant lancé en 2009 seulement, compte déjà 21% des parts de marché aux Etats-Unis.

ou encore la notion de seuil pertinent émis pour évaluer et contrôler les concentrations[457].

Il en est de même pour Twitter qui, malgré sa domination sur son marché, peine à dégager des revenus conformes à sa position[458].

Mais le marché des plateformes numériques n'est pas seulement contestable. Il est aussi l'objet d'instabilités incessantes... chroniques, diraient d'aucuns.

La part de marché pourrait être un indicateur de domination, mais ne peut suffire à elle seule, pour en garantir sa pérennité.

Le moteur de recherche Alta Vista fut le moteur le plus utilisé à ses débuts, mais il a vite été détrôné par Google et disparaît de la scène définitivement en 2013[459].

Cette instabilité pourrait provenir par ailleurs, de la notion même de gratuité, car la péréquation entre une face déficitaire et une autre excédentaire pourrait, a priori, engendrer une situation d'abus de position dominante.

Or, il est établi qu'un moteur de recherche ayant une position dominante sur le marché des internautes, peut se permettre d'accroître son investissement pour son amélioration et consacrer à terme, les mêmes efforts pour satisfaire les annonceurs situés de l'autre côté du marché biface.

Ainsi, l'on constate qu'une «plateforme dominante sur une face de son marché, en l'occurrence la recherche en ligne, peut tout à fait fournir sur une autre face, un service gratuit à certains usagers, sans que cela soit constitutif d'un abus.

---

[457]La fusion Facebook-WhatsApp a ainsi failli échapper au contrôle des concentrations, compte tenu du chiffre d'affaires très faible du second (de l'ordre de 20 millions de dollars), et notamment lorsqu'on le met en parallèle avec sa valorisation boursière de 22 milliards de dollars. Cf. Fournier. A, «WhatsApp : des chiffres qui donnent le vertige», Le Monde, 20 février 2014.
[458]Lafon. M, «Twitter, Facebook...les réseaux sociaux sont-ils de plus en plus fragiles ?», Libération, 12 juillet 2019.
[459]Cf. Ifrah. L, «Histoire des moteurs de recherche», In Ifrah. L, «L'information et le renseignement par Internet», Presses Universitaires de France, Paris, 2010, pp. 26-38.

Cela va dans l'intérêt des consommateurs et des usagers, qui peuvent ainsi bénéficier de services de qualité et à moindre coût, mais n'en est pas moins un bouleversement pour les acteurs économiques initialement présents sur ce marché»[460].

4.1.3. Des plateformes numériques au marché contestable : le cas de Google

Dans le monde du numérique, les plateformes sont dominantes au sens d'oligopole et non dans le sens que traduit l'expression «monopole naturel». Hormis cela, elles font l'objet de pressions concurrentielles soutenues et régulières.

Les marchés qui se rapportent à ces plateformes sont contestables et instables. Les utilisateurs peuvent «fuir» rapidement et les positions dominantes établies rapidement, peuvent tout aussi rapidement s'évaporer.

C'est la raison pour laquelle, les marchés des plateformes, parce que quasi-monopolistiques, contestables et instables, impactent considérablement les modèles économiques et les formes d'organisation, en les rendant de plus en plus fragiles. L'exemple du moteur de recherche Google, retenu ici, servira d'illustration pour de pareilles situations de marché.

La spécificité du marché de ce moteur de recherche est qu'il est typique des situations où les pressions concurrentielles se renouvellent constamment, du fait même de sa domination contestable, de son instabilité et de son ancrage dans le volet de l'utilisation et non dans celui relatif à la monétisation.

---

[460]Ronzano. A, «Abus de position dominante», Revue Concurrences, n° 1, 2016, pp. 101-102.

Historique des moteurs de recherche et des métamoteurs

- **1990** un des premiers moteurs de recherche *Archie*
- **1993** le premier robot automatique
- **1993** *Aliweb* utilise pour la première fois Spider
- **1994** *Excite* fait l'analyse statistique des mots pour la recherche
- **1994** *Yahoo* Les résultats de recherche affichent la déscription
- **1995** *Alta Vista* offre de multiples fonctionnalités de recherche
- **1998** *Google* classe les résultats de la recherche en fonction de leur popularité.
- **2001** Apparition de plusieurs moteurs et métamoteurs

Schéma 39 : <u>Chronologie des marchés des moteurs de recherche</u>[461]

Le moteur Google concentre plus de 90% des recherches sur internet dans le monde (92% en Europe, 94% en France).

Il est en cela, en position «archi-dominante sur le marché de la recherche numérique. Le succès s'explique par l'efficacité de son algorithme. Les utilisateurs peuvent gratuitement et facilement comparer les offres de recherche et se tourner vers la plus compétitive. Un phénomène de winner takes all ou fly to quality, se met en place et Google écrase ses concurrents.

Pour éviter des abus de position dominante (notamment en altérant les résultats de recherche), le marché doit rester contestable»[462].

Dire qu'il n'y a pas de véritables barrières de taille à l'entrée dans le cas des moteurs de recherche, voudrait dire que toute firme pourrait développer un nouvel algorithme, propre à elle, et concurrencer par là Google sur son marché.

Dire cela reviendrait à dire aussi que le marché de Google est contestable par deux types d'entreprises :

---

[461] Renaissance numérique, «Plateformes et dynamiques concurrentielles», op. cit, p. 30.

[462] Schwerer. C. A, «La concurrence au défi du numérique», Fondation pour l'innovation politique, Fondapol, juillet 2016, p. 19.

«°- En premier lieu, par des start-ups disruptives qui inventeraient une nouvelle pratique de recherche à l'aide d'un algorithme révolutionnaire. La principale barrière à l'entrée est dans ce cas, l'accès aux données pour développer le nouvel algorithme : les moteurs de recherche déjà en place, disposent d'une masse importante d'informations pour peaufiner leur modèle, pas les jeunes entreprises,

°- En second lieu, les autres géants du numérique pourraient s'intéresser au marché de la recherche. Ces concurrents disposent déjà d'une base d'utilisateurs, d'une image de marque et d'une masse de données. Pour ces concurrents (Facebook, Amazon, Twitter, Airbnb, Apple), les barrières à l'entrée du marché de la recherche, ne comportent que les coûts de développement du moteur»[463].

Par ailleurs, il faudrait souligner que le marché des moteurs de recherche, et des plateformes numériques en général, est un marché biface : une face d'apparence gratuite, réservée aux utilisateurs, et une face dédiée aux régies publicitaires au sein desquelles les annonceurs achètent des espaces de placement de leurs affiches.

Par conséquent, si Google domine effectivement le marché grand public (en l'occurrence la première face du marché), il n'en est pas de même pour la seconde, notamment pour ce qui est de la publicité. Facebook, Youtube, Twitter ou encore Netflix sont ses concurrents réputés sur ledit marché[464].

Force est de conclure ici que la domination d'un moteur de recherche (ou d'une plateforme numérique structurante quelconque) sur une face de marché (marché grand public gratuit) ne signifie nullement sa domination sur l'autre face payante, en l'occurrence la face du placement publicitaire.

Ainsi, «le moteur Google ne peut abuser globalement de sa position dominante, en exigeant des prix élevés pour le placement de publicité, sinon les entreprises iront logiquement loger leurs annonces ailleurs»[465].

---

[463]Ibid.
[464]Pour l'année 2014, Facebook a devancé de très loin Google sur le marché de la publicité numérique : 5,3 milliards de dollars pour la première firme contre 3,1 milliards pour la seconde.
[465]Ibid.

Le marché des moteurs de recherche de ce point de vue, est un marché contestable. Mais il est aussi instable, toute mutation technologique ou organisationnelle ne pouvant que créer «une brèche dans la domination d'une entreprise».

En effet, «le passage de l'ordinateur au mobile et à la tablette, a permis l'essor des applications. Si la recherche généraliste reste l'apanage du moteur, la recherche spécialisée passe régulièrement par d'autres canaux, dont les applications»[466].

Dire cela reviendrait à dire que les utilisateurs peuvent aller chercher de l'information ailleurs que sur le moteur Google. Autrement : dominer le segment de la recherche par moteur ne veut pas dire «dominer la recherche».

Mais le marché de la publicité digitale est dispersé et est, de surcroît, loin d'être homogène. On y distingue la publicité liée aux recherches (search) et celle qui prend la forme d'affichage de bannières ou de vidéos insérées dans les sites visités par l'internaute (publicité d'affichage ou display).

Des deux segments de cette publicité digitale, le segment du search est la principale source de revenus publicitaires. Elle est générée par le référencement payant des résultats de requêtes sur les moteurs de recherche.

Si Google a réalisé des succès indéniables sur le marché publicitaire, c'est parce que la firme a réussi un processus fin d'association d'une stratégie de collecte des données des internautes, et de l'offre d'une gamme complète de solutions technologiques aux annonceurs.

Elle s'est donc distinguée par une présence globale dans le secteur de l'intermédiation technique sur le marché de la publicité programmatique, tant du côté de l'offre que du côté de la demande[467].

L'on a affaire ici à un changement de support, qui implique une évolution des pratiques et donc une instabilité de marché. Or, quoi que disposant d'une domination écrasante dans le domaine de la recherche en ligne, le moteur de recherche pourrait être attaqué sur

---

[466]Ibid.
[467]Cf. pour plus de développements : Perrot. A, Emmerich. M, Jagorel. Q, «Publicité en ligne : pour un marché à armes égales», Rapport, Paris, novembre 2020, 125 p.

les multiples services qu'il a mis en ligne et qui sont à portée de main de la part des start-ups : messagerie électronique, stockage en ligne, géolocalisation, réseaux sociaux, exploitation géographique...etc.[468].

Dans le même temps, Google n'a pas hésité à «faire une place» à ses concurrents, en permettant aux utilisateurs de son moteur de choisir parmi le sien ou ceux de ses rivaux[469].

«Dans chaque pays, les moteurs de recherche indiqueront le prix qu'ils seront disposés à payer à chaque fois qu'un utilisateur les sélectionne...les trois offres les plus élevées apparaitront dans l'écran de choix de ce pays : les gagnants des enchères, ainsi que Google, seront classés au hasard dans l'écran de choix»[470].

Il est vrai qu'une telle opération se fera moyennant rémunération de Google, mais elle constitue aussi une opportunité pour les moteurs de recherche et des avantages sensibles pour les consommateurs.

---

[468]Cf. Mathys. N, «L'entreprise Google», Mémoire de Bachelor, Haute Ecole de Gestion de Genève, 12 février 2010, 45 p.

[469]Au premier démarrage, un écran s'ouvre pour demander à l'utilisateur de choisir parmi Google, Yahoo, Qwant ou autres. Le moteur de recherche sélectionné deviendra alors celui par défaut, dans le champ de recherche Android et dans Chrome.

[470]Moussi. S, «Android : Google va faire une place à ses concurrents contre rémunération», iGénération, 2 août 2019.

4.2. Au-delà de la contestabilité des marchés, le défi de la gouvernance des plateformes

Pourquoi les plateformes numériques, de première comme de seconde génération, suscitent-elles tant de réactions et de controverses ?

Ce n'est certainement pas tant en raison de leurs caractéristiques techniques ou de l'originalité de leurs modèles de développement, que du fait de leur position sur le marché, qui prend à défaut les outils de réglementation ou de régulation, à l'œuvre jusqu'à une date récente.

«Numériques et donc largement dématérialisées, elles offrent aux producteurs et aux consommateurs, l'accès aux ressources et aux marchés internationaux. Parce qu'elles apportent de nouveaux services et de l'innovation, elles sont perçues comme une véritable source de progrès»[471].

Dans le même temps, ces plateformes dépassent rapidement, et presque dès leur création, le cadre national, à un rythme qui prête aux «soupçons» des autorités nationales, déclenchant des débats incessants sur leur gouvernance et leur régulation.

Mais la problématique de la gouvernance n'est pas évoquée pour le seul cas des plateformes. Elle est évoquée, bien avant cela, à propos de l'économie numérique en particulier, et de l'économie d'Internet en général.

4.2.1. La gouvernance des plateformes comme gouvernance de l'économie numérique et de l'Internet

Il n'est pas de l'objet de cette section de revenir sur la problématique de la gouvernance d'internet. La littérature en la matière abonde[472]. L'on s'arrêtera, pour l'essentiel, sur les aspects qui sont en rapport direct avec l'objet initial de ce travail.

---

[471]CNNum, «Neutralité des plateformes… », op. cit, p. 55.

[472]Cf. entre autres : El Yahyaoui. Y, «Gouvernance et régulation des réseaux numériques : cas de l'internet au Maroc» (Thèse), Ed. Okad, Rabat, décembre 2010, 543 p.

Car la gouvernance d'internet est assez souvent, présentée comme le modèle d'un nouveau type de régulation totalement décentralisé, et à l'abri de toute forme d'intervention publique.

C'est que le réseau des réseaux s'est développé sur la base d'une régulation contractuelle (communautaire par certains de ses aspects) dont le mode d'organisation et de fonctionnement repose sur la concurrence, les acteurs éventuellement lésés pouvant redéployer leurs infrastructures relationnelles, de par les propriétés techniques de l'internet que sont : l'ouverture et l'interopérabilité.

L'intervention publique ici est réduite à son strict minimum, celui de réorienter le dispositif réglementaire pour garantir la sécurité des échanges et leur fluidité, mais aussi les droits et libertés des parties prenantes.

Deux séries de raisons plus ou moins techniques, semblent sinon justifier, du moins conduire à cette situation d'intervention publique minimale :

«°-Premièrement, le caractère global du réseau et sa décentralisation, rendent l'intervention étatique traditionnelle inopérante, car les normes imposées par les Etats peuvent toujours et rapidement être contournées,

°-Deuxièmement, une partie des interventions de l'Etat ne sont plus justifiées, car certaines sources de rareté disparaissent et parce que les technologies numériques permettent de contrôler finement les modalités d'accès à l'information»[473].

C'est probablement l'une des raisons principales qui a amené les Etats-Unis, pays précurseur en la matière, de rapidement transférer la gestion et l'administration de ce réseau décentralisé, à des initiatives privées, qui ont œuvré pour développer ses structures en marge des dispositifs traditionnels de régulation et de normalisation internationales[474].

---

[473]Brousseau. E, «Régulation de l'internet : l'autorégulation nécessite-t-elle un cadre institutionnel ?», In Brousseau. E, Curien. N, «Economie de l'internet», Revue économique, septembre 2001, p. 2.

[474]Allusion faite aux différentes instances des Nations Unies, dont essentiellement l'Union Internationale des Télécommunications.

Il s'agit là d'un véritable contournement des structures de réglementation/régulation traditionnelles.

Trois raisons principales expliquent un tel contournement :

°- La première tient à la lenteur qui caractérise l'élaboration des normes, lenteur fortement incompatible avec le rythme de l'innovation dans les technologies liées à l'internet. L'innovation ne pourrait attendre l'édiction de la norme, sinon elle suffoquerait et s'estomperait à terme,

°- La seconde raison est relative à la «difficulté rencontrée par les membres de ces organismes (qu'il s'agisse des pouvoirs publics ou des grandes entreprises de l'informatique et des télécommunications) à comprendre la logique spécifique de l'internet, dont une partie des normes et principes techniques concurrençaient ceux promus par ces organismes»[475].

°- La troisième raison tient essentiellement à l'idéologie libertaire qui a accompagné le développement de l'internet et son redéploiement progressif de masse. Les tenants d'une telle idéologie (ingénieurs, économistes et techniciens) exprimaient une «méfiance viscérale» vis-à-vis des bureaucraties, tant nationales qu'internationales[476].

Il est hors de notre propos de décrire la manière dont le réseau internet fonctionne, pour en déduire la manière dont il est ou devrait être régulé. Il faudrait juste indiquer que l'internet est la première grande plateforme qui a réussi, numérisation aidant, à intégrer l'ensemble des technologies de communication et de traitement de l'information, remettant en cause par là et de manière irréversible, les frontières entre les domaines de la voix, des données et de l'image, autrement (sur le plan industriel) entre l'informatique, les télécommunications et la télévision.

L'on aurait donc affaire à une «réalité» lourde de conséquences, car la plupart des activités de l'internet allaient être soumises à au moins trois grandes réglementations, qui sont non seulement hétérogènes, mais qui sont aussi contradictoires par plusieurs de leur façon d'édicter la norme.

---

[475]Brousseau. E, «Régulation de l'internet… », op. cit, p. 4.

[476]Cf. Gille. L, Marchandise. J-F (Ss. Dir.), «La dynamique d'internet. Prospective 2030», Commissariat général à la stratégie et à la prospective, Etudes, n° 1, 2013, 208 p.

Une telle interaction réglementaire est complexe, coûteuse et difficile à articuler de surcroît.

D'un autre côté, le caractère global et ouvert de l'internet rend l'application de normes établies au niveau national, malaisée, pour ne pas dire hors d'atteinte[477].

En effet, le système juridique mondial est organisé sur une base territoriale. Internet est a-territorial, dans la mesure où son architecture ignore la localisation géographique des opérations de traitement de l'information. Les données véhiculées par le réseau empruntent des chemins incontrôlés, les bases d'information consultées ou utilisées peuvent être fragmentées ou dupliquées en plusieurs lieux, de manière totalement invisible pour l'utilisateur, voire pour les administrateurs du réseau eux-mêmes.

En l'absence d'ancrage géographique des opérations réalisées sur le réseau, «les normes juridiques s'avèrent inopérantes»[478].

Les dispositifs de réglementation/régulation traditionnels du réseau des réseaux étaient et sont toujours en panne sinon d'un modèle, du moins d'une voie.

Potentiellement, toute forme de réglementation provenant de l'Etat, peut être contournée par l'internet lui-même, via une panoplie de moyens et de pratiques.

Bien plus, l'internet pourrait organiser une confrontation ou du moins une vive concurrence entre les normes nationales, car les fournisseurs de services et de contenus tendent à localiser leurs activités dans les territoires qui imposent le moins de normes, ou imposent celles qui sont conformes avec leurs préférences et «cadrent» avec leurs stratégies : «la concurrence entre normes peut donc aboutir à un alignement sur le plus petit dénominateur commun»[479].

En outre, et au-delà de son caractère décentralisé, ouvert et transfrontières, l'internet est aussi un réseau trans-sectoriel. Il est

[477]Cf. Laurent. S-Y, «Les gouvernances mondiales fragmentées de l'internet», Rapport de recherche, Institut de recherche Montesquieu-Université de Bordeaux, 25 septembre 2019, 39 p.

[478]Ibid.

[479]C'est pratiquement le cas s'agissant des rapports des plateformes numériques aux systèmes fiscaux nationaux. Cf. section suivante.

trans-sectoriel en ce sens qu'il dépasse les réglementations/régulations propres à chaque secteur, en l'occurrence l'informatique, les télécommunications et l'audiovisuel[480].

En effet, le développement du haut débit et des technologies complémentaires, transformera incontestablement le réseau des réseaux en un support quasi-unique, effectif ou potentiel, de diffusion et d'utilisation de la plupart des contenus informationnels. A ces nombreuses difficultés, intrinsèques aux cadres réglementaires traditionnels, s'ajoute une autre contrainte qui est de nature procédurale et pratique : le peu de compétence dont disposent les autorités et agences de la réglementation/régulation.

Ainsi, dans le cas des pratiques anticoncurrentielles, «il s'agit à la fois de disposer d'outils pour observer ces pratiques (par exemple des moyens d'accéder à une connaissance des conditions de l'échange en ligne) et de disposer d'une intelligence de la correspondance entre les opérations technico-économiques réalisées (pratiques tarifaires, ventes associées, type de discrimination et de différenciation...etc.) et les principes normatifs généraux dont les juges sont chargés de garantir l'application.

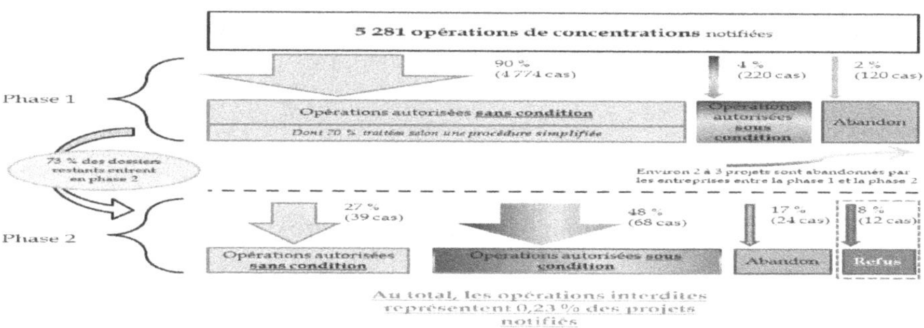

Schéma 40 : Répartition des sorts réservés aux projets de concentration par la Commission européenne entre 2004 et 2020[481]

Dans les activités où le rythme de l'innovation est rapide, et où les spécialistes sont rares, les dispositifs publics sont mal armés pour se doter des compétences nécessaires afin d'élaborer et adapter en

480Cf. Faure. P, «Rapport du groupe de travail sur les perspectives du secteur des télécommunications en France et en Europe», Conseil général des technologies de l'information, Paris, juillet 2007, 59 p.

481Chatillon. A, Henno. O, «Moderniser la politique européenne de concurrence», Rapport n° 603, Sénat, Paris, 8 juillet 2020, p. 30.

permanence des outils de supervision efficaces, et le cas échéant, produire des normes juridiques adaptées»[482].

C'est dire autrement, que le cadre traditionnel n'est plus efficace pour «encadrer» les activités d'un réseau au sein duquel les innovations technologiques se succèdent à un rythme accéléré.

En même temps, l'ampleur des enjeux accroît le nombre d'acteurs qui sont directement ou indirectement concernés, ou du moins impliqués dans le processus de réglementation/régulation du réseau (Etats, organisations internationales, mais aussi groupes d'intérêts)[483].

Cela génère incohérences et incertitudes, mais enclenche aussi un processus décentralisé et inorganisé dans la production des normes.

Les plateformes numériques, première et deuxième génération, portent indubitablement la marque de ces processus...si elles ne les renforcent pas !

4.2.2. Plateformes numériques et concurrence : une concurrence pour le marché ou sur le marché ?

Les plateformes numériques de la première génération ont atteint des situations de position dominante en très peu de temps. Celles de deuxième génération ont mis bien moins de temps pour atteindre de telles situations.

Cette prise de pouvoir sur des pans entiers de marché ne pourrait laisser les Etats ou groupes d'Etats, encore moins les analystes, indifférents. Car il pourrait paraître curieux que des entreprises nouvelles se constituent en quelques années seulement, en véritables conglomérats sans que cela n'induise une quelconque réaction de vigueur de la part des concurrents traditionnels ou des pouvoirs publics[484].

---

[482]Posner. R. A, «Antitrust in the new economy», John. M. Olin Law&Economics, Working Paper, n° 106, The University of Chicago, Law School, 2000, 12 p.

[483]Marzouki. M, Méadel. C, «Gouvernance technique et gouvernement politique d'Internet: enjeux et questions de recherche», Galatasaray, juin 2004, 8 p.

[484]Google concentre à lui seul, plus de 90% des requêtes sur internet dans le monde. Sur Youtube (racheté par Google en 2006 pour seulement 1,65 milliard de dollars à l'époque), plus d'un milliard d'heures de vidéos sont visionnées. Facebook, quant à lui, totalise, en octobre 2020, plus de 2,7 milliards d'utilisateurs actifs mensuels. A la fin de l'année 2019, Apple concentrait, à elle seule, 32 % du chiffre d'affaires et

Or, une telle prise de pouvoir est généralement présentée comme pouvant être à l'origine de deux avantages majeurs :

°- La génération d'un contenu consistant, qui pourrait être renvoyé sur les autres activités de tel ou tel conglomérat,

°- Et la consolidation de positions dominantes à même de parer à l'arrivée éventuelle de nouveaux entrants dont le comportement pourrait être disruptif. Les achats de start-ups, tout autant que les fusions/acquisitions, s'inscrivent parfaitement dans la droite ligne de cette orientation.

Les plateformes numériques, et l'économie numérique en général, connaissent une évolution sans commune mesure avec celle des acteurs de l'économie traditionnelle. Cette rapidité d'évolution par rapport aux pratiques anciennes, rend difficile la mise en place de mécanismes de réglementation ou de régulation à même d'appréhender les pratiques complexes émanant de leur élan.

Tout comme l'économie d'internet, l'économie des plateformes se prête peu à une réglementation/régulation telle que celle en vigueur dans les secteurs traditionnels.

Pourfendant la thèse des marchés contestables et des spécificités de l'économie de l'internet (dont font partie les plateformes), nombreux sont ceux qui réclament la nécessaire modification du cadre réglementaire existant pour rendre les marchés numériques sinon contestables[485], du moins à teneur concurrentielle «raisonnable».

Le cadre actuel est jugé, nous dit-on, fort inadapté pour plusieurs raisons :

---

66 % des bénéfices du marché des smartphones. Plus de 88 % des ordinateurs de la planète sont équipés du système Windows de Microsoft.
De l'autre côté : Baidu (moteur de recherche chinois) s'accapare plus de 60 % de part de marché, dans un pays dont la population s'élève à 1,4 milliards de personnes. Le géant de l'e-commerce Alibaba est lui, l'Amazon chinois. Loin de se restreindre au marché chinois, Alibaba a ouvert sa plateforme à l'international et notamment aux États-Unis, à la Russie, à l'Espagne, à l'Italie et à la France. Tencent est le Facebook asiatique, avec les messageries QQ ou WeChat. Il est aussi très présent dans la musique en ligne et les jeux vidéo. Xiaomi, concurrent d'Apple, est au 2ème trimestre 2020, le quatrième vendeur mondial de smartphones (en unités vendues) derrière Huawei, Samsung, et Apple.

[485] Quoi que partant d'une approche différente, les pourfendeurs de la théorie des marchés contestables finissent par rejoindre les postulats de cette dernière.

+ La première parce qu'il part, pour ce qui est de la législation anti-trust, des critères du bien-être du consommateur, pour mesurer l'avantage ou le préjudice pour ce dernier, à partir du seul niveau des prix.

Or, une telle perspective est peu suffisante pour évaluer l'impact sur la concurrence, de modèles économiques adoptés par exemple, par les plateformes mondiales qui fournissent des services gratuitement[486].

En effet, le cadre anti-trust «ne se préoccupe pas de pratiques telles que la fixation de prix d'éviction, qui est un élément clef de la stratégie commerciale suivie par les principales plateformes de vente en ligne, pour développer leur marché et se placer en conséquence, en position de monopole.

Pourtant, les autorités anti-trust n'enquêtent pas sur ces pratiques, qui consistent à baisser les prix de vente sur le court et le moyen terme jusqu'à l'éviction des concurrents»[487].

L'autre problème qui pourrait provenir du critère du bien-être du consommateur, est celui de la difficulté qu'il y a à «analyser les prix sur les places de marché en ligne, du fait de la rapide fluctuation des prix et de leur personnalisation à l'aide d'algorithmes»[488].

En plus, le prix lui-même n'est pas un critère efficace pour analyser la concurrence sur les plateformes numériques, du fait que plusieurs services y sont offerts de manière apparemment gratuite, alors qu'ils ont comme contrepartie, les données d'utilisateurs que lesdites plateformes collectent.

C'est la raison pour laquelle, il est de plus en plus question de compléter ce critère par d'autres paramètres, dont notamment le niveau des coûts de transport, le degré de captivité des clients ou encore la protection des données personnelles et de la vie privée.
D'aucuns réclament même l'adoption d'une démarche qui soit centrée sur les effets anticoncurrentiels de l'opération de mainmise des plateformes numériques sur les données des utilisateurs.

---

[486]Cf. Khan. L, «Amazon : an infrastructure service and its challenge to current antitrust law», in Moore. M, Tambini. D (Ss. Dir.), «Digital dominance : the power of Google, Amazon, Facebook and Apple», Oxford University Press, 2018, pp. 98-129.
[487]Unctad, «Rapport sur l'économie numérique 2019… », op. cit, p. 159.
[488]Ibid.

Un indicateur supplémentaire rapportant les parts de marché au contrôle des données personnelles, est évoqué dans le même cadre de réflexion.

Par ailleurs, l'application effective d'un texte réglementaire ou d'une décision de justice émise à l'encontre de telle ou telle plateforme numérique, suppose la délimitation des champs d'action, tout autant que du périmètre d'applicabilité.

Les difficultés relatives à ce volet, proviennent de considérations diverses :

°- Premièrement : la difficulté qui tient à la définition même du marché concerné. La clarification du marché des plateformes est une étape incontournable pour dépasser une telle difficulté.

En effet, les plateformes numériques ont des facettes multiples et présentent des caractéristiques diverses (externalités et captation de la valeur à partir des seules données) qui concourent toutes à définir ce qu'est en principe, leur marché.

Or, quelles que soient la nature, la forme ou la taille d'une plateforme, chaque face est «à considérer comme un marché distinct, dans la mesure où les consommateurs, les annonceurs, les fournisseurs de contenus et autres agents impliqués, n'effectuent pas de transactions entre eux[489].

Il est vrai que les instances de réglementation/régulation prennent en considération les transactions monétaires et les flux de données transitant par le marché, mais elles se préoccupent toutefois, peu du pouvoir de marché que les plateformes numériques se constituent sur la base desdites données, étant entendu que ledit pouvoir provient essentiellement des données ou via l'acquisition d'entreprises de données[490].

°- Deuxièmement : La difficulté liée à la définition des situations d'abus de position dominante sur le marché.

---

[489]Unctad, «Rapport sur l'économie numérique 2019… », op. cit, p. 160.
[490]Cf. De Loecker. J, Eeckhout. J, «The rise of market power and the macroeconomic implications», NBER Working Paper, n°23687, August 2017, 45 p.

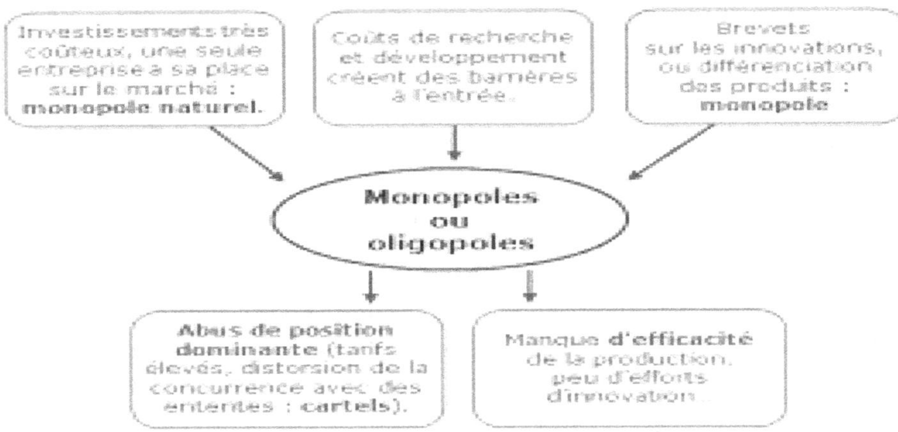

Schéma 41 : <u>Structure de marché et abus de position</u>[491]

L'on se réfère assez souvent ici au critère des prix. Or, ces derniers ne mesurent que partiellement la position monopolistique d'une plateforme numérique, sans prêter attention aux autres sources de préjudices pouvant impacter les consommateurs ou les concurrents.

Les instances de réglementation/régulation doivent ainsi avoir des éléments de réponse aux questions suivantes : «les plateformes se servent-elles de leur position dominante pour inciter les internautes à se défaire de données privées, alors qu'ils ne le feraient pas autrement ? Comment une plateforme numérique majeure peut-elle impacter l'écosystème plus large dans lequel elle évolue ? Une plateforme issue d'une fusion est-elle susceptible de renforcer le risque systémique ou de freiner l'innovation ? Quelles sont les incidences de l'acquisition par les grandes plateformes, d'entreprises innovantes et de start-ups ?...etc.»[492].

Lesdites instances auront ainsi besoin de mettre en place des paramètres précis et quantifiables, pour pouvoir prévenir les éventuels dérapages provenant d'une situation d'abus de position dominante.

Or, ces instances se soucient rarement du pouvoir d'éviction dont disposent les plateformes numériques. Car, ces dernières s'appuient généralement sur des coûts fixes élevés et des coûts marginaux

[491]Maxicours, «Pouvoir de marché et abus de position», Cours SES, Sans référence.
[492]Ibid.

faibles, pour se déployer rapidement au détriment des entrants potentiels[493].

°- Troisièmement : Le problème des fusions. Car il est assez courant que les autorités de réglementation/régulation ne retiennent comme critère que les fusions ou acquisitions atteignant ou dépassant un seuil du chiffre d'affaires ou des actifs soumis à contrôle. Or, «il n'est pas rare que des plateformes d'envergure mondiale, acquièrent des plateformes locales connaissant le succès sur un marché donné. Les entreprises numériques et les start-ups risquent de passer entre les mailles du filet des critères de notification, dans la mesure où elles dépassent rarement les seuils du chiffre d'affaires pertinents, même si leur valeur est conséquente»[494].

Ces trois raisons fondamentales dénotent largement du pouvoir de marché dont jouissent les plateformes numériques, mais aussi du défi lancé aux instances de réglementation/régulation quant à la manière sinon de le contrôler, du moins de le circonscrire dans des limites «raisonnables».

4.2.3. Plateformes numériques et instances de régulation : le dilemme du prisonnier

La plupart des pratiques anticoncurrentielles redoutées de la part des plateformes numériques sont connues, et pour l'essentiel identifiées.

Pour autant, les instances de réglementation/régulation sont le plus souvent, démunies face à des technologies qui se développent et se redéploient à un rythme extrêmement rapide, à l'ampleur de certaines pratiques, mais aussi au renouvellement de ces pratiques et l'apparition d'autres.

A défaut de pouvoir agir efficacement, ces instances développent un discours qui laisse sous entendre une certaine incapacité. Car, on laisse entendre que les grandes plateformes, «parce qu'elles sont présentes sur les mêmes marchés, se font concurrence entre elles et donc, en quelque sorte, s'autorégulent»[495].

---

[493]Cf. Hyppolite. P-A, Michon. A, «Les géants du numérique : un frein à l'innovation ?», La Fondation pour l'innovation politique, novembre 2018, 100 p.
[494]Ibid. Une fois la fusion réalisée, ce sont les données du chiffre d'affaires combinées qui sont prises en compte.
[495]Cf. pour plus de développements : Beuve. J, Brousseau. M, Péron. M, Perrot. M, «Plateformes numériques… », op. cit, 10 p.

Il est vrai que les géants du numérique se partagent certains marchés, mais l'analyse des parts de marché suggère une concurrence faible sur chaque segment pris à part, avec renforcement de la dominance sur les secteurs d'origine et raffermissement d'une concurrence oligopolistique manifeste entre grands acteurs.

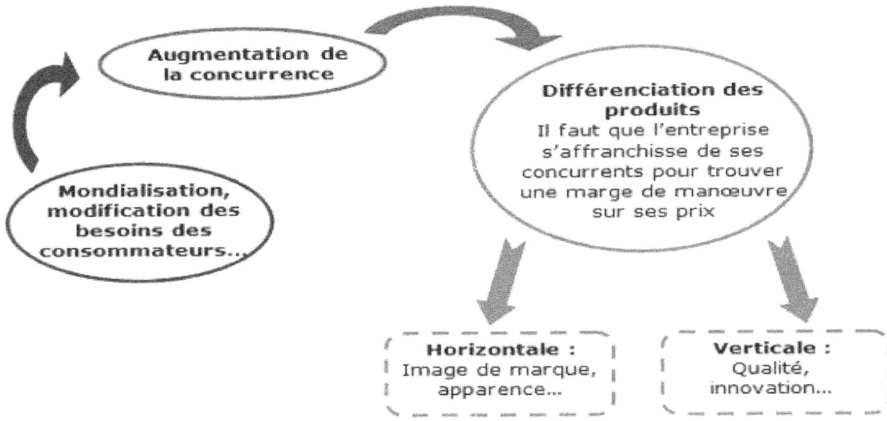

Schéma 42 : La concurrence monopolistique[496]

Dans une idée similaire, l'on présume que «ces très grands acteurs, pour la plupart américains, pourraient entrer en concurrence avec de grandes entreprises asiatiques. On pourrait donc imaginer, comme sur les marchés de biens physiques, régis par les principes de réciprocité prévalant dans les échanges internationaux, dans le cadre de l'Organisation Mondiale du Commerce, que la concurrence mondiale entre les plateformes occidentales (GAFAMs) et chinoises (BATX) amène progressivement vers un processus concurrentiel normal»[497].

Or, un tel raisonnement suppose que le principe de réciprocité soit à l'œuvre dans les services numériques. Ce qui n'est nullement le cas des attributions en vigueur de l'OMC.

L'idée de leur intégration dans le fonctionnement de l'OMC est évoquée, mais cela risquerait de faire émerger un ou deux grands monopoles internationaux dont on aurait encore du mal à encadrer, encore moins à en contrôler le comportement.

---

[496]Maxicours, «La concurrence monopolistique», Cours SES, Sans référence.

[497]Beuve. J, Brousseau. M, Péron. M, Perrot. M, «Plateformes numériques... », op. cit, p. 8.

Dans le même temps, la réglementation par la norme que semblent privilégier les instances ad hoc, et le droit de la concurrence en général, sembleraient inefficaces, car pour pouvoir encadrer les marchés numériques, continuellement bousculés par les innovations technologiques et la tendance à la concentration, ces normes devraient être techniques et précises, pour ne pas faire l'objet sinon de détournement, du moins de contournement.

La tentation serait forte de «sectorialiser» la réglementation, faute de pouvoir appliquer les lois de la concurrence à l'économie numérique, et plus particulièrement aux plateformes, pour parer aux défaillances du marché.

Mais une telle voie suppose l'élargissement du champ d'application du droit de la concurrence, ne serait-ce que pour pouvoir encadrer les applications du numérique aux secteurs économiques concurrentiels.

En outre, certaines spécificités de l'économie numérique «nécessitent d'adapter le droit aux logiques écosystémiques propres aux plateformes, en particulier les effets d'échelle à dimension mondiale, la complexité multimodale des canaux numériques, leur évolution rapide et constante, leur technicité et les problèmes nouveaux liés à l'appropriation des données et des traces d'usage»[498].

L'idée de créer un secteur numérique auxquels s'appliqueraient des régimes particuliers, semblerait ici déplacée, car elle serait contreproductive par rapport à l'action de dynamisation des réglementations sectorielles, de manière à ce qu'elles puissent accueillir les innovations numériques.

Tout le débat semble donc, malgré cela, centré sur l'idée de faire évoluer et développer le droit de la concurrence, pour en faire un outil transversal capable d'appréhender les spécificités de l'économie numérique.

Or, une telle perspective est sinon complexe, du moins difficile à mettre en œuvre dans l'immédiat court terme. Car, au-delà de l'incapacité chronique des instances de réglementation/régulation, il y a lieu de signaler l'absence ou du moins l'insuffisance des

---

[498]CNNum, «Neutralité des plateformes… », op. cit, p. 11.

indicateurs techniques à même d'appréhender les formes d'organisation multifaces[499].

L'aspect transfrontalier des marchés numériques et de leurs acteurs est une contrainte de plus, brandie devant les instances à caractère national, ambitionnant d'encadrer des acteurs déjouant les frontières géographiques et les normes locales.

En effet, «le caractère extraterritorial est d'autant plus impactant qu'il faut aboutir à un empilement de normes, parfois contradictoires, rendant de fait impossible leur application stricte»[500].

C'est pour dire la difficulté, voire l'impossibilité d'une régulation ex ante d'un marché où l'innovation est permanente. Cela est d'autant plus vrai dans le cas des innovations de rupture difficilement anticipables par le régulateur. Aller dans cette voie risquerait d'entraver fortement l'innovation, nous dit-on de tout bord.

Une autre option, plus radicale quant à elle, pourrait, dit-on, renforcer ou compléter la régulation ex ante. C'est celle qui consiste en le démantèlement partiel des géants du numérique.

C'est une option qui repose sur le principe des «contraintes», selon lequel l'on définit le périmètre des activités qu'une plateforme est autorisée à servir. Elles peuvent intervenir ex ante en limitant par exemple, le périmètre d'Amazon aux seuls biens culturels, en interdisant à Facebook d'émettre de la monnaie virtuelle ou en séparant l'activité de moteur de recherche des autres activités de Google[501].

C'est donc une démarche qui vise à imposer une séparation entre les différentes faces d'un même marché.

Ces «contraintes» peuvent aussi avoir lieu ex post, pour faire face aux éventuels comportements anticoncurrentiels. La cession d'actifs pourrait être envisagée et imposée par le régulateur, mais cela ne pourrait se justifier que dans le cas des concentrations, d'autant plus que «cette circonstance intervient principalement dans le cas de

---

[499]Tran. S, «Pourquoi les plateformes multifaces triomphent sur le marché ?», Harvard Business Review, 7 mai 2019.

[500]Cf. Philippe. J, «La concurrence des plateformes numériques», Communication «Séminaires Philippe Nasse 2016», 22 juin 2016.

[501]Braun. E, Vergara. I, «Gafa: faut-il démanteler les géants du numérique?», Le Figaro, 2 août 2019.

fusions horizontales, beaucoup plus rarement dans le cas de fusions conglomérales, par le biais desquelles les entreprises étendent leurs activités sur plusieurs marchés»[502].

Or, s'il est possible d'appliquer ces contraintes structurelles aux grandes plateformes dites structurantes, elles devraient au préalable, mettre en balance l'éventualité d'une perte d'efficacité résultant du découpage, et les bénéfices concurrentiels attendus.

«Les pertes d'efficacité pourraient découler par exemple, de la perte de certaines données (moindre efficacité des algorithmes), de la réduction des économies d'envergure liées à la production par un même acteur d'un ensemble de services, ou encore, dans une perspective dynamique, d'une diminution des incitations à innover. Les consommateurs perdraient aussi le bénéfice d'utiliser un écosystème de produits ou services»[503].

Il faudrait rappeler par ailleurs, que l'opération de démantèlement ou de démembrement, est une opération dont la procédure est complexe et les résultats incertains.

L'on pourrait citer à ce propos, la séparation du célèbre géant américain des télécommunications ATT en 1982, en plusieurs entités indépendantes.

C'est une séparation structurelle qui a certes, stimulé la concurrence dans le secteur, mais au prix d'un ralentissement aigu de l'innovation. La loi Telecom Act de 1996 est justement venue pour rétablir la situation[504].

L'idée de démanteler Microsoft a elle aussi, été avancée dans les années 2010, mais les autorités de la concurrence y ont renoncé, «principalement parce que les pertes d'efficacité sembleraient plus importantes que les gains à attendre du point de vue concurrentiel, dans un environnement où plusieurs technologies concurrentes à celle de Microsoft, sembleraient pouvoir émerger»[505].

---

[502]Brousseau. M, Perrot. M, «Plateformes numériques… », op. cit, p. 8.
[503]Ibid.
[504]Cf. Custos. D, «La Commission fédérale américaine des communications à l'heure de la régulation des autoroutes de l'information», Ed. L'Harmattan, Paris, 1999, 411 p.
[505]Ibid.

Cette perspective est peu prise au sérieux, sauf dans les cas où les abus de position sont manifestes et flagrants. Il en est de même de celle qui opte pour l'interopérabilité, sorte d'interconnexion entre plateformes rendant possible l'interaction des utilisateurs, induisant par là, une certaine concurrence sur les marchés. C'est une solution assez simple dans son principe, mais complexe dans sa mise en œuvre.

Tout aussi complexe est la solution qui prône une supervision ex ante pour assurer le contrôle de la loyauté des algorithmes.

Ceux qui recommandent une telle piste ne sont pas sans savoir, semble-t-il, que l'économie numérique en général, et des plateformes en particulier, est d'abord et avant tout, une économie d'algorithmes. Sans ces derniers, pas de Big Data, pas d'intelligence artificielle, pas d'internet…et pas de concurrence non plus.

4.3. Des plateformes et des communs numériques : l'économie du partage et du contributif

L'économie des plateformes est traversée par une série de discours et de pratiques qui rendent sa définition et la délimitation de son champ difficiles, car mouvantes et aléatoires.

Pour autant, un effort de caractérisation en permet le classement par nature et par catégories :

°- D'un côté, les puissantes plateformes, dites aussi structurantes, qui sont conçues pour capter, traiter et contrôler les données massives pour en extraire de la valeur et en dégager des niveaux élevés de profits. C'est la catégorie de plateformes auxquelles on a réservé l'essentiel de ce travail.

°- De l'autre côté, on y trouve les plateformes dites collaboratives, qui visent à s'émanciper des principes purement marchands, pour inscrire le partage et la solidarité au centre de leurs modèles de développement, et auxquelles nous allons consacrer le reste de ce travail.

C'est que l'avènement de ces plateformes répondait en fait, à trois grands soucis :

°- D'abord, elles visent à dépasser la dichotomie classique entre la propriété et le partage,

°- Ensuite, elles renouvellent la problématique des communs numériques,

°- Enfin, elles prônent une régulation multi parties prenantes, construites autour du bien commun.

4.3.1. Des entreprises-plateformes aux plateformes collaboratives

Nombreux sont les écrits sur les plateformes collaboratives. Pourtant, une grande ambigüité continue à entourer leur contenu et la délimitation de leur périmètre d'action.

L'une des principales raisons à cela est pour partie, liée aux relations que les plateformes collaboratives entretiennent avec les plateformes marchandes.

Plusieurs approches peuvent être évoquées à ce niveau :

°- La première définit ces plateformes par l'idée du primat de l'accès et de l'usage sur la propriété. Ces plateformes regroupent ainsi les «modèles d'échange ou de production, basés sur le partage et la mise à disposition (contre argent ou non) de ressources le plus souvent sous-utilisées»[506].

Le propre des transactions dans ce cadre, est qu'elles s'effectuent entre deux particuliers, à titre occasionnel et non professionnel, comme dans le modèle P2P[507].

°- La seconde approche inclut ces plateformes dans le périmètre des plateformes marchandes ne serait-ce que parce que celles-ci structurent des espaces (dont essentiellement l'infrastructure) où se rencontrent offreurs et demandeurs, et où s'effectuent les transactions entre les deux parties.

La première approche présente donc les plateformes collaboratives comme étant une alternative aux plateformes marchandes, alors que la seconde fait de celles-là un simple prolongement de celles-ci.

Dans les deux cas de figure, les plateformes collaboratives ne pourraient être lues que situées dans le cadre de cette nouvelle économie numérique, toujours en gestation.

En effet, les plateformes collaboratives se présentent comme la contre tendance à la position dominante des plateformes marchandes, en proposant des modes de développement et de gestion alternatifs.

Autrement, «les nouvelles pratiques et modèles d'affaires de l'économie collaborative, symbolisent le passage d'une logique de propriété à une logique de partage entre usagers, reprenant en quelque sorte, le principe de partage de fichiers peer to peer entre internautes et alimentant un nouvel imaginaire économique où la solidarité, la consommation collaborative et la préservation des ressources s'imposent comme de nouvelles valeurs»[508].

---

[506]Cf. Botsman. R, «The sharing economy lacks a shared definition», FastCompany, 21 november 2014.
[507]Particuliers à particuliers.
[508]Tchéhouali. D, «Economie collaborative, culture du partage et guerre des brevets : nouveaux regards sur l'innovation numérique», Culture, Commerce et Numérique, Centre d'Etudes sur l'Intégration et la Mondialisation, Vol. 10, n° 6, juillet-août 2015, p. 2.

Tout comme les plateformes marchandes, les plateformes collaboratives jouent aussi une fonction d'intermédiaire dans l'accès à des informations, à des contenus, à des biens ou à des services.

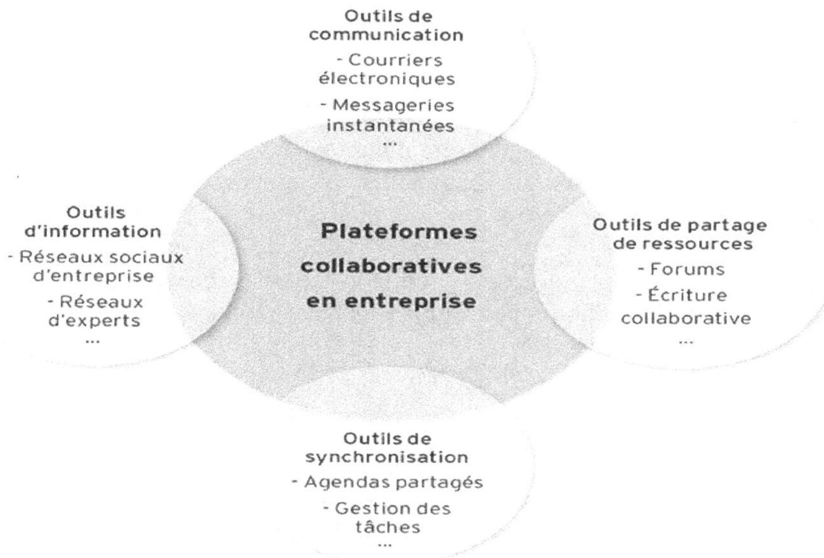

Schéma 43 : Plateformes collaboratives en entreprise[509]

Elles traduisent toutefois une transition en quatre angles :

«+Une transition de l'économie de la propriété, dans laquelle les individus possèdent des actifs, vers une économie de l'usage, dans laquelle les individus préfèrent partager l'utilisation des actifs, en particulier les actifs les plus coûteux, comme le logement ou les voitures,

+ Une transition d'une économie dans laquelle les consommateurs se bornent à consommer, vers une économie dans laquelle les consommateurs sont aussi des coproducteurs…,

+ Une transition vers une économie de la demande, c'est-à-dire une économie dans laquelle les besoins et les demandes des

[509] E-marketing, «Plateformes collaboratives en entreprise», 30 novembre 2017.

consommateurs sont immédiatement satisfaits, grâce à la mise en relation électronique entre consommateurs et contributeurs...,

+ Une transition vers une économie sans entreprise...Historiquement, l'organisation de la production à vaste échelle, avait toujours supposé la mise en place d'une entreprise, or ce n'est plus nécessaire maintenant»[510].

Ce sont donc les interfaces des relations de pair à pair, qui permettent à la multitude de «partager ses compétences, ses connaissances, son temps, sa force de travail, ses actifs physiques, tout autant que ses actifs financiers»[511].

Pourtant, les plateformes collaboratives présentent plusieurs caractéristiques économiques qui les rapprochent des plateformes numériques marchandes :

°- D'abord, elles opèrent elles aussi, sur des marchés bifaces ou multifaces, car elles sont caractérisées par la présence de plusieurs clientèles, portant chacune sur l'un ou l'autre versant du marché. Elles offrent en cela, des services à la fois à leurs contributeurs et à leurs consommateurs. Quoi que les marchés bifaces existent bien avant l'avènement des plateformes collaboratives, ces dernières leur ont donné une dimension inégalée.

°- Ensuite, elles sont à l'origine, tout comme les plateformes de première génération, d'une réduction considérable des coûts de transaction (coûts liés à la recherche de l'information fiable, négociation des prix et des contrats...etc.). Les plateformes collaboratives sont d'ailleurs, «amenées à remplacer les entreprises traditionnelles chaque fois que la réduction de ces outils de transactions leur permet de fournir une offre de biens et services de qualité équivalente, voire supérieure, à meilleur prix»[512].

°- Enfin, les plateformes collaboratives «ont besoin de mobiliser très peu de capitaux par rapport à leurs concurrents de l'économie traditionnelle. Airbnb peut loger autant ou davantage d'hôtes qu'un concurrent comme Accor, sans posséder le moindre mur d'hôtel»[513].

---

[510]Amar. N, Viossat. L. C, «Les plateformes collaboratives... », op. cit, p. 12.
[511]A noter ici que selon cette définition, les plateformes numériques de deuxième génération sont considérées par de multiples aspects, comme des plateformes collaboratives.
[512]Amar. N, Viossat. L. C, «Les plateformes collaboratives... », op. cit, p. 24.
[513]Ibid.

Les effets de réseau croisés, tout autant que les autres externalités propres aux plateformes marchandes, ne sont pas par ailleurs, sans marquer la morphologie et les modes de fonctionnement des plateformes collaboratives.

Mais au-delà des similitudes relevées au niveau de la morphologie ou des caractéristiques des deux catégories de plateformes, l'on ne manque de fédérer les premières autour de la thématique du capitalisme des plateformes, alors que les secondes s'inscrivent dans l'ordre de ce qu'il est convenu d'appeler le «coopérativisme des plateformes»[514].

Dans un essai synthétique fort[515], Scholz et Schneider tentent de dépasser le premier pour ouvrir l'alternative au second.

Ils recensent une série de principes pour faire des plateformes collaboratives une issue à la domination des plateformes marchandes :

«+ Une propriété partagée de la plateforme entre ses utilisateurs,

+Des rémunérations décentes accordées aux utilisateurs de la plateforme (en cas de prestations de services marchands),

+Une transparence dans la collecte et l'usage des données personnelles, ainsi qu'une libre portabilité de ces dernières entre plateformes,

+Un dialogue/une médiation entre les plateformes et leurs utilisateurs,

+Une codétermination du travail entre utilisateurs et gestionnaires de la plateforme,

+La promotion d'un cadre juridique protecteur, notamment en matière de concurrence entre plateformes et travailleurs, et en matière de droit du travail,

---

[514]Cf. Victoria. P, «Le modèle du coopérativisme de plateforme pourrait-il limiter les risques sociaux de l'économie collaborative ?», Master en sciences de gestion, Ecole de gestion de l'Université de Liège, 2018-2019, 117 p.
[515]Scholz. T, Schneider. N, «Ours to hack and to own : the rise of platform cooperativism. A new vision for the future of work and a fairer internet», ORBooks, 2016, 252 p.

+Des droits et des protections portables pour les utilisateurs entre différentes plateformes,

+Une protection contre les décisions arbitraires des plateformes,

+Une limitation de la surveillance de l'activité des utilisateurs et un droit à la déconnexion»[516].

La thèse de coopération des plateformes se construit par conséquent, à contre courant du capitalisme des plateformes et de l'ubérisation, c'est à dire aux antipodes de leurs pratiques, jugées «extractivistes et précarisantes», et de leurs comportements anticoncurrentiels.

C'est la raison pour laquelle les deux auteurs émettent une proposition radicale : mettre les plateformes entre les mains de leurs propres utilisateurs, car disent-ils, «les plateformes numériques ont certes démocratisé les échanges de biens et de services, en facilitant l'accès de millions d'utilisateurs à de vastes espaces électroniques de mise en relation, elles n'ont pas pour autant, poussé le modèle jusqu'au partage de la propriété de ces plateformes et, au-delà, à une répartition équitable de la valeur ajoutée générée»[517].

Ainsi, «en permettant à tous les utilisateurs qui le souhaitent, de prendre une part, à travers un apport en capital, la plateforme n'est pas dépendante économiquement de quelques investisseurs, mais d'une multitude de propriétaires. Ces derniers, étant les utilisateurs directs de la plateforme, sont par ailleurs, censés prendre les décisions qui maximisent l'utilité de la plateforme pour ses usagers et non pour les intérêts de financiers extérieurs, dont l'objectif serait plutôt de maximiser les bénéfices financiers»[518].

Les communs numériques partagent sous cet angle, la même volonté que le coopérativisme des plateformes.

4.3.2. Plateformes collaboratives et l'alternative des communs numériques

Les plateformes, et l'économie numérique en général, interpellent les régimes de propriété. Elles ouvrent de nouveaux modes de

---

516Scholz. T, Schneider. N, «Ours to hack and to own… », op. cit. Cité In Amar. N, Viossat. L. C, «Les plateformes collaboratives… », op. cit, pp. 12-13.
517Ibid.
518Ibid.

production, de création, d'échange et de socialisations horizontalisées de pair à pair.

Il en résulte une multiplication de dispositifs techniques en ligne permettant «l'échange de maison, de voiture, la mise à disposition de machines à laver, de jardin, de perceuse...le covoiturage, le troc d'habits, la revente de particulier à particulier d'objets en tous genres, de don d'objets utilisés...etc.»[519].

Au sein de ces dispositifs, les consommateurs s'organisent pour acheter groupés, «soit pour obtenir des prix plus intéressants, soit pour pouvoir dialoguer directement avec les producteurs.

Les habitants des villes occupent collectivement des espaces publics à l'abandon et les transforment en jardins. Les sites de crowdfunding permettent d'organiser un prêt individuel ou la levée de fonds pour monter une activité, pour financer un film, sans passer par les banques, mais en s'adressant directement à des particuliers»[520].

Ce sont donc des pratiques qui désintermédient de manière indirecte, les secteurs traditionnels du système de production (banques, chaînes hôtelières, hypermarchés...etc.). Elles se recoupent par là, avec la logique des plateformes de deuxième génération.

Mais ce sont aussi des pratiques qui s'affranchissent de la valeur d'échange et les substituent par une valeur d'usage, compris dans son sens étendu, c'est-à-dire «pas uniquement l'utilité individuelle du bien ou du service, mais aussi son utilité collective, celle-ci pouvant inclure des dimensions écologiques par exemple, la valeur pour l'humanité d'une langue locale en voie de disparition, la valeur d'un bien produit localement plutôt que transféré d'un continent à un autre...etc.»[521].

Alors que les plateformes marchandes tendent vers la concentration et la formation de monopoles que les régulations peinent à limiter, les plateformes de partage «permettent à une multitude d'individus ou de petites entreprises de participer aux échanges : un créateur peut proposer du design à la demande via une plateforme dédiée, un épargnant peut s'engager dans une démarche de micro capital-risque,

---

[519]Peugeot. V, «Biens communs et numérique : l'alliance transformatrice», In : ADBS, «Le document numérique à l'heure du web des données», ADBS, 2012, p. 5.
[520]Ibid.
[521]Ibid.

un bricoleur peut proposer ses cours et conseils à un voisinage...Tout ceci sur un mode flexible à la fois en termes de temps et d'implication»[522].

Dans cette perspective, il s'avère, suite aux travaux d'Elinor Ostrom[523], que les communautés des communs numériques ont tendance à remettre profondément en cause l'idée selon laquelle la propriété exclusive est le mode de gestion le plus efficace.

Les communs numériques se caractérisent généralement par le partage des ressources créées ou mises à disposition, et par leur gestion de manière collective (liberté d'usage d'un bien ou d'un service, mise à disposition sous licence libre du code source et des données produites par les usagers...etc.), et ce sur la base du degré de contribution, et non à partir d'une quelconque différence de statut.

C'est la raison pour laquelle, l'on distingue :

°- Les communs numériques «minimaux» (c'est-à-dire ceux qui peuvent fonctionner sans contribution active de la communauté des usagers) et les communs «contributifs», c'est-à-dire ceux qui nécessitent un plein investissement de cette dernière, des licences libres diverses (Creative Commons, Contributive Commons, GNO-GPL...etc.) pouvant «assurer la lisibilité des règles qui gouvernent le partage et la réutilisation d'un commun numérique»[524].

°- Puis les communs de services (certains logiciels libres et systèmes d'exploitation genre GNU/Linux), les communs de bases de données ou de portails collaboratifs (Wikipédia...etc.).

Il serait toujours utile de rappeler, à cet égard, la manière dont s'est développé le domaine du logiciel libre, à la fin des années 80.

En effet, avec le General Public Licence (GNO-GPL), s'est ouverte «la possibilité de faire jouer le copyright, non pas pour imposer des interdictions aux utilisateurs de logiciel, mais au contraire pour leur garantir des libertés jugées fondamentales, comme celles de pouvoir accéder au code source, de le modifier et de le redistribuer. Ces

---

[522]Ibid.

[523]Cf. Ostrom. E, «Governing the commons : the evolution of institutions for collective action», Cambridge University Press, 1990, 298 p.

[524]Cf. Delabie. G, «Les communs à l'heure du numérique. Comment créer de la valeur pour l'intérêt général ?», Medium, septembre 2017, 12 p.

principes de fonctionnement favorisent la production collective du logiciel par des communautés de développeurs, s'auto-organisant en mode horizontal. Le succès le plus éclatant de cette approche reste celui de la création du noyau Linux qui permet l'existence du système d'exploitation alternatif au logiciel propriétaire Windows vendu par Microsoft»[525].

Cette réalisation emblématique a apporté une preuve supplémentaire de l'efficacité de l'auto-organisation pour la production de ressources complexes, en l'occurrence des ressources immatérielles conçues et créées par des communautés de contributeurs elles-mêmes.

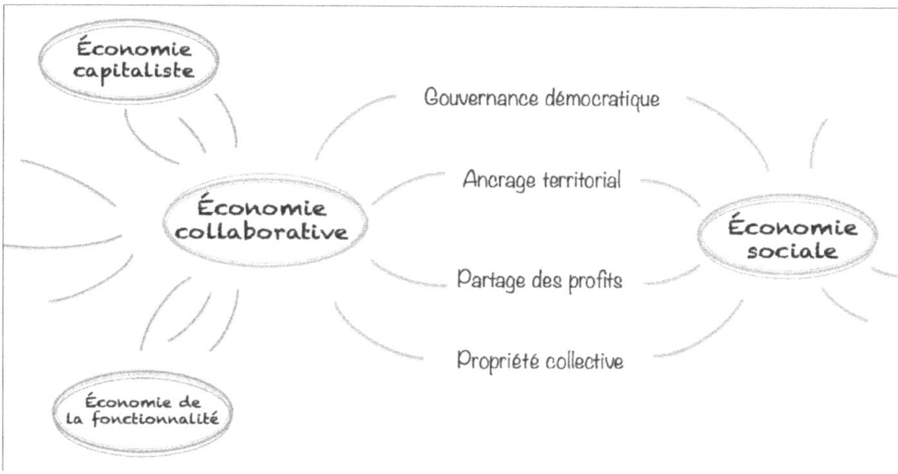

Schéma 44 : <u>Ecosystème des plateformes collaboratives</u>[526]

Ces principes, fondés essentiellement sur la licence libre, ont été étendus à l'encyclopédie Wikipédia, puis à l'Open Street Map, qui s'est montré capable de rivaliser avec le géant Google sur son propre terrain (Google Maps).

Wikipédia est considérée par ailleurs, comme étant le commun de la connaissance le plus significatif, car «quiconque pourrait y contribuer, le collégien comme le professeur d'université»[527].

---

[525]Chaptal. C. V et Alii, «Les plateformes collaboratives : éléments de caractérisation et stratégies de développement», Entreprendre en Communs, Projet de recherche WP 32, Paris, mai 2019, p. 10.
[526]Martin-Déry. S, «Des plateformes collaboratives et coopératives », tiess, Montréal, 13 mars 2018.

Il faudrait rappeler par ailleurs, que les communs numériques ne sont en fait, que le prolongement de l'ambition originelle des pères fondateurs de l'internet, celle de créer un réseau solide, ouvert, coopératif, garantissant l'horizontalité (échanges entre pairs) et la liberté d'expression[528].

En effet, «sans utiliser le terme de communs, lors de la mise en place des protocoles, par le choix d'une normalisation réalisée par les ingénieurs concernés eux-mêmes, par la mise en amont de pratiques à la fois collectives et indépendantes...l'internet s'est constitué comme un gigantesque commun mondial. Une ressource partagée, mais également des formes de régulation décidées par les acteurs eux-mêmes, des règles de droit émanant de la communauté des développeurs et des usagers (au moins au début), du droit que l'on retrouve inscrit dans le code informatique lui-même (code is law, disait Lawrence Lessig»[529].

Parce que prenant progressivement la forme de concentrations monopolistiques autour de quelques plateformes géantes, il était de l'évidence même que soit développé et organisé un mouvement de résistance à ces enclaves envahissantes.

C'est que les communautés des communs du numérique (acteurs du logiciel libre, de l'open hardware, de l'open design ou encore de la fabrication de pair à pair), «voient dans la rupture avec la propriété endogène au numérique, l'occasion de repenser la place de l'économie dans son articulation avec le lien social, d'imaginer des modes de production et de création horizontaux, collaboratifs (et) plus écologiques»[530].

Pour ce faire, ces communautés inventent des outils économiques pour assurer leur pérennité, grâce à des «modèles d'affaires qui fuient le système de la rente propre aux enclosures, pour imaginer

---

527Et ce même si la sélection est très sévère parmi les contributeurs. Ce qui pourrait s'assimiler, à première vue, à une sorte de barrières à l'accès. Cf. Cohendet. P et Alii, «Interactions between epistemic communities and communities of practice as a mechanism of creation and diffusion of knowledge», In : Zimmermann. J. B, Kirman. A (Ss. Dir.), «Interaction and market structure», Spring, Londres, 2001.

528Cf. pour une vue synthétique des origines «puritaines» d'internet : Flichy. P, «Internet ou la communauté scientifique idéale», Réseaux, n° 97, 1999, pp. 77-120.

529Le Croznier. H, «Communs numériques et communs de la connaissance», tic&Société, Vol. 12, n° 1, 1er semestre 2018, pp. 1-2.

530Cf. pour les communs numériques écologiques : Guattari. F, «Les trois écologies», Ed. Galilée, Paris, 1989, 80 p.

des modèles complexes, dans lesquels services, troc et don se mêlent»[531].

L'on a donc affaire ici, en somme, à deux grandes logiques économiques presque à l'opposé l'une de l'autre, même si elles pourraient se recouper sur tel ou tel aspect :

°- La logique des plateformes marchandes, dont certaines relèvent des plateformes de deuxième génération, dont le cœur de valeur repose pour l'essentiel sur ce que l'on appelle «l'économie de l'attention» : collecte et traitement des données massives et leur commercialisation, puis captation de la valeur à travers ces mêmes données,

°- Et la logique des plateformes collaboratives et des communs numériques, dont le cœur d'activité est centré sur les innovations de pair à pair, permettant de «mobiliser des ressources créatives inédites, pour produire, en court circuit, des produits de meilleure qualité, plus respectueux de l'environnement et pour un coût adapté à la réalité financière du plus grand nombre»[532].

Entre les deux logiques, l'on pourrait trouver une série de modèles hybrides significatifs des collaborations possibles : dans le monde du logiciel libre par exemple, coexistent logiciel propriétaire, logiciel libre et logiciel open source.

4.3.3. Plateformes, Etat, marché et communs numériques : quelle régulation ?

Le champ des alternatives aux plateformes marchandes n'est pas homogène. Mais il est traversé, au-delà de son hétérogénéité, par des principes fédérateurs, dont les principes d'ouverture, de partage, de réciprocité, mais aussi de collaboration et de contribution.

L'une des questions principales qui se pose est celle de savoir comment les communautés des communs numériques trouvent- elles des arrangements qui leur permettent de gérer collectivement les ressources produites et partagées, en indépendance par rapport tantôt au marché, tantôt à l'Etat.

---

[531]Peugeot. V, «Biens communs et numérique», op. cit, p. 6.
[532]Ibid.

Il s'agit en fait, d'interpeller les conditions de cette régulation collective d'actions collectives elles aussi, c'est-à-dire de gestion de ressources communes physiques au sens d'Orstom et des ressources virtuelles pour ce qui est des ressources numériques, la gestion collective étant perçue ici comme une alternative à l'Etat et au marché.

En effet, «dans un contexte où le modèle économique des géants du numérique est de plus en plus mis en cause, les communs offrent une approche différente qui permet d'envisager une autre économie politique, complémentaire aux réflexions sur la taxation, voire le démantèlement des géants du numérique»[533].

Les critiques que les tenants des communs numériques font au marché, et à l'Etat dans son sillage, est que ces derniers ont «laissé» se développer des stratégies d'acteurs privés qui, en déployant une stratégie de plateformes, «phagocytent la création de valeur, limitent l'innovation (barrières à l'entrée) concentrent la valorisation de la donnée et augmentent la captivité au sein de leurs écosystèmes (barrières à la sortie qui se traduisent notamment, par une faible interopérabilité et captation de toujours plus de données personnelles»[534].

La maîtrise de ces données et des outils l'accompagnant, est un enjeu fondamental pour les tenants des communs numériques : produire ses propres données par la collaboration et le partage.

Pour Karl Polanyi, le marché n'est pas la forme de circulation exclusive des biens et services économiques, sauf que celui-là (le marché) masque les autres formes qui lui coexistent, en l'occurrence la réciprocité, la redistribution et le partage domestique[535].

L'auteur plaide pour un désencastrement, puis un réencastrement en faveur de l'émancipation des travailleurs et de leur production, tout en portant un intérêt particulier à la préservation des ressources et aux équilibres de la nature.

533AmbNum, «Des barbelés sur la prairie internet : contre les nouvelles enclosures, les communs numériques comme leviers de souveraineté», France Diplomatie, juillet 2020, p. 3.
534Ibid.
535Cf. Polanyi. K, «La subsistance de l'homme : la place de l'économie dans l'histoire et la société», Ed. Flammarion, 2011, 420 p.

Les plateformes collaboratives, en s'incarnant dans les communs numériques, participent justement de ce processus de réencastrement, de par le fait qu'elles privilégient l'accessibilité, la circulation des idées et donc l'innovation, au détriment des rentes de situation instaurées par les géants des plateformes marchandes et de la régulation marchande.

Ceux qui revendiquent les communs numériques (et les communs en général) inscrivent la gestion collective de leurs «biens» comme une alternative à l'Etat et au marché.

Leur argument est le suivant : «les actions collectives en ligne autogérées, réussissent hors l'Etat et le marché, les ressources communes peuvent être autogérées efficacement par des groupes hors l'Etat et le marché, donc les actions collectives en ligne sont des communs créant un ordre nouveau partagé par les communs, l'Etat et le Marché étant tous deux profondément engagés dans une vision partagée du progrès technique et de la compétition économique»[536].

Il est vrai qu'une telle optique risque de faire entrer dans les communs tout ce qui n'est pas Marché ou Etat, sinon comment penser le logiciel libre ou l'open source, sans leur lien avec le marché, et comment interpréter la nature des logiciels libres développés par les entreprises privées ?

Mais il n'est pas moins vrai, d'un autre côté, que la gestion dont il s'agit pour les communs numériques, est une gestion de biens collectifs, nullement leur gestion collective.

Car, au-delà d'un quelconque glissement sémantique, c'est «l'ensemble de ces arrangements institutionnels qui permet de construire un commun, et rend possible ou non l'identification des faisceaux de droits (et de devoirs) pour les participants dans l'exploitation de la ressource»[537].

Ces arrangements posent inévitablement la question de la régulation. Car, le numérique semble favoriser la régulation à postériori de l'accès, et le fait de ne pas être géré par l'Etat ou par le marché, ne

[536]Jullien. N, Roudault. K, «Commun numérique de connaissance : définition et conditions d'existence», Revue d'économie et de management de l'innovation, n° 63, mars 2020, pp. 4-5.
[537]Cf. pour plus de développements : Orsi. F, « Elinor Ostrom et les faisceaux de droits : l'ouverture d'un nouvel espace pour penser la propriété commune», Revue de la régulation, n° 14, février 2014.

suffit pas à définir un commun, encore faut-il que cette gestion se fasse de façon collective par un groupe.

Par conséquent, le mode de régulation n'est pas ici le propre de l'Etat, encore moins du Marché, mais plutôt le fruit d'une négociation collective parmi «la multitude».

Dans le même temps, le fait que des acteurs mettent en commun des ressources et les gouvernent collectivement, n'est pas suffisant non plus. On serait plus, dans ce cas, «dans la création de communautés de pratiques, voire de communautés épistémiques classiques. Ces communautés peuvent être construites autour de la gestion d'un bien club (comme les imprimantes 3D pour les hackerspaces), comme peuvent l'être les collectifs de gestion d'équipements scientifiques»[538].

C'est pour dire aussi que le fait qu'une connaissance soit mise à disposition, via un logiciel libre par exemple, n'est pas suffisante non plus, pour faire de ce projet de production de connaissances, un commun, car du moment qu'il y a un seul acteur en charge de la régulation de la contribution, il ne pourrait s'agir d'une activité de communs numériques.

Ainsi, «les plateformes de crowdsourcing, d'innovation collective, ou les formes de questions-réponses gérées par une entreprise privée...ne sont pas des communs, car il n'y a pas de négociation collective de la gestion de l'accès à la ressource rare, la politique de filtre (étant) centralisée par le propriétaire de la plateforme»[539].

Dire cela reviendrait à dire que la régulation du commun ne peut pas se restreindre à la régulation de la gestion d'une ressource rare. C'est la régulation de la gestion collective et durable de cette ressource qui est mise au devant, tout autant d'ailleurs, sinon plus, de la possibilité offerte à la multitude de l'utiliser sans la consommer, encore moins la consumer.

Autrement, loin d'une vision statique, un commun se construit et se régule par «la négociation des règles, la discussion collective et continue de leur évolution. Ce processus permanent peut donner lieu à la restructuration des principes et des objectifs par les épreuves, par

---

[538]Jullien. N, Roudault. K, «Commun numérique de connaissance... », op. cit, p. 20.
[539]Ibid.

la régulation des contributions et les correctifs qui peuvent être apportés»[540].

Cela veut dire qu'il faudrait une communauté d'acteurs attachés, de par les valeurs et le projet politique qu'elle sous tend, à faire prospérer le commun contre la menace des enclosures des plateformes marchandes.

Mais les communs numériques ne naissent, encore moins se développent, dans un environnement fermé. Ils se construisent et évoluent dans un environnement socio-technique qui évolue à son tour. D'autant que comme n'importe quel autre arrangement institutionnel, les communs numériques n'existent pas contre ou même à côté du Marché et de l'Etat, mais en relation et en encastrement avec eux, tout autant qu'avec divers autres dispositifs institutionnels.

Un tel encastrement repose sur la production de communs numériques autour de l'accès non exclusif à leurs usufruits par et pour tous.

C'est en ce sens d'ailleurs, que les communs numériques ouvrent la perspective à un nouveau contrat social avec les communautés d'utilisateurs. La logique de co-construction qui les sous-tend, permet «le retour en force de la puissance publique dans un nouveau rôle, celui d'un Etat garant...facilitateur»[541]...et protecteur.

---

[540]Jullien. N, Roudault. K, «Commun numérique de connaissance... », op. cit, p. 22.
[541]AmbNum, «Des barbelés de la prairie internet... », op. cit, p. 2.

Conclusion générale

1. Lorsque l'on parle de l'économie des plateformes, l'on vise essentiellement les plateformes numériques qui procèdent, à l'aide d'applications informatiques et d'algorithmes, à la mise en relation d'au moins deux catégories d'utilisateurs, un demandeur de biens, de services et de contenus, et un offreur de biens, de services et de contenus. Les plateformes opèrent ici leur appariement dans le temps et dans l'espace.

La logique d'intermédiation qui prévaut dans cet «espace», constitue un élément d'«interface» et de structuration de la place de marché virtuelle, au sein de laquelle l'offre et la demande peuvent se rencontrer.

Certaines plateformes dites de deuxième génération, créent leur propre marché, sinon quel visage aurait pu avoir le marché de la location des chambres privées ou du logement par exemple, sans une plateforme telle Airbnb ?

Mais les plateformes numériques ne se limitent pas au seul rôle d'intermédiation, d'apparence neutre et «sans effet». Elles participent aussi à la définition de ses règles du jeu et des logiques de son fonctionnement, sinon que dire de la plateforme Uber qui définit et établit les conditions de prestations de «ses» chauffeurs, tout autant que les modes de leur rémunération, la grille de leur évaluation et leurs conditions sociales ?

Dire cela reviendrait à dire autrement, que les plateformes numériques relèvent d'une logique écosystémique fort façonnée par des externalités diverses, et profondément ancrée dans des modèles économiques reposant sur les effets externes et les marchés bi et multifaces.

La notion d'écosystème qu'on adosse assez souvent aux plateformes numériques, n'est en soi pas récente. Elle accompagnait les différents redéploiements de l'économie des réseaux et de l'information, et incarnait les stratégies de compétition/coopération entre les entreprises, puis les interactions entre celles-ci et les utilisateurs.

2. Les plateformes numériques ont pour objectif principal de mobiliser les utilisateurs en tant que ressources, au travers des effets croisés et de la commercialisation des accès, mais aussi et surtout à partir de leurs interactions avec ces plateformes, comme par les mécanismes de leur participation dans la chaîne de valeur (open innovation, crowdsourcing, coproduction…etc.).

Les plateformes numériques ne créent pas de la valeur. Elles la captent à partir des données. Celles-ci n'ont de valeur qu'une fois traitées, analysées et inscrites dans une stratégie de recommandation et de prédiction.

Mais elles pourraient y contribuer indirectement, en facilitant l'accès aux marchés et aux espaces de marché, en créant des revenus pour les membres de l'écosystème, partenaires comme concurrents, et en créant des interrelations sans lesquelles nulle transaction.

L'on estime, bien plus encore, que la donnée constitue la source de la valeur créée et la valeur elle-même à l'issue des traitements et analyses effectués. Entre les deux, de nombreux traitements, complexes et coûteux, permettent la transformation des données brutes en informations directement utiles, soit pour dessiner finement le profil des utilisateurs, soit pour fiabiliser davantage les applications et les algorithmes d'exploitation et d'analyse (Big Data, intelligence artificielle...etc.).

Autrement, à chaque stade du cycle de vie d'une donnée, de la valeur est créée directement ou indirectement.

C'est sur ce minerai de base, qu'est la donnée, que les modèles économiques et d'affaires des plateformes ont pris corps. Les marchés qui en découlent ne peuvent qu'en porter la marque.

3. Lorsqu'on observe les effets de réseau et la nature du développement des plateformes numériques, l'on pourrait imaginer que ces formes conduisent vers une structure de marché de type monopolistique, au sein duquel «the winner takes all».

Or, lorsqu'on observe ces différents marchés, l'on s'aperçoit que la structure sur laquelle existent les effets de réseau, s'apparente davantage à une structure oligopolistique, avec une petite frange concurrentielle, où peu d'acteurs concentrent une vaste partie du marché et où une multitude d'autres acteurs se disputent les «niches de marché» qui restent.

Il est vrai que les plateformes numériques arrivées en premier sur un marché, sont loin de le dominer toujours, mais il n'est pas moins vrai qu'elles peuvent continuer à capter les effets de réseau, de par leur capacité non seulement à dissuader leurs clients de les quitter, mais aussi en développant de multiples barrières à l'entrée (dont notamment les effets de verrouillage) devant les concurrents potentiels.

Dans le même temps, les marchés de plateforme ne se structurent qu'exceptionnellement autour d'un monopole absolu, la configuration observée, dans la plupart des cas, étant généralement une configuration de marché oligopolistique à frange concurrentielle.

C'est la raison pour laquelle, les pratiques anticoncurrentielles émanant de telle ou telle plateforme, ne concernent pas la position dominante, mais plutôt les abus de position qui pourraient en découler.

4. Lorsque les effets de réseau sont puissants, ils constituent une arme redoutable, dans un jeu de la concurrence dont les instances de réglementation/régulation peinent à réguler.

Il est vrai que les plateformes marchandes telles Facebook, Google ou Microsoft, sont des acteurs ultra dominants dans les marchés à effets de réseau. Mais il n'est pas moins vrai qu'un nouvel entrant, innovation originelle à l'appui, pourrait rapidement déstabiliser les situations établies : la contestabilité des marchés semblerait à ce propos, capable d'encadrer la concurrence sans apparemment, le moindre besoin d'une intervention publique.

Or, le pouvoir de marché que détiennent ces géants du numérique ne pourrait laisser les instances de régulation indifférentes. Le contre pouvoir juridique dont elles disposent est incontestablement le droit de la concurrence. Mais ce dernier pose la question de son adaptation et de son évolution face à des acteurs dont les évolutions sont rapides et opèrent de surcroît, à des échelles a-territoriales.

Ces instances pourraient certes agir lorsqu'il s'agit de concentrations ou de pratiques anticoncurrentielles tueuses, mais elles sont dépourvues de pouvoir et d'expertise pour appréhender les instructions des algorithmes de machine learning ou leur impact sur le fonctionnement des marchés. Lesdites instructions sont même l'arme de concurrence des plateformes la plus redoutée.

Elles ont du mal aussi à appliquer le droit de la concurrence aux activités «ubérisées», car une fois désintermédiées, ces activités voient leurs modèles économiques remis en cause et leur mode de régulation déstabilisé en conséquence.

La régulation est donc, de tout point de vue, en panne. Elle a du mal à suivre un rythme d'évolution technologique et organisationnelle fort rapide, et à encadrer l'activité d'acteurs transfrontières dont une face de marché peut parfaitement intervenir dans un pays, et l'autre face dans une autre partie du monde.

Faudrait-il faire évoluer le droit de la concurrence ou envisager un droit spécifique aux plateformes numériques ? Le débat est au point mort à l'instant où nous rédigeons ces lignes.

5. Dans ce contexte de dominance de quelques plateformes marchandes, et de la difficulté à réguler leurs comportements ou les marchés auxquels ces acteurs renvoient, l'avènement des plateformes collaboratives est présenté comme une voie viable et porteuse d'alternatives aux plateformes de première génération.

Parce que transcendant l'économie de la propriété en faveur d'une économie de l'usage, et l'économie de la consommation en faveur d'une économie de la coproduction, les plateformes collaboratives s'inscrivent dans une logique de pair à pair, qui permet à la multitude de partager ses compétences, ses connaissances, sa force de travail et ses actifs, physiques comme financiers.

L'on a de plus en plus tendance par conséquent, à distinguer dans l'intermédiation de l'auto-organisation, les plateformes du pair à pair marchand, de celles du pair à pair collaboratif.

Mais cette distinction est en partie trompeuse, car les entreprises telles Uber, Airbnb et Blablacar, qui relèvent du domaine des plateformes marchandes deuxième génération, se targuent d'appartenir au domaine du collaboratif, alors qu'elles ne consacrent pas les valeurs de ce dernier.

Ce dont il s'agit en fait, c'est du collaboratif orienté transparence, horizontalité, décentralisation et partage. Autrement, de ces activités de production de connaissances ou de logiciels entre pairs, orientées fondamentalement vers les communs numériques.

6. Ce qui fait la particularité des plateformes orientées communs numériques, c'est leur mode de gouvernance. Ce dernier traduit les trois grands principes du collaboratif que sont :

°- L'interactivité, sorte de mise en dialogue entre contributeurs sans différenciation de statut,

°- La connectivité, qui renvoie à la mise en dialogue et à la création de liens sans intermédiaire,

°- Et la collaboration, qui renvoie à la coopération entre utilisateurs pour créer de la valeur, sans l'intervention, encore moins le contrôle, d'une partie tierce.

Co-construire un objet matériel ou immatériel n'est en aucun cas, synonyme d'un acte de partage ponctuel, intermédié par une plateforme. C'est en somme, une commodité offerte aux usagers, et qu'on appelle communément les «communs».

A la question de leur régulation et de leur gouvernance, une voie (une «troisième voie», diraient d'aucuns) entre Etat et Marché comme mode de gestion des ressources, est envisagée par Elinor Ostrom, et prolongée par de nombreux travaux universitaires.

Le concept de désencastrement/réencastrement de l'économique dans le social, propre à Karl Polanyi, est évoqué par ailleurs, dans le cadre des approches en termes d'économie sociale et solidaire.

Mais quelle que soit l'optique privilégiée, il semblerait que l'attention est de plus en plus centrée sur les deux interrogations suivantes : quelles sont les perspectives pour un éventuel dépassement du paradigme économique en vigueur ? Est-ce par le seul potentiel humaniste de l'économie collaborative ?

Là aussi, la réflexion est au point mort.

Rabat, 5 mars 2021.

Bibliographie

Acquatella. F, Fernandez. V, Houy. T, «Le cas Coursera ou la préfiguration des changements en cours sur les plateformes d'apprentissage en ligne», Distances et Médiations des savoirs, n° 24, 2018.

Acquier. A, « Retour vers le futur. Le capitalisme de plateforme ou le retour du domestic system», Lelibellio, Vol. 13, n° 1, Printemps 2017.

Adner. R, «Ecosystem as structure : an actionable construct for strategy», Journal of Management, Vol. 43, n° 1, january 2017.

Airbnb, «Our story», 10 avril 2017.

Alloing. C, «Processus de veille par infomédiation sociale pour construire l'e-réputation d'une organisation», Thèse, Université de Poitiers, 2013.

Alter. N, «Innovation et organisation : deux légitimités en concurrence», Revue Française de Sociologie, Vol. 34, n° 2, 1993.

Amar. N, Viossat. L-C, «Les plateformes collaboratives, l'emploi et la protection sociale», Inspection Générale des Affaires Sociales (Igas), Rapport, Paris, mai 2016.

AmbNum, «Des barbelés sur la prairie internet : contre les nouvelles enclosures, les communs numériques comme leviers de souveraineté», France Diplomatie, juillet 2020.

Amer-Yahia. S, Favreau. A, Sénéchal. J, «D'où vient le risque ? Des données et des algorithmes», Blog Binaire du Monde, 5 février 2020.

Amir. S, «Un système d'intégration des métadonnées dédiées au multimédia», Thèse, Université Lille 1, 2011.

Amit. R, Zott. C, «Value creation in e-business», Strategic Management Journal, Vol. 22, 2001.

Annales des Mines, «Internet, frontières et territoires», Enjeux numériques, n° 11, septembre 2020.

Apple, «The Apple supplier list details our top 200 suppliers based on spend, and outlines the supplier facilities which provide services to our supply chain», Apple, 2019.

Arcep, «Plateformes numériques structurantes. Eléments de réflexion relatifs à leur caractérisation», Autorité de Régulation des Communications Electroniques et des Postes, Paris, décembre 2019.

Arthur. W. B, «Les rétroactions positives en économie», Pour la Science, N° Spécial «Les Mathématiques sociales», 1999.

Artigalas. V, Morchet-Rchaud. P, «Airbnb, Booking... : pour une régulation équilibrée et efficace», Rapport d'information, n° 587, Sénat, Paris, 20 juin 2018.

Aufrère. L et Alii, «Comment penser l'alternative au capitalisme de plateforme dans une logique de réencastrement polanyien ?», Centre d'Economie de l'Université Paris Nord, Document de travail n° 04/2020, avril 2020.

Autorité de la concurrence & Competition Markets Authority, «Analyse économique des systèmes ouverts et fermés», Paris, 10 décembre 2014.

Autorité de la concurrence-Bundeskastellant, «Droit de la concurrence et données», 10 mai 2016.

Autorité de la concurrence, «L'Autorité sanctionne Google à hauteur de 150 millions d'euros pour abus de position dominante», Communiqué de presse, 20 décembre 2019.

Autorité de la concurrence, «Contribution de l'Autorité de la concurrence au débat sur la politique de concurrence et les enjeux numériques», Paris, 19 février 2020.

Babinet. G, «Transformation digitale : l'avènement des plateformes», Ed. Le Passeur, Paris, décembre 2016.

Badillo. P-Y, Rosselet. C, Zanellei. S, «Des réseaux sociaux aux technologies sociales : une ré-invention numérique ascendante», In Badillo. P-Y, Roux. D (Ss. Dir.), «Le futur est-il e-media ?», Ed. Economica, Paris, 2014.

Badillo. P-Y, Roux. D (Ss. Dir.), «Le futur est-il e-media ?», Ed. Economica, Paris, 2014.

Bain&Company, october 4th, 2017.

Bastlé. M, Penard. T (Eds), «E-Europe : la société européenne de l'information», Ed. Economica, Paris, 2002.

Baumol. W. J, «An uprising in the theory of industry structure», The American Economic Review, Vol. 72, n° 1, march 1982.

Baumol. W. J, Panzar. J. C, Bailey. E. E, Willig. R. D, «Contestable markets and the theory of industry structure», Hardcourt College Pub, june 1982.

Beer. D, «Power through the algorithm ? Participatory web cultures and the technological unconscious», New Media&Society, Vol. 11, n° 6, 2019.

Beggs. B, «The licensing of patents under asymetric information», International Journal of Industrial Organization, n° 10, 1992.

Bellandi. M, Labory. S, Longhi. C, Rochhia. S, «Trente ans d'économie industrielle : réalisations et perspectives», Revue d'économie industrielle, n° 129-130, 1er-2ème trimestres 2010.

Belleflamme. P, Peitz. M, Omarani. N, «The economics of crowdsourcing platforms», Center for operations Research and Econometrica, Discussion Paper, n° 15, 2015.

Benavent. C, «Plateformes : sites collaboratifs, marketplaces, réseaux sociaux. Comment ils influencent nos choix ?», FYP Editions, 2016.

Benghozi. P-J, «Relations inter-entreprises et nouveaux modèles d'affaires», Revue économique, n° 52, juillet 2001.

Benghozi. J-P (Ss. Dir.), «Entreprises culturelles et internet : contenus numériques et modèles d'affaires innovants», GIS Culture-Médias&Numérique, Paris, octobre 2012.

Benhamou. Y, Tran. L, «Circulation des biens numériques: de la commercialisation à la portabilité», Université de Genève, Sic !, n° 11, 2016.

Beuve. J, Bréban. L, «Plateformes et économie numérique», Réseau Canopé, Ecoflash, n° 323, décembre 2017.

Beuve. J, Bourreau. M, Péron. M, Perrot. A, «Plateformes numériques et pratiques anticoncurrentielles et déloyales», Focus du CAE, n° 50, octobre 2020.

Bon. H, «Les métadonnées, un enjeu crucial pour la vidéo», La Revue des médias, INA, Paris, 24 février 2016.

Bonnard. C (Ss. Dir.), «Le Cloud, combiné à l'IoT, le Big Data et l'IA, révolutionne l'économie», Dossier, Capgemini, 2018.

Botsman. R, «The sharing economy lacks a shared definition», FastCompany, 21 november 2014.

Bouayachi. N, «L'ubérisation. Comment s'adapter à l'ubérisation en tant qu'entreprise traditionnelle ? A quelles conditions le travail dans l'économie collaborative peut-il avoir un sens pour les travailleurs ?», Master en sciences du travail, Université Catholique de Louvain, 2017.

Bounie. D, Bourreau. M, «Les marchés à 2 versants dans les médias», Collection Dalloz Gestion, janvier 2008.

Bouquillion. P, «Les stratégies de visibilité, le rôle des plateformes», Enjeux numériques, n° 10, Annales des Mines, juin 2020.

Bourreau. M, Pénard. T, «L'économie numérique en question», Revue d'Economie Industrielle, n° 156, 4ème trimestre 2016.

Bourreau. M, «Industrial Organization. 10 Networks and Standards», Telecom ParisTech, Cours, Sans date.

Boutang. Y. M (Ss. Dir.), «Big data et emploi : Principaux enjeux et conséquences en matière d'emploi», Séminaire GE 90, Université de Technologie Compiègne, février 2017.

Brailly. J, Coulondre. A, «Le travail de construction d'une place de marché : centres commerciaux et salons de professionnels», Revue Française de Socio-Économie, n° 16, janvier 2016.

Braun. E, Vergara. I, «Gafa: faut-il démanteler les géants du numérique?», Le Figaro, 2 août 2019.

Brousseau. E, «Régulation de l'internet : l'autorégulation nécessite-t-elle un cadre institutionnel ?», In Brousseau. E, Curien. N, «Economie de l'internet», Revue économique, septembre 2001.

Brousseau. E, Curien. N, «Economie de l'internet», Revue économique, septembre 2001.

Brousseau. E, Pénard. T, «The economics of digital business models : a framework for analyzing the economics of platform», Review of Network Economics, n° 2, june 2007.

Cabrespines. J-L, Wargnier. R, «Tourisme et numérique», Rapport, Conseil économique, social et environnemental, Paris, 22 décembre 2017.

CapGeninin Consulting, «Privacy please : why retailers need to rethink personalization», Rapport, octobre 2015.

Cardon. D, «La trajectoire des innovations ascendantes : inventivité, coproduction et collectifs sur internet», In Colloque «Innovation, usages, réseaux», Montpellier, novembre 2006.

Cardon. D, «Le pouvoir des algorithmes», Pouvoirs, n° 164, janvier 2018.

Carrier. J, «What makes data valuable : the truth about data network effects», NFX, 2020.

Castets-Renard. C, «Des biens aux services numériques : de l'ère de la propriété à l'âge de l'accès», In Chaigneau. A, Netter. E (Ss. Dir.), «Les biens numériques», Ed. Ceprisca, novembre 2015.

Cattaruzza. A, «De la géopolitique derrière les données, les données derrière la géopolitique», In Annales des Mines, «Internet, frontières et territoires», Enjeux numériques, n° 11, septembre 2020.

CEJM, «La transformation numérique et ses impacts sur l'environnement de l'entreprise», Culture Economique, Juridique et Managériale, 2019.

Célisse. D, «Les plateformes dévorent le monde», Blog, 28 août 2020.

Chabanel. B, Hooge. E, Javary. C. M, «Plateformes numériques et territoires : quels enjeux pour la collectivité ?», Rapport, Métropole de Lyon, Direction de la prospective et du dialogue public, Lyon, octobre 2016.

Chaigneau. A, Netter. E (Ss. Dir.), «Les biens numériques», Ed. Ceprisca, novembre 2015.

Chaptal. C. V et Alii, «Les plateformes collaboratives : éléments de caractérisation et stratégies de développement», Entreprendre en Communs, Projet de recherche WP 32, Paris, mai 2019.

Charrié. J, Janin. L, «Fiscalité du numérique», France Stratégie, La note d'analyse, n° 26, mars 2015.

Chartron. G, Broudoux. E, «Enjeux géopolitiques des données, asymétries déterminantes», Numérique et Société, Rabat, mai 2015.

Chatillon. A, Henno. O, «Moderniser la politique européenne de concurrence», Rapport n° 603, Sénat, Paris, 8 juillet 2020.

Chemla. B, «Et si l'ubérisation n'avait pas attendu l'émergence des plateformes digitales ?», Les Echos, 15 septembre 2016.

Cheriet. F, Cherbib. J, «L'instabilité des alliances stratégiques asymétriques : une option programmée par la firme multinationale?», Revue internationale P.M.E., n° 27, février 2014.

Chesbrough. H, «The era of open innovation», MIT Sloan Management Review, Vol. 44, n° 3, 2003.

Choudari. S, «Platform scale : how an energing business model helps start-ups build large empires with minimum investment», Platform Thinking Labs, september, 2015.

Clesse. J, Kéfer. F (Ss. Dir.), «Enjeux et défis juridiques de l'économie de plateforme», Université de Liège, février 2019.

CNNum, «Neutralité des plateformes. Réunir les conditions d'un environnement numérique ouvert et soutenable», Rapport, Conseil National du Numérique, Paris, mai 2014.

CNNum, «Ambition numérique : pour une politique française et européenne de la transition numérique», Rapport, Paris, juin 2015.

Coase. R. H, «The nature of the firm», Economica, New Services, Vol. 4, n° 16, november 1937.

Coase. R. H., Xavier. G, Bourreau. M, «La nature de la firme», Revue française d'économie, Vol. 2, n° 1, 1987.

Codagnone. C, Abadie. F, Biagi. F, «The futur of work in the sharing economy. Market efficiency and equitable opportunities or unfair precarisation ?», JRC Science of Policy Reports, 2016.

Cohendet. P et Alii, «Interactions between epistemic communities and communities of practice as a mechanism of creation and diffusion of knowledge», In : Zimmermann. J. B, Kirman. A (Ss. Dir.), «Interaction and market structure», Spring, Londres, 2001.

Colin. N et Alii, «The digital economy», Les notes du Conseil d'Analyse Economique, n° 26, Paris, octobre 2015.

Comberg. C, Velamuri. V. K, «The introduction of a competing business model: the case of eBay», International Journal of Technology Management, Vol. 73, Nos. 1-2-3, 2017.

Commission européenne, «Communication de la Commission sur la définition du marché en cause aux fins du droit communautaire de la concurrence», J.O., C.372, 9 décembre 1997.

Conseil d'Etat, «Puissance publique et plateformes numériques : accompagner l'ubérisation», Rapport, Conseil d'Etat, La Documentation Française, Paris, septembre 2017.

Cordier. Q, «L'économie de plateforme : description d'un phénomène d'intermédiation», In Clesse. J, Kéfer. F (Ss. Dir.), «Enjeux et défis juridiques de l'économie de plateforme», Université de Liège, février 2019.

CSA, «Plateformes et accès aux contenus audiovisuels : quels enjeux concurrentiels et de régulation ?», Rapport, Conseil Supérieur de l'Audiovisuel, Paris, septembre 2016.

CSA Lab, «Les mutations de la mise à disposition de contenus audiovisuels à l'ère du numérique : conséquences et enjeux. Rapport 1 : Le rôle des données et des algorithmes dans l'accès aux contenus», CSA, Paris, janvier 2017.

Custos. D, «La Commission fédérale américaine des communications à l'heure de la régulation des autoroutes de l'information», Ed. L'Harmattan, Paris, 1999.

Dallaire-Fortier. C, Hébert. G, «Le travail sous le capitalisme de plateforme», IRIS, Note socioéconomique, Paris, janvier 2020.

Davidovici-Nora. M, «Typologie et stratégies des plateformes de distribution en ligne des jeux vidéo : panorama et enjeux concurrentiels», Revue d'Economie Industrielle, n° 156, 4ème trimestre, 2016.

De Fooz. A, «Ubérisation…Tout le monde en parle, Deloitte définit le terme», Digital Energy Solutions, 2015.

De Grave. A, Joly. C, Zarader. R, «L'économie du partage pour partager l'économie», Foundation for European Progessive Studies-Fondation Jean Jaurès, juillet 2017.

Degryse. C, «Impacts sociaux de la digitalisation de l'économie», European Trade Union Institute, Working Paper, février 2016.

Delabie. G, «Les communs à l'heure du numérique. Comment créer de la valeur pour l'intérêt général ?», Medium, septembre 2017.

Delayat. R, «Valorisation des données dans les grandes entreprises : maturité, pratiques et modèle», Cigref, Paris, novembre 2016.

Delettre. C, «Plateforme ouverte, évolutive, sécurisée et orientée utilisateur pour l'e-commerce», Thèse, Université Nice Sophia Antipolis, décembre 2014.

De Loecker. J, Eeckhout. J, «The rise of market power and the macroeconomic implications», NBER Working Paper, n°23687, august 2017.

Deloitte, «L'App économie en France. Étude sur le marché des applications mobiles et leur contribution à l'économie française», 2019.

Deshayes. C, «Quatre stratégies d'entreprises face aux plateformes numériques triomphantes», Annales des Mines, Gérer et Comprendre, n° 137, septembre 2019.

Dieuaide. P, «Des plateformes et des hommes : vers un capitalisme 2.0», ResearchGate, Université de la Sorbonne Nouvelle Paris 3, janvier 2018.

Digital Competition expert panel, «Unlocking digital competition», Report, London, march 2019.

Dudley. G, Banister. D, Schwanen. T, «The Rise of Uber and Regulating the Disruptive Innovator», The Political Quarterly, 2017.

Du Granrut. C, «Les marchés bifaces : la face cachée d'internet ?», Futuribles International, Note d'alerte, n° 66, avril 2010.

Edima, «Online intermediaries : impact of the EU economy», Copenhagen Economics, october 2015.

Ellison. G, Ellson. S. A, «Match quality, search and the internet market for used books», Massachusetts Institute of Technology, september 2014.

El Yahyaoui. Y, «Gouvernance et régulation des réseaux numériques : cas de l'internet au Maroc» (Thèse), Ed. Okad, Rabat, décembre 2010.

El Yahyaoui. Y, «Ecosystème des données numériques : internet des objets, Big Data et intelligence artificielle», Ed. Spinelle, Paris, décembre 2020.

E-marketing, «Plateformes collaboratives en entreprise», 30 novembre 2017.

Erhel. C, De la Raudière. L, «L'internet des objets. Le numérique à l'ère de la prédiction», Projet de rapport d'information, Sénat, Paris, juillet 2016.

Ertzschid. O, «L'appétit des géants. Pouvoir des algorithmes, ambitions des plateformes», C&F Editions, 2017.

Erzachi. A, Stucke. M, «Virtual competition : the promise and perils of the algorithm-driven economy», Harvard University Press, Londres, 2016.

Fasquelle. D, Faure-Muntian. V, «Les plateformes numériques», Assemblée Nationale, Rapport n° 3127, Paris, 24 juin 2020.

Faure. P, «Rapport du groupe de travail sur les perspectives du secteur des télécommunications en France et en Europe», Conseil général des technologies de l'information, Paris, juillet 2007.

Filippi. M, Pierre. E, Torre. A, « Quelles approches économiques pour la notion de réseau ? Contenus théoriques et dimensions opérationnelles», Revue d'Economie Industrielle, Vol. 77, 3ème Trimestre, 1996.

Filser. M, «Les places de marché électroniques. De la recherche de l'optimisation des achats à la mise en réseau des membres du canal de distribution», 5ème Colloque Etienne THIL, Université de Bourgogne, 26-27 septembre 2002.

Flichy. P, «Internet ou la communauté scientifique idéale», Réseaux, n° 97, 1999.

Flichy. P, Beauscart. J. S, «Plateformes numériques», Réseaux, n° 212, juin 2018.

Foley. M. J, «Why is Google blocking the new YouTube app for Windows Phone?», ZDnet, august 15, 2013.

Fombrun. C, «Reputation: realizing value from the corporate image», Harvard Business School Press, 1996.

Fondation Paris-Dauphine, «Les mécanismes de confiance dans l'économie de partage», Cercle Performance des Organisations, Paris, juillet 2016.

Forester. F, Bonot. F, Chagny. O, Dufour. M, «Désubériser, reprendre le contrôle», Ed. du Faubourg, 2020.

Fournier. A, «WhatsApp : des chiffres qui donnent le vertige», Le Monde, 20 février 2014.

Gaillard. L, Danal. A, «Le droit de la concurrence face au défi du traitement des données. Réflexions autour de la définition de l'abus de position dominante», Mémoire de Master 2 Business, Tax and Financial Market Law, 2016.

Gattet. P, «Comprendre l'économie des plateformes numériques », XerfiCanal, 22 février 2017.

Gattet. P, «Comprendre les stratégies de marché biface », Xerficanal, octobre 2017.

Gauron. A, «En quoi le capitalisme des plateformes est-il singulier ?», Metiseurope, 14 décembre 2017.

Gawer. A, Cusumano. M, «How firms become platform leaders», MIT Sloan Management Review, Vol. 49, n° 2, 2008.

Genthon. C, «De quelques problèmes d'économie industrielle appliqués à l'industrie du logiciel», Economies et finances, Université Pierre Mendès-France-Grenoble II, 2006.

Gille. L, Marchandise. J-F (Ss. Dir.), «La dynamique d'internet. Prospective 2030», Commissariat général à la stratégie et à la prospective, Etudes, n° 1, 2013.

Grumbach. S, Frenot. S, «Des données à l'intermédiation, une révolution économique et politique. Big Data : nouvelles partitions de l'information», De Boeck, 2014.

Grumbach. S, «Qu'est ce que l'intermédiation algorithmique ?», Bulletin de la société informatique de France, n° 7, novembre 2015.

Grumbach. S, «Quelles régulations pour l'économie des plateformes ?», Interview, Millénaire 3, La Prospective de la Métropole de Lyon, 8 septembre 2016.

Grundmann. S (Eds), «European contract law in the digital age», Coll. European Contract Law and Theory, n° 3, Intersentia, Cambridge, 2018.

Grunes. A. P, Stucke. M. E, «No mistake about it : the important role of antitrust in the era of Big Data», University of Tennessee Legal Studies, Research Paper, n° 269, 23 octobre 2015.

GSMA, «La politique de la concurrence à l'ère numérique», octobre 2015.

Guattari. F, «Les trois écologies», Ed. Galilée, Paris, 1989.

Guglielni. G. J, «Numérisation des données publiques et données publiques numériques», In Tessier. B (Ss. Dir.), «La communication numérique : un droit des droits», Ed. Panthéon-Assas, janvier 2013.

Hagiu A, Wright J, «Multi-sided platforms», International Journal of International Organization, Vol. 43, november 2015.

Hagiu. A, Wright. J, «Data-embled learning, network effects and competitive advantage», Economics of Platforms Seminar, Boston, april 21, 2020.

Head. S, «Mindless : why smarter machines are making dumber humans ?», Hardcover, 2014.

Helberger. N, Pierson. J, Poell. T, «Governing online platforms : from contested to cooperative responsability», The Information Society, n° 34, janvier 2018.

Hyppolite. P-A, Michon. A, «Les géants du numérique : un frein à l'innovation ?», La Fondation pour l'innovation politique, novembre 2018.

Ifrah. L, «Histoire des moteurs de recherche», In Ifrah. L, «L'information et le renseignement par Internet», Presses Universitaires de France, Paris, 2010.

Ifrah. L, «L'information et le renseignement par Internet», Presses Universitaires de France, Paris, 2010.

IndustriAll, «Digitalising manufacturing whilst ensuring equality, participation and cooperation», Policy Brief, juillet 2015.

Isaac. H, «Données, valeur et business models», Fondation Paris-Dauphine, Chaire «Intelligence Economique et stratégie des organisations», Les Cahiers Scientifiques, Cahier n° 21, 2016.

Isaac. H, «Plateforme : pour une approche systémique», Chaire «Intelligence économique et stratégie des organisations», Cahier 26, Fondation Paris-Dauphine, 2017.

Jacquemin. A, «Les enjeux de la nouvelle économie industrielle», Organisation industrielle, Vol. 65, n° 1, mars 1989.

Jacquet. D, Leclercq. G, «Ubérisation : un ennemi qui veut du bien ?», Ed. Dunod, Paris, 2016.

Jorda. H, «Le travail de l'Homme-machine et les promesses d'abondance : De la manufacture automatique à la cyber-entreprise», L'Homme & la Société, n° 207, 2018.

Jullien. N, Roudault. K, «Commun numérique de connaissance : définition et conditions d'existence», Revue d'économie et de management de l'innovation, n° 63, mars 2020.

Kamena. R, «Qu'est-ce qu'un lac de données (Data Lake) ?», Blog, 1er juin 2020.

Kessous. E, Mellet. K, Zouinar. M, «L'Économie de l'attention : Entre protection des ressources cognitives et extraction de la valeur», Sociologie du travail, Vol. 52, n° 3, 2010.

Khan. L, «Amazon : an infrastructure service and its challenge to current antitrust law», in Moore. M, Tambini. D (Ss. Dir.), «Digital dominance : the power of Google, Amazon, Facebook and Apple», Oxford University Press, 2018.

Khar. A (Ss. Dir.), «Phantom ex machina digital disruption's role in business model transformation», 2016.

Klemperer. P, «Markets with consumer switching costs», The Quarterly Journal of Economics, Vol. 102, Issue 2, 1987.

Kramer. A, Kalka. R, «How digital disruption changes pricing strategies and price models», In Khar. A (Ss. Dir.), «Phantom ex machina digital disruption's role in business model transformation», 2016.

Kumm. J et Alii, «User generated content», Pervasive Computing, october-december 2008.

La finance pour tous, 1er décembre 2020.

Lafon. M, «Twitter, Facebook... les réseaux sociaux sont-ils de plus en plus fragiles ?», Libération, 12 juillet 2019.

Laidlaw. E, «Internet gatekeepers, human rights and corporate social responsabilities», Thesis, London School of Economics and political Science, january 2012.

Lasserre. B, «Nous sommes confrontés à des monopoles qui se revendiquent libertaires», L'Opinion, 16 mars 2015.

Laurent. S-Y, «Les gouvernances mondiales fragmentées de l'internet», Rapport de recherche, Institut de recherche Montesquieu-Université de Bordeaux, 25 septembre 2019.

LaVecchia. O, De Stacy. M, «Amazon, cette inexorable machine de guerre», Rapport, Institute for Local Self-Reliance/Syndicat de la librairie française, Paris, novembre 2016.

Lebraty. J. F, Lobre. K, «Créer de la valeur par le crowdsourcing : la dyade Innovation-Authenticité», Systèmes d'Information et Management, Vol. 15, n° 3, 2010.

Le Croznier. H, «Communs numériques et communs de la connaissance», tic&Société, Vol. 12, n° 1, 1er semestre 2018.

Léger. L (Ss. Dir.), «Mes data sont à moi. Pour une patrimonialité des données personnelles», Rapport, Génération Libre, janvier 2018.

Leland. H. E, «Regulation of natural monopolies and the fair rate of return», The Bell Journal of Economics and Management Science, Vol. 5, n° 1, Spring 1974.

Lenoir. N, «Le droit de la concurrence confronté à l'économie du Big Data», AJ Contrats d'Affaires-concurrence-distribution, 2016.

Lequeux. F, «Concurrence et effets de dominance économique dans l'industrie des médias», Thèse, Université Paris I Panthéon Sorbonne, décembre 2002.

Lesteven. G, Godillon. S, «Les plateformes numériques révolutionnent-elles la mobilité urbaine ?», Netcom, Vol. 31, n° 3-4, 2017.

Liotard. I, «Les plateformes d'innovation sur internet : arrangements contractuels, intermédiation et gestion de la propriété intellectuelle», Management International, HEC Montréal-Université Paris-Dauphine, 2012.

Loi Informatique et Liberté, 6 janvier 1978, Art. 2.

Mak. V, «Regulating online platforms : the case of Airbnb», In Grundmann. S (Eds), «European contract law in the digital age», Coll. European Contract Law and Theory, n° 3, Intersentia, Cambridge, 2018.

Malvert. N, «Le droit de la concurrence à l'épreuve de l'économie numérique», Mémoire de Master, Université Paris 1 Panthéon-Sorbonne, 2016-2017.

Martens. B, «An economic policy perspective on online platforms», Institute for prospective technological studies, digital economy, Working Paper, JRC Technical Reports, European Commission, mai 2016.

Martin-Déry. S, «Des plateformes collaboratives et coopératives », tiess, Montréal, 13 mars 2018.

Marty. F, «Convergence numérique et risques de forclusion des marchés : Quel partage des rôles entre politiques de concurrence et régulation sectorielle ?», Concurrences, n° 3, 2011.

Marty. F, «L'économie des plateformes : dissipation ou concentration de la rente ?», Sciences Po OFCE, Working Paper, n° 13, avril 2017.

Marty. F, Pillot. J, «Coopération, dépendance et éviction : quelle appréhension concurrentielle des liens interentreprises dans les écosystèmes de téléphonie mobile ?», Centre Interuniversitaire de Recherche en Analyse des Organisations (CIRANO), Montréal, décembre 2018.

Marty. F, «Plateformes numériques, algorithmes et discrimination», Revue de l'OFCE, n° 164, 2019.

Marty. F, «La protection des algorithmes par le secret des affaires : entre risques de faux négatifs et risques de faux positifs», Revue internationale de droit économique, T. 33, février 2019.

Mathys. N, «L'entreprise Google», Mémoire de Bachelor, Haute Ecole de Gestion de Genève, 12 février 2010.

Marwitz. V et Alii, «Divide and prosper : consumers reactions to partitioned prices», Journal of Marketing Research, Vol. 35, n° 4, 1998.

Marzouki. M, Méadel. C, «Gouvernance technique et gouvernement politique d'Internet: enjeux et questions de recherche», Galatasaray, juin 2004.

Matinot. B, Vitaud. L (Ss. Dir.), «Travailleurs des plateformes : liberté oui, protection aussi», Rapport, Institut Montaigne, avril 2019.

Maxicours, «Pouvoir de marché et monopole discriminant», Cours SES, Sans référence.

Maxicours, «Pouvoir de marché et abus de position», Cours SES, Sans référence.

Maxicours, «La concurrence monopolistique», Cours SES, Sans référence.

Michaux. A, Crié. D, «From customer data to value : what is lacking in the information chaine», Database Marketing and Customer Strategy Management, Vol. 13, n° 4, 2006.

Montel. O, «L'économie des plateformes : enjeux pour la croissance, le travail, l'emploi et les politiques publiques», Direction de l'innovation, de la recherche, des études et des statistiques (DARES), Document d'études, n° 213, août 2017.

Moore. M, Tambini. D (Ss. Dir.), «Digital dominance : the power of Google, Amazon, Facebook and Apple», Oxford University Press, 2018.

Morin Desailly. C, «Prendre en main notre destin numérique : l'urgence de la formation», Rapport n° 607, Sénat, Paris, juin 2018.

Motthews. J. T, «Passé, présent et potentiel des plateformes collaboratives. Réflexions sur la production culturelle et les dispositifs d'intermédiation numérique», In Les enjeux de l'information et de la communication, n° 16, 2015.

Moussi. S, «Android : Google va faire une place à ses concurrents contre rémunération», iGénération, 2 août 2019.

Musso. P, «Le cyberespace, figure de l'utopie technologique réticulaire», In «Les promesses du cyberespace. Médiations, pratiques et pouvoirs à l'heure de la communication électronique», Sociologie et Sociétés, Vol. 32, n° 2, automne 2000.

Nadler. J, Cicilline. D. N, «Investigation of competition in digital markets», Majority Staff Report and Recommendations, SubCommittee on antitrust Commercial and Administrative Law of The Committee on the Judiciary, Washington DC, 2020.

Nalebuff. B, «Price discrimination and welfare : a comment on tying, bundled discounts and the death of the single monopoly profit», Competition Policy International, Vol. 5, n° 2, 2009.

Nicot. A. M, «Le modèle économique des plateformes : économie collaborative ou réorganisation des chaînes de valeur ? », ANACT, La Revue des conditions de travail, n° 6, septembre 2017.

Nils. M, «L'abus de domination sur le marché numérique : Pour une lecture juridique du déséquilibre économique à l'aune des oligopoles», Concurrences, n° 3, 2019.

Noe. T. H, Parker. G, «Winner Take All: Competition, Strategy and the Structure of Returns in the Internet Economy», Journal of Economics&Management Strategy, n° 14, march 2005.

Nussenbaum. A, Corrot. P, «Marketplace : l'e-commerce de demain», Mirkal, septembre 2015.

OCDE, «Données massives : adapter la politique de la concurrence à l'ère du numérique», OECD Publishing, Paris, 30 novembre 2016.

OCDE, «Numérisation, modèles d'affaires et création de valeur», Rapport intérimaire, OCDE Library, Paris, 2018.

OIT, «Les plateformes de travail numérique et l'avenir du travail. Pour un travail décent dans le monde en ligne», Rapport, l'Organisation Internationale du Travail, Genève, 2019.

Orsi. F, « Elinor Ostrom et les faisceaux de droits : l'ouverture d'un nouvel espace pour penser la propriété commune», Revue de la régulation, n° 14, février 2014.

Ostrom. E, «Governing the commons : the evolution of institutions for collective action», Cambridge University Press, 1990.

Otter. M, «Réguler, contrôler, surveiller», Adeli, 5 octobre 2020.

Oukrat. A, «Le concept de modèle d'affaires : éléments de définition et état de l'art», In Benghozi. J-P (Ss. Dir.), «Entreprises culturelles et internet : contenus numériques et modèles d'affaires innovants», GIS Culture-Médias&Numérique, Paris, octobre 2012.

Panfili. M, «Plateformes numériques et concurrence», Trésor-éco, n° 250, novembre 2019.

Panza. J, Rose. J, «Testing for monopoly equilibrium», The Journal of Industrial Economics, Vol. 35, 1987.

Paquerot. M, Queffelec. A, Marie de Chastenay. J-P, «Les plateformes de solutions de mobilité dans l'économie collaborative, plus distributeurs que disrupteurs ?», Colloque Etienne Thi, janvier 2017.

Paraiso. F, «So cloud : une plateforme multi nuages distribuée pour la conception, le déploiement et l'exécution d'applications distribuées à large échelle», Thèse, Université Lille 1, 18 juin 2014.

Pavel. I, Serris. J, «Modalités de régulation des algorithmes de traitement des contenus», Rapport, Conseil Général de l'économie, de l'industrie, de l'énergie et des technologies, Paris, 13 mai 2016.

Pelissier. C, «Le crowdsourcing, une intermédiation hybride du marché. De nouvelles formes d'organisation innovante par une articulation entre logiques marchandes et dynamiques communautaires», 5èmes Doctoriales du GRD TIC&Société, Université de Rennes, 24-25 juin 2008.

Pelissier. C, «Les plateformes internet comme intermédiaires hybrides du marché», Thèse, Université Grenoble-Alpes, 2015.

Penard. T, «Services en réseaux et économie des réseaux», In Bastlé. M, Penard. T (Eds), «E-Europe : la société européenne de l'information», Ed. Economica, Paris, 2002.

Pénard. T, «Faut-il repenser la politique de la concurrence sur les marchés internet ?», Revue Internationale de droit économique, T. 20, janvier 2006.

Pénard. T, Rallet. A, «De l'économie des réseaux aux services en réseaux. Nouveau paradigme, nouvelles orientations», Réseaux, n° 184-185, février-mars 2014.

Pénard. T, Maxwell. W, «La régulation des plateformes en Europe. Livre Blanc», Bruxelles, décembre 2015.

Pénard. T, Maxwell. W, «Quelle régulation pour les plateformes numériques en Europe ?», Annales des Mines, Réalités industrielles, n° 3, août 2016.

Pensel. J-L, «Les places de marché virtuelles, l'accès à de nouveaux outils transactionnels», Actes du 6ème Colloque de l'AIM, Nantes, Juin 2001.

Peres. E, «Les données numériques : un enjeu d'éducation et de citoyenneté», Conseil économique, social et environnemental, Paris, janvier 2015.

Perrot. A, Bourreau. M, «Plateformes numériques : réguler avant qu'il ne soit trop tard», Les notes du Conseil d'Analyse Economique, n° 60, octobre 2020.

Perrot. A, Emmerich. M, Jagorel. Q, «Publicité en ligne : pour un marché à armes égales», Rapport, Paris, novembre 2020.

Peugeot. V, «Biens communs et numérique : l'alliance transformatrice», In : ADBS, «Le document numérique à l'heure du web des données», ADBS, 2012.

Philippe. J, «Que sont les plateformes, quelle est leur valeur ajoutée ?», Séminaire «La concurrence des plateformes du numérique», 22 juin 2016.

Philippe. J, «La concurrence des plateformes numériques», Communication «Séminaires Philippe Nasse 2016», 22 juin 2016.

Polanyi. K, «La subsistance de l'homme : la place de l'économie dans l'histoire et la société», Ed. Flammarion, 2011.

Posner. R. A, «Antitrust in the new economy», John. M. Olin Law&Economics, Working Paper, n° 106, The University of Chicago, Law School, 2000.

Poulain. A, Letor. M, «Business model d'une plateforme numérique mettant en relation des entreprises et des experts indépendants dans le domaine de l'ingénierie et de la technique», Mémoire, Louvain School of Management, UCLouvain, 2018-2019.

Quesnot. T, «L'involution géographique : des données géosociales aux algorithmes», Netcom, n° 30, mars-avril 2016.

Rapp. L, «Numérique et concurrence», RFDA, n° 5, septembre-octobre 2014.

Rassafi-Guibal. H, «Algorithmes et concurrence. Regards croisés de l'Autorité de la concurrence et du Bundeskartellamt», Revue générale du droit on line, n° 49825, 2019.

Reme-Harnay. P, «Amazon : révolution dans la messagerie», Revue «Transports, Infrastructures & Mobilité», n° 515, mai-juin, 2019.

Renaissance numérique, Institut G9 +, «Big Data : l'accélérateur d'innovation», Livre Blanc de l'Institut G9+, décembre 2014.

Renaissance numérique, «Réguler les plateformes numériques : pourquoi ? Comment ?», Politiques, Institutions et Démocratie, mai 2020.

Rifkin. J, «La nouvelle société du coût marginal zéro. L'internet des objets, l'émergence des communaux collaboratifs et l'éclipse du capitalisme», Ed. Les liens qui Libèrent, Paris, 2014.

Ronzano. A, «Abus de position dominante», Revue Concurrences, n° 1, 2016.

Rossotto. C. M, «Les plateformes numériques multi faces : opportunités et défis pour les pays émergents», LTE Magazine, 2 janvier 2019.

Rouvroy. A, «La gouvernementabilité algorithmique : radicalisation et stratégie immunitaire du capitalisme et du néolibéralisme», La Deleuziana, n° 3, 2016.

Rouzé. V, «Les plateformes de financement participatif culturel : une normalisation de la participation ?», tic&Société, Vol. 13, n° 1-2, 1er Semestre 2019.

Russel. G, «Ce que cache exactement le nouveau mot ubérisation», Le Figaro, 9 novembre 2015.

Sahut. G, «Wikipédia, une encyclopédie collaborative en quête de crédibilité: le référencement en questions», Thèse, Université Toulouse - Jean Jaurès, novembre 2015.

Sarkar. M, Brian. B, Steinfield. C, «Cybermediaries in Electronic Marketspace: Toward Theory Building», Journal of Business Research, Vol.41, 1998.

Sarraj. R, «Interconnexion des réseaux logistiques : éléments de définition et potentiel», Thèse, Ecole Nationale Supérieure des Mines de Paris, 2013.

Scholz. T, Schneider. N, «Ours to hack and to own : the rise of platform cooperativism. A new vision for the future of work and a fairer internet», ORBooks, 2016.

Schottmuller. C, Prufer. J, «Competing with Big Data», Center for Economic Research, Discussion Paper, Vol. 2017-007, Tilburg University, february 2017.

Schwerer. C. A, «Uber : une innovation au service de la croissance. Réguler les VTC pour répondre aux défis économiques, sociaux et territoriaux», Asterès, janvier 2016.

Schwerer. C. A, «La concurrence au défi du numérique», Fondation pour l'innovation politique, Fondapol, juillet 2016.

Shapiro. C, Katz. M. L, «Systems competition and network effects», Journal of Economic Perspectives, Vol. 8, n° 2, 1994.

Siapartners, «Hôteliers et agences en ligne : la bataille pour la fidélisation client», Siapartners, juin 2015.

Simons. R. L, «Choosing the right customer», Harvard Business Review, n° 3, march 2014.

Siroen. J. M, «Marchés contestables, différenciation des produits et discrimination des prix», Revue économique, Vol. 44, n° 3, 1993.

Slywotzky. A, Weber. K, «Demand : creating what people love before they know they want it», Industrial Business Management, october 2011.

Sonnac. N, «Monopole télévisuel et publiphobie», Recherches Economiques de Louvain, n° 68, avril 2002.

Spark, «Métadonnées : le minimum vital ou le strict nécessaire ?», Spark Archives, juillet 2017.

Srnicek. N, «Le capitalisme de plateforme. L'hégémonie de l'économie numérique», Lux, Montréal, 2018.

Stenger. T, Coutant. A, «Les réseaux sociaux numériques : des discours de promotion à la définition d'un objet et d'une méthodologie de recherche», Hermès, Journal of language and communication studies, n° 44, 2010.

Stigler. G, «The organization of industry», The University of Chicago Press Books, 1983.

Tarnaud. N, «Les NATU vont-elles rejoindre les GAFAM ?», Forbes, 22 février 2020.

Tchéhouali. D, «Economie collaborative, culture du partage et guerre des brevets : nouveaux regards sur l'innovation numérique», Culture, Commerce et Numérique, Centre d'Etudes sur l'Intégration et la Mondialisation, Vol. 10, n° 6, juillet-août 2015.

Tchéhouali. D, Plamondon. J, «Données d'usage et usage des données à l'ère des plateformes», Internet Society, Chapitre Québec, Montréal, 2018.

Teboul. B, «L'Ubérisation, l'automatisation. Le travail, les emplois de la seconde vague du numérique», In Boutang. Y. M (Ss. Dir.), «Big data et emploi : Principaux enjeux et conséquences en matière d'emploi», Séminaire GE 90, Université de Technologie Compiègne, février 2017.

Techni-Contact, «Le modèle des cinq forces de Porter», Sans date.

Teece. D. J, «Business models, business strategy and innovation», Long Range Planning, n° 43, 2010.

Tessier. B (Ss. Dir.), «La communication numérique : un droit des droits», Ed. Panthéon-Assas, janvier 2013.

Thieulin. B et Alii, «Pour une politique de souveraineté européenne du numérique», Rapport, Conseil économique, social et environnemental, Paris, 13 mars 2019.

Tirole. J, Rochet. J. C, «Two-sided markets : an overview», Institut d'Economie Industrielle, Working paper, 2004.

Tirole. J, Rochet. J-C, «Two-sided markets», MIT, march 12, 2004.

Tirole. J, Rochet. J-C, «Platform competition in two-sided markets», Journal of the European Economic Association, n° 4, june 2004.

Tirole. J, «Défaillances de marché et politiques publiques», Toulouse School Of Economics, 8 décembre 2014.

Tran. S, «Pourquoi les plateformes multifaces triomphent sur le marché ?», Harvard Business Review, 7 mai 2019.

UIT, «Présentation générale de l'internet des objets», Recommandation Y.2060, Genève, juin 2012.

UK Data Archive, Londres, 2019.

Unctad, «Rapport sur l'économie numérique 2019. Création et captation de valeur pour les pays en développement», New York, 2019.

Vadcar. C, Biacabe. J-L, «Création de la valeur dans un monde numérique», Institut Friedland, Rapport, janvier 2017.

Valenduc. G, Vendramin. P, «Le travail dans l'économie digitale: continuités et ruptures», Working Paper, Institut syndical européen, mars 2016.

Van Alstyne. M. W, Parker. G. G, Choudary. S. P, «Pipelines, platforms and the new rules of strategy», Harvard Business Review, april 2016.

Vercellone. C, «Les plateformes de la gratuité marchande et la controverse autour du free digital labor : une nouvelle forme d'exploitation ?», Open Journal in Information Systems Engineering, Vol. 1, n° 2, avril 2020.

Vedier. H, Colin. N, «L'âge de la multitude : entreprendre et gouverner après la révolution numérique», Ed. Armand Colin, Paris, mai 2012.

Verdier. H, «A propos de l'âge de la multitude », Blog, 4 juin 2012.

Vicente. J, «Externalités de réseaux v/s externalités informationnelles dans les dynamiques de localisation», Revue d'Economie Régionale&Urbaine, n° 4, octobre 2002.

Victoria. P, «Le modèle du coopérativisme de plateforme pourrait-il limiter les risques sociaux de l'économie collaborative ?», Master en sciences de gestion, Ecole de gestion de l'Université de Liège, 2018-2019.

Villani. C et Alii, «Donner un sens à l'intelligence artificielle. Pour une stratégie nationale européenne», Rapport, Mission parlementaire, Paris, 8 septembre 2017- 8 mars 2018.

Wauthy. X, «Concurrence et régulation sur les marchés de plateforme: une introduction», CEREC, Working Paper, mai 2007.

World Economic Forum, «Digital transformation initiative : unlocking B2B platform value», White Paper, Davos, march 2017.

Youngjing. Y, «The tables have turned : how can the information systems field contribute to technology and innovation management research ?», Journal of the Association for Information Systems, n° 14, may 2013.

Zimmermann. J. B, Kirman. A (Ss. Dir.), «Interaction and market structure», Spring, Londres, 2001.

Liste des schémas

<u>Schéma 1</u> : Définition de la plateforme 49

<u>Schéma 2</u> : La notion de place de marché 53

<u>Schéma 3</u> : Représentation de l'économie numérique 60

<u>Schéma 4</u> : Grandes catégories de plateformes numériques 68

<u>Schéma 5</u> : Le modèle économique des plateformes numériques 70

<u>Schéma 6</u> : Le marché des médias à deux versants 87

<u>Schéma 7</u> : Effets de réseau croisés 88

<u>Schéma 8</u> : Stratégies de marché biface 89

<u>Schéma 9</u> : Plateformes et effets de réseau (illustration pour le cas de Facebook) 90

<u>Schéma 10</u> : Plateformes et marchés bifaces 91

<u>Schéma 11</u> : Marché biface transactionnel 92

<u>Schéma 12</u> : Types d'intermédiation 101

<u>Schéma 13</u> : Typologie des données 103

<u>Schéma 14</u> : De la production linéaire aux boucles de rétroaction dans l'économie des plateformes 105

<u>Schéma 15</u> : Données géosociales 106

<u>Schéma 16</u> : Représentation graphique du marché des applications mobiles 108

<u>Schéma 17</u> : Exemple d'une monétisation des données 110

<u>Schéma 18</u> : Typologie des métadonnées 111

<u>Schéma 19</u> : Cycle de vie des données 118

<u>Schéma 20</u> : Chaîne de valeur de quelques grandes plateformes 120

<u>Schéma 21</u> : Business model des plateformes numériques 123

<u>Schéma 22</u> : Articulation du réseau de valeur de la plateforme 127

Schéma 23 : Cycle de maturité des données 132

Schéma 24 : Le lac des données 134

Schéma 25 : Architecture du lac des données 138

Schéma 26 : Données, métadonnées et algorithmes de correspondance 145

Schéma 27 : Le contrôle du gatekeeper 162

Schéma 28 : Les quatre positionnements possibles face aux plateformes 166

Schéma 29 : Plateforme, monopole et concurrence 172

Schéma 30 : Pouvoir de marché et monopole discriminant 173

Schéma 31 : Le modèle des cinq forces de Porter 175

Schéma 32 : Données et algorithmes 176

Schéma 33 : Internautes, plateformes et algorithmes 178

Schéma 34 : Plateformes numériques et abus de position 180

Schéma 35 : Effets et contre effets collusifs des algorithmes 184

Schéma 36 : Les plateformes dévorent le monde 186

Schéma 37 : le modèle d'affaires général d'une entreprise d'informatique en nuage complète 199

Schéma 38 : GAFA, GAFAM ou NATU : les nouveaux maitres du monde 207

Schéma 39 : Chronologie des marchés des moteurs de recherche 217

Schéma 40 : Répartition des sorts réservés aux projets de concentration par la Commission européenne entre 2004 et 2020 225

Schéma 41 : Structure de marché et abus de position 230

Schéma 42 : La concurrence monopolistique 232

Schéma 43 : Plateformes collaboratives en entreprise 239

Schéma 44 : Ecosystème des plateformes collaboratives 245

Table des matières

Préface 7

Introduction générale 29

Chapitre Premier 43
Les plateformes numériques : objet technique ou «place de marché» ?

1.1. Plateformes numériques : éléments de définition 46

1.1.1. Les plateformes comme écosystème 46
1.1.2. Les plateformes numériques : espace d'intermédiation ou place de marché ? 52
1.1.3. Plateformes numériques, données et place de marché 57
1.2. Plateformes numériques : typologie et éléments de caractérisation 63

1.2.1. Les plateformes numériques : essai de caractérisation et de catégorisation 63
1.2.2. Les plateformes numériques : éléments de typologisation 69
1.2.3. Plateformes numériques : structurantes, marchandes et multiservices 74
1.3. De l'économie des plateformes numériques 79

1.3.1. Plateformes numériques et externalités informationnelles 79
1.3.2. Plateformes numériques et effets de réseau 84
1.3.3. Plateformes numériques et marchés bifaces 90
Chapitre Second 97
Plateformes numériques, innovation et chaîne de valeur

2.1. Les plateformes numériques : une chaîne de valeur fondée sur la captation des données 100

2.1.1. De la captation des données 100
2.1.2. Valeur et chaîne de valeur dans les plateformes numériques 106
2.1.3. Plateformes numériques et structuration de la chaîne de valeur 112
2.2. Plateformes numériques et Business models 117

2.2.1. De la valeur économique des données 117
2.2.2. Données et modèles d'affaires dans l'industrie des données 122
2.2.3. Plateformes numériques et modèles d'affaires fondés sur la donnée 127
2.3. Plateformes numériques et chaînes de valeur : cas des plateformes d'innovation 133

2.3.1. Les plateformes d'innovation : un nouveau mode de captation 133

de la valeur
2.3.2. Plateformes d'innovation : l'exemple de l'Internet des objets 139
2.3.3. Plateformes d'innovation, pouvoir des algorithmes et valeur 144
Chapitre Troisième 149
Les plateformes numériques «globales» : puissance et abus de position

3.1. Plateformes numériques, barrières à l'entrée et abus de position 153

3.1.1. Les plateformes numériques : une tendance de concentration «naturelle» 153
3.1.2. Plateformes numériques et stratégies de verrouillage du marché 157
3.1.3. Plateformes numériques et abus de position dominante 162
3.2. Plateformes numériques et pouvoir de marché 169

3.2.1. Plateformes numériques et pratiques anticoncurrentielles 169
3.2.2. Plateformes numériques : pouvoir de marché v/s pouvoir des algorithmes 175
3.2.3. Plateformes numériques, Big Data et pouvoir de marché : le marché pertinent 180
3.3. Plateformes numériques, pouvoir de marché et phénomène d'ubérisation 187

3.3.1. Du phénomène d'ubérisation 187
3.3.2. Plateformes numériques v/s plateformes de travail 192
3.3.3. Ubérisation et plateformes «ubérisées» : un nouveau mode d'organisation 196
Chapitre Quatrième 203
De la régulation des plateformes numériques : pouvoir de marché, concurrence et communs

4.1. Les plateformes numériques : oligopole, contestabilité et concurrence 207

4.1.1. Marché des plateformes numériques et contestabilité 207
4.1.2. Plateformes numériques et configurations de marché 212
4.1.3. Des plateformes numériques au marché contestable : le cas de Google 216
4.2. Au-delà de la contestabilité des marchés, le défi de la gouvernance des plateformes 221

4.2.1. La gouvernance des plateformes comme gouvernance de l'économie numérique et de l'Internet 221

4.2.2. Plateformes numériques et concurrence : une concurrence pour le marché ou sur le marché ? 226
4.2.3. Plateformes numériques et instances de régulation : le dilemme du prisonnier 231
4.3. Des plateformes et des communs numériques : l'économie du partage et du contributif 237

4.3.1. Des entreprises-plateformes aux plateformes collaboratives 237
4.3.2. Plateformes collaboratives et l'alternative des communs numériques 242
4.3.3. Plateformes, Etat, marché et communs numériques : quelle régulation ? 247
Conclusion générale 253
Bibliographie 261
Liste des schémas 287
Table des matières 293

Revue « Marché et Organisations »
L'Harmattan

Cahiers d'économie et de gestion thématiques dont le but est de promouvoir la recherche originale sur les relations de plus en plus étroites qui se tissent entre le marché et les organisations. Les acteurs économiques de taille, de puissance et de pouvoir différents dont les intérêts peuvent être convergents, complémentaires ou, le plus souvent, antagoniques, ont tendance à organiser les marchés. La raison du marché, pourtant, est la référence stratégique pour l'entreprise ainsi que pour les institutions publiques de décision économique.

Numéros parus :

N°1 : Artisanat. La modernité réinventée, 2006
N°2 : La petite entreprise, elle a tout d'une grande. De l'accompagnement aux choix stratégiques, 2006
N°3 : Tourisme et Innovation. La force créative des loisirs, 2007
N°4 : Le travail. Formes récentes et nouvelles questions, 2007
N°5 : Les universités et l'innovation. L'enseignement et la recherche dans l'économie des connaissances, 2007
N°6 : Entrepreneuriat et accompagnement. Outils, actions et paradigmes nouveaux, 2008
N°7 : Développement durable des territoires. Economie sociale, environnement et innovations, 2008
N°8 : Développement durable et responsabilité sociale des acteurs, 2009
N°9 : Gouvernance : exercices de pouvoir, 2009
N°10 : Le travail collaboratif. Une innovation générique, 2009
N°11 : Economie sociale et solidaire. Nouvelles trajectoires d'innovations, 2010
N°12 : Relations à la marque et marques de la relation. Regards croisés sur le management relationnel de la marque, 2010
N°13 : Les contrats au service de la recherche ?, 2011
N°14 : Le potentiel économique de l'Afrique subsaharienne, 2011
N°15 : Management de la distribution, 2012
N°16 : Territoire Vert. Entreprises, Institutions, Innovations, 2012
N°17 : Eco-conception, conception et innovation. Les nouveaux défis de l'entreprise, 2013
N°18 : Intelligence économique : entreprises et territoires, 2013
N°19 : La finance globale. Un monde fini, 2013
N°20 : La crise du « développement », 2014
N°21 : La Chine innove. Politiques publiques et stratégies d'entreprise, 2014
N°22 : Go East! Nouvelles Economies de Marché, 2015
N°23 : L'économie du changement, 2015
N°24 : Le temps des artisans. Permanences et mutations, 2015
N°25 : Innovations de proximité et esprit d'entreprise, 2016
N°26 : L'avenir des économies du Maghreb : entre inertie structurelle et envie de rupture, 2016/3 (n° 27)
N°27 : Le sport aux frontières du marché du travail, 2016
N°28 : Dynamiques internationales des entreprises, 2017
N°29 : L'univers du risque, 2017
N°30 : Les petites entreprises dans l'histoire industrielle, 2017
N°31 : Economie sociale et *social business* ? Au défi d'entreprendre et se financer, 2018
N°32 : Éducation et fertilisation des économies africaines, 2018
N°33 : L'entrepreneuriat innovant dans les pays du Maghreb, 2018
N°34 : L'entrepreneuriat scientifique : institutions et innovation, 2019
N°35 : Le champ économique de la culture, 2019
N°36 : Economie sociale et solidaire ? Modèles d'innovation et modes de gouvernance, 2019
N°37 : Rethinking Luxury Business, 2020
N°38 : La santé connectée. Nouvelles technologies et réorganisation des soins, 2020
N°39 : Options stratégiques et systèmes complexes d'innovation, 2020
N°40 : Les services : intégration des systèmes productifs et lien social, 2021

Collection « L'esprit économique »

fondée par Sophie Boutillier et Dimitri Uzunidis en 1996

Dernières parutions

► ***Série Economie et Innovation***

C. ABDOU LAHAD THIAW, *Innovation localisée pour le développement économique du Sénégal*, 2018.
N. ANIDO FREIRE, *Tradition et innovation : de l'opposition à la complémentarité*, 2018.
C. BERGHMANS (dir.), *Intelligence et compétences émotionnelles en entreprise : perspectives multiples*, 2018.
T. MICHAUD, *La réalité virtuelle : de la science-fiction à l'innovation*, 2018.
B. LAPERCHE, M. LIMA, E. SEULLIET, B. TROUSSE (dir.), *Les écosystèmes d'innovation. Regards croisés des acteurs clés*, 2019.
S. MONNERIE, *L'économie digitale révolutionne le monde. Innovation et total design*, 2019.
T. MICHAUD, *Le projet spatial européen, entre pragmatisme et imagination*, 2020.
J.-P. SCHMITT, N. RAVIDAT, *Management conjoint de la technologie et de la personne. Pour performer et croitre*, 2020.

► ***Série Le Monde en Question***

M. AMAN, *Currency board* (caisse d'émission) à Djibouti. Quelles implications économiques ?, 2018.
M. BENALI, A. EL BOUHADI, *Accès aux services financiers, inclusion et durabilité économique en Afrique*, 2020.
F. FAURE, *Empowerment et finance. La démocratie au service de l'investissement socialement responsable*, 2021.

► ***Série Krisis***

G. MINART, *Benjamin Constant, économiste*, 2019.
M. RAMEAUX, *Le tao de l'économie. Du bon usage de l'économie de marché*, 2020.
B. TONGLET, *Innovation et dynamique discontinue au bas Moyen Age. Pour une autre approche de l'histoire économique*, 2020.
J.-C. MOREL, *La nécessaire valorisation de la richesse ou intégrer le capital humain au bilan*, 2020.
V. LAURE VAN BAMBEKE, *La valeur du travail humain. Essai sur la refondation de l'expression monétaire de la valeur-travail*, 2021.

► **Série *Clichés***

S. BOUTILLIER, D. UZUNIDIS (dir.), *La Russie européenne. Du passé composé au futur antérieur*, 2008.
R. VOLPI, *La négociation. Pain, paix, liberté*, 2009.

► ***Série Cours Principaux***

S. FREZAL, *Quand les statistiques minent la finance et la société. Risque, responsabilité et décision*, 2018.
O. ESNEU, *Le droit du transport routier de marchandises (TRM)*, 2018.
G. DUTHIL, *Economie publique et métamorphoses sociales*, 2019.
R. SANTENAC, *Le cycle des crises financières. Une étude approfondie des causes, des impacts et de la fréquence*, 2020.
B. LANDAIS, *Macroéconomie efficace. Croissance et crises*, 2020.

► ***Série L'économie formelle***

A. BELMADANI, *Monnaie et systèmes de paiement. Mutations, enjeux et risques*, 2019.
É. CHAUMETON, *Pour une économie au service de la personne. Pistes d'avenir pour l'économie, la monnaie et la fiscalité*, 2019.
K. B. KOUASSI, *Pauvreté des Nations. Une critique de l'économie politique*, 2019.
F. NEUVILLE, *Comment gagner de l'argent en Bourse*, 2020.
S. A. DJELHI-YAHOT, *La théorie des finances publiques optimales. une approche gagnante pour l'Afrique*, 2020.
A. EL ALAOUI, *Modèle d'équilibre général calculable. Présentation théorique et application empirique*, 2020.
H. AMAAZOUL, *Responsabilité sociétale des entreprises et performance financière. Étude appliquée aux entreprises marocaines*, 2021.
Marc BERTONECHE, *Chroniques économiques de notre temps*, 2021.

Du même auteur

* «**Ecosystème des données numériques : Internet des objets, Big Data et intelligence artificielle**», Préface du Professeur Pierre-Jean Benghozi, Ed. Spinelle, Paris, Décembre 2020 (234 p) (En Français).

* «**De la gouvernance des réseaux numériques : cas de l'internet au Maroc**», **Thèse de Doctorat** en Management Stratégique des organisations, Faculté des Sciences Juridiques, Economiques et Sociales, Université Mohamed V, Rabat, Décembre 2010 (543 p) (En Français). Couronnée Prix de la Meilleure thèse en Economie, Année 2011.

* «**Gouvernance des réseaux numériques: cas de l'internet au Maroc**», Préface du Professeur Mohamed Harakat, Ed. Okad, Novembre 2011(En Français, 452 p).

* «**Les conséquences de la déréglementation et de la privatisation de British Telecom sur l'organisation de l'entreprise et la satisfaction du consommateur**» (Thèse non publiée). Ecole Nationale Supérieure des Postes, des Télécommunications et de l'Espace, Paris, 1989 (En Français).

* «**Les télécommunications à l'épreuve des mutations : Etat, Monopole, Déréglementation et Concurrence**», Préface du Professeur Mahdi Elmandjra, Ed. Okad, Rabat, 1995. Grand Prix du Maroc du Livre 1996 (En Français).

* «**Mouvance libérale et logique de privatisation: les télécommunications, un service public?»,** Ed. Okad, Rabat, 1996 (En Français).

* «**Le monde arabe et les défis des technologies de l'information et de la communication**», Ed. Boukili, Kénitra, 1997 (En Arabe).

* «**La mondialisation : communication-monde, ultra-libéralisme planétaire et pensée unique**», Préface du Professeur Riccardo Petrella, Ed. Boukili, Kénitra, 1998 (En Français).

* «**La mondialisation et les défis de l'information**», Préface du Professeur Mustapha Messnaoui, Série Chiraa, n° 33, Ed. Maghrébines, Casablanca-Tanger, 1998 (En Arabe).

* «**La mondialisation promise**», Ed. Okad, Rabat, 1999 (En Arabe).

* «**Les chaînes de télévision diffusées par satellites dans le monde islamique : Essai d'évaluation des contenus culturels**», Etude pour l'Organisation Islamique d'éducation, de la culture et des sciences ISESCO», Rabat, Juillet 1998 (En Arabe, Non publiée).

* «**Malaise de la Télévision au Maroc**», Préface du Professeur Mohamed Sassi, Ed. Okad, Rabat, Février 2000 (En Arabe).

* «**La mondialisation: quelle mondialisation ?**», Préface du Professeur Mohamed Sabila, Ed. Afrique-Orient, Casablanca-Beyrouth, Avril 2000 (En Arabe).

* «**Mondialisation et société de l'information**», Préface du Professeur Mahdi Elmandjra, Ed. Azzaman, Rabat, Février 2001, (En Arabe).

* «**Internet et société de l'information : essai sur les réseaux du savoir**», Préface du Professeur René Trégouet, Ed. Boukili, Kénitra, Juin 2001 (En Français).

* «**Mondialisation, technologie et culture : Introduction aux technologies du savoir**», Ed. Dar Talaa, Beyrouth, Novembre 2001 (En Arabe).

* «**Mondialisation et stratégies de communication**», Préface du Professeur Hamid Dlimi, Ed. Walili, Marrakech, Mai 2002 (En Français).

* «**Terrorisme et internationale contestataire de la mondialisation**», Ed. Okad, Rabat, Juillet 2002 (En Arabe).

* «**Réseaux de la contrainte : l'exemple de la télévision et des télécommunications au Maroc**», Ed. Okad, Rabat, Décembre 2002 (En Arabe).

* «**Armes de l'impérialisme global : fondamentalisme de la force et mondialisation de la terreur**», Postface du Professeur Mountassir Hamada, Ed. Okad, Rabat, Juillet 2003 (En Arabe).

* «**Feuillets sur la technologie, l'information et la démocratie**», Préface du Professeur Ali Kacimi, Dar Talaa, Beyrouth, Janvier 2004 (En Arabe).

* «**Globalisation de la communication, mondialisation de la culture**», Préface du Professeur Nezha Belkhayat, Ed. Okad, Rabat, Décembre 2004 (En Arabe).

* «**Du mépris de la démocratie : recueil sur les formes nouvelles de la tyrannie**», Ed. Okad, Rabat, Mars 2005 (En Arabe).

* «**Problématiques des médias arabes**», Ed. Compte d'Auteur, Rabat, Février 2006 (En Arabe).

* «**Médias sous censure : lecture dans le paysage médiatique arabe contemporain**», Ed. Okad, Rabat, Octobre 2006 (En Arabe).

* «**Les arabes et les réseaux du savoir**», Dar Talaa, Beyrouth, Avril 2007 (En Arabe).

* «**Les arabes, la technologie et la division cognitive mondiale**», Publications du Centre Mondial d'Etudes et de Recherches sur le Livre Vert, Tripoli, Juillet 2007 (En Arabe).

* «**L'Irak présent et à venir: vues sur l'Irak colonisé**», Préface du Professeur Aouni Alkalamji, Ed. Okad, Rabat, Janvier 2008 (En Arabe).

* «**Le capitalisme à l'ère de la technologie ou du système technologique de la mondialisation**», Ed. Dar Alawael, Damas, Juin 2008 (En Arabe).

* «**De la prédisposition à la communication : la communication à l'épreuve de l'internet et de la mondialisation de l'information**», Ed. Okad, Rabat, Mai 2010 (En Arabe).

* «**Une chaîne culturelle et de savoir, arabe et islamique: une étude sur les possibles**», Rabat, Mars 2012 (Non publiée, En Arabe).

* «**Médias, politique et éthique**», Préface du Professeur Tariq Ramadan, Ed. Okad, Novembre 2015 (En Arabe).

* «**Le Maroc dans la mouvance du printemps arabe : lectures dans le contexte courant**», Préface du Professeur Said Bensaid Alaoui, Ed. Topress, Rabat, Décembre 2015 (En Arabe).

* «**Le discours religieux dans les chaînes satellitaires arabes : Essai en termes de médiation télévisuelle**», Ed. Mouminoune, Rabat/Beyrouth, 2016 (En Arabe).

Structures éditoriales du groupe L'Harmattan

L'Harmattan Italie
Via degli Artisti, 15
10124 Torino
harmattan.italia@gmail.com

L'Harmattan Hongrie
Kossuth l. u. 14-16.
1053 Budapest
harmattan@harmattan.hu

L'Harmattan Sénégal
10 VDN en face Mermoz
BP 45034 Dakar-Fann
senharmattan@gmail.com

L'Harmattan Cameroun
TSINGA/FECAFOOT
BP 11486 Yaoundé
inkoukam@gmail.com

L'Harmattan Burkina Faso
Achille Somé – tengnule@hotmail.fr

L'Harmattan Guinée
Almamya, rue KA 028 OKB Agency
BP 3470 Conakry
harmattanguinee@yahoo.fr

L'Harmattan RDC
185, avenue Nyangwe
Commune de Lingwala – Kinshasa
matangilamusadila@yahoo.fr

L'Harmattan Congo
67, boulevard Denis-Sassou-N'Guesso
BP 2874 Brazzaville
harmattan.congo@yahoo.fr

L'Harmattan Mali
ACI 2000 - Immeuble Mgr Jean Marie Cisse
Bureau 10
BP 145 Bamako-Mali
mali@harmattan.fr

L'Harmattan Togo
Djidjole – Lomé
Maison Amela
face EPP BATOME
ddamela@aol.com

L'Harmattan Côte d'Ivoire
Résidence Karl – Cité des Arts
Abidjan-Cocody
03 BP 1588 Abidjan
espace_harmattan.ci@hotmail.fr

Nos librairies en France

Librairie internationale
16, rue des Écoles
75005 Paris
librairie.internationale@harmattan.fr
01 40 46 79 11
www.librairieharmattan.com

Librairie des savoirs
21, rue des Écoles
75005 Paris
librairie.sh@harmattan.fr
01 46 34 13 71
www.librairieharmattansh.com

Librairie Le Lucernaire
53, rue Notre-Dame-des-Champs
75006 Paris
librairie@lucernaire.fr
01 42 22 67 13

www.ingramcontent.com/pod-product-compliance
Lightning Source LLC
LaVergne TN
LVHW011500061026
849535LV00004BA/1150
* 9 7 8 2 3 4 3 2 3 1 2 8 0 *